Susanne Koelbl
Olaf Ihlau

Krieg am Hindukusch

Menschen und Mächte in Afghanistan

Pantheon

Das Buch ist zuerst 2007 unter dem Titel »Geliebtes, dunkles Land. Menschen und Mächte in Afghanistan« im Siedler Verlag erschienen. Für die vorliegende Ausgabe wurde es von den Autoren vollständig aktualisiert und überarbeitet.

Verlagsgruppe Random House FSC-DEU-0100
Das für dieses Buch verwendete FSC-zertifizierte Papier *Munken Premium* liefert Arctic Paper Munkedals AB, Schweden.

Der Pantheon Verlag ist ein Unternehmen der Verlagsgruppe Random House GmbH.

Erste Auflage
Mai 2009

Umschlaggestaltung: Jorge Schmidt, München
Lektorat: Regina Carstensen, München
Satz: Ditta Ahmadi, Berlin
Karte: Peter Palm, Berlin
Reproduktionen: Mega Satz, Berlin
Druck und Bindung: GGP Media GmbH, Pößneck
Printed in Germany 2009
ISBN 978-3-570-55075-5

www.pantheon-verlag.de

Inhalt

Vorwort

Ein betörender Sog ging stets von diesem Flecken Erde aus mit seinem weiten blauen Himmel und der glasklaren Luft, den majestätischen Schneegipfeln von über 7000 Metern Höhe und den Flusstälern mit den Maulbeer- und Eukalyptusbäumen. Die Klimazonen in Afghanistan entsprechen denen vom kalten Skandinavien bis zur sengenden Hitze der Sahara, es gibt ständigen Wassermangel und zugleich reißende Überschwemmungen. Die machtvolle Natur lässt bereits einen Vorgeschmack auf die Extreme erahnen, die den Besucher am Hindukusch erwarten.

Was sind das für Menschen hier, die Unschuldigen mit einem Messer die Kehle durchschneiden oder sechsjährige Kinder zu Selbstmordattentätern ausbilden?, fragen sich Europäer und Amerikaner, die heute eine Zeitung mit den neuesten Nachrichten aus Afghanistan aufschlagen. Es ist »eine extreme Unbezähmbarkeit«, beschreibt der Kölner Soziologe und ehemalige Lehrbeauftragte der Universität Kabul René König den Charakter der Paschtunen, der größten afghanischen Volksgruppe, aus denen sich die meisten der radikalislamischen Taliban rekrutieren.

Doch auch Islamisten folgen zumeist traditionellen Spielregeln, zum Beispiel dem Paschtunwali, einem archaischen Ehrenkodex, der die Blutrache kennt, aber auch die heilige Verpflichtung zur Gastfreundschaft: Danach setzen die Afghanen jederzeit ihr Leben ein, wenn ihnen die Unversehrtheit einer Person anvertraut wird. Mit diesem Fremden würden sie dann auch die letzte Kelle Reis teilen, selbst wenn er ein »Kafir«, ein Ungläubiger, ist. So reisten auch die Autoren dieses Buches oft unter dem Schutz regionaler Patrone, ohne die der Zugang zu vielen Orten und Menschen nicht möglich gewesen wäre.

Auf dem sogenannten Hippie-Trail, der Traumstraße von Istanbul bis Nepal, war Afghanistan in den Sechziger- und Siebzigerjahren eines der spektakulärsten Etappenziele. Eine Übernachtung in einem der kleinen Hotels um den legendären Basar »Chicken Street« im orientalischen Kabul mit seiner grandiosen Bergkulisse kostete damals umgerechnet zwei Mark, und ein Kilo »Chars«, besser bekannt als »Schwarzer Afghane«, angeblich das beste Cannabisharz der Welt, war für 60 Mark zu haben. Die Freundlichkeit der Afghanen hat die Reisenden stets fasziniert, und ihre einmalige Gastfreundschaft bewahrten sich die Menschen trotz ihrer tragischen Geschichte, auch wenn sie inzwischen immer öfter ein anderes Gesicht zeigen, das grausam ist und roh, voller Unbarmherzigkeit.

Afghanistan ist eines der widersprüchlichsten und abenteuerlichsten Länder überhaupt. In den Städten glitzern heute, gut sieben Jahre nach der Vertreibung der Taliban, bunte Shopping Center, und über Mobiltelefone und Internet sind die Afghanen mit der modernen Welt verbunden. Hinter den Lehmmauern der Wohngehöfte auf dem Land herrschen jedoch archaische Verhältnisse. Die Frauen gehen tief verschleiert. In den Bergregionen der Stammesgebiete trägt fast jeder Mann eine Waffe und scheut sich nicht, sie auch zu gebrauchen.

Wer heute nach Afghanistan geht, den erfasst unweigerlich dieser Widerstreit aus Anziehung und Abgrund.

Immer wieder versuchten fremde Mächte, die Instabilität der Region zu nutzen, um das Herzland Asiens zu unterwerfen und zu beherrschen, doch niemandem ist dies auf Dauer je gelungen. Die Engländer scheiterten in drei fürchterlichen Kriegen. Die Sowjets rangen in den Achtzigerjahren um die Vorherrschaft am Hindukusch. Ihre Hightech-Armee mit über 100 000 Mann wurde von den zähen Guerillakämpfern geschlagen und verjagt. Nach den Angriffen der Terrorgruppe al-Qaida auf das World Trade Center und das Pentagon kämpfen dort nun seit Oktober 2001 die Amerikaner und ihre westlichen Alliierten um Dominanz und Stabilität.

Afghanistan ist eingeschlossen von sechs Ländern und ohne Zugang zum Meer. Doch gerade seine geographische Lage macht die Region strategisch interessant.

Von hier aus lässt sich der fragile Nachbar Pakistan mit seinen extremistischen Gruppen beobachten, immerhin ein nuklear bewaffnetes Land; im Westen befindet sich der ölreiche Mullah-Staat Iran, der dabei ist, zur Nuklearmacht aufzusteigen. Im Osten grenzt am schmalen Wakhan-Korridor der ebenfalls atomar gerüstete Wirtschaftsriese China. Nördlich, jenseits des großen Amu-Darja-Flusses, schließen die zentralasiatischen Republiken an mit ihren gigantischen Gas- und Ölvorkommen, die einmal durch Afghanistan zum Indischen Ozean und zum Arabischen Meer geleitet werden könnten.

Doch ursprünglich waren es die Terroranschläge des 11. September 2001, die Soldaten und Aufbauhelfer von inzwischen über vierzig westlichen Nationen an den Hindukusch brachten. Die aktuelle Afghanistanmission ist damit die aufwendigste multinationale Operation aller Zeiten. Dennoch läuft hier, verglichen mit anderen Krisenherden, ein gefährliches Sparprogramm: Die internationale Gemeinschaft investierte zehnmal mehr für einen Kosovaren als für einen Afghanen, und die Hilfe am Hindukusch verpufft ohnehin vielfach, weil Entwicklungsexperten mehr Geld für Konferenzen und den Unterhalt ihrer Organisationen ausgeben als für die bedürftigen Menschen.

Das Kosovo ist kaum so groß wie die Oberpfalz, doch die US-geführten Alliierten starteten ihre Operation 1999 nach dem Krieg mit einer immerhin 50000 Mann starken Friedenstruppe. Afghanistan besitzt fast die doppelte Fläche der Bundesrepublik Deutschland – und gerade mal 5000 Peacekeeper sorgten dort anfangs für Sicherheit. Die Isaf-Schutztruppe wurde inzwischen auf über 60000 Soldaten aufgestockt und ist zunehmend in Kämpfe verwickelt. Diese Auseinandersetzungen dürften sich noch verschärfen. Denn »um einen hart erkämpften Frieden in Afghanistan zu schließen«, will der neue amerikanische Präsident Barack Obama die Wende im Krieg am Hindukusch mit der Entsendung von noch mehr Truppen erzwingen, in einer Doppelstrategie des Tötens und Verhandelns. Um eine ähnlich stabile Sicherheitslage herzustellen wie auf dem Balkan, wäre jedoch eine irrwitzige Truppenstärke von über einer Million Soldaten erforderlich.

Dass es nicht gelungen ist, das Leben der Menschen entscheidend zu verbessern, wie ihnen dies zugesagt wurde, ist eine der wesentlichen Ursachen, warum die westliche Allianz die Unterstützung der Afghanen verliert. Vor allem eines konnten ihnen weder ihre Regierung noch die fremden Kräfte bieten: Sicherheit.

Es steht viel auf dem Spiel in diesem sehr anziehenden und doch auch dunklen Land. Das größte Militärbündnis der Welt, die North Atlantic Treaty Organisation (Nato), könnte hier scheitern und in die tiefste Krise seit ihrer Gründung vor sechzig Jahren stürzen. Die Vereinten Nationen würden weiter an Glaubwürdigkeit einbüßen, und Afghanistan dürfte zu einer der wichtigsten Drehscheiben eines weltweit operierenden Islamisten-Terrornetzes werden, das zum Ziel hat, die westliche Welt zu destabilisieren.

Doch wie diese Mission auch ausgeht, was immer passiert, das Volk der Afghanen, so zerstritten es untereinander ist, wird nicht aufgeben. Die Region am Hindukusch entzieht sich auf eigene Weise der Rationalität westlichen Denkens. Trotz unvorstellbarer Leiden während Besatzung, Bürgerkrieg und Hungersnöten sind die Menschen dort bis heute stolz und ungebrochen. Wenn sich ein Fenster auftut – und sei es nur die Chance, die Heimat einmal kurz wiederzusehen –, kehren die Flüchtlinge zurück, ebenso die Exilafghanen, die in der Fremde ausgeharrt haben, getrieben von einer tiefen Sehnsucht nach dem geliebten Land. Und immer voller Hoffnung.

1

Die Hindukusch-Falle

Der amerikanische Konvoi rollt im Norden auf Kabul zu, über den Khair-Khana-Pass hinunter in den Talkessel der afghanischen Hauptstadt. Plötzlich geraten die Militärtransporter ins Rutschen, die schweren Fahrzeuge schlittern in eine Autokolonne ziviler Toyota Corollas, Ladas und Jeeps, die sich durch den morgendlichen Verkehr quälen. Dutzende Fahrzeuge krachen aufeinander, verkeilen sich. Ein siebenjähriger Junge stirbt am Unfallort, zwei weitere Schulkinder werden schwer verletzt. Binnen Minuten sind die Amerikaner von einem Mob umringt, wütende Afghanen werfen Steine, dreschen mit Stöcken auf die Fahrzeuge ein. »In ihrer Bedrängnis feuerten die US-Soldaten in die Luft«, erklärt eine Sprecherin des amerikanischen Militärs später. Ein afghanischer Polizeioffizier vor Ort behauptet dagegen, die Amerikaner hätten in die Menge geschossen und dabei einen Menschen umgebracht.

Da explodiert die Gewalt. Wie ein Lauffeuer verbreitet sich in Kabul die Nachricht, US-Soldaten hätten unschuldige Zivilisten getötet. Innerhalb einer Stunde sind die Straßen voll von Demonstranten. Sie schlagen gegen Einrichtungen los, die den Neuanfang Afghanistans nach dem Sturz der Taliban symbolisieren: Polizeiposten werden zerstört, Geschäfte mit westlichen Waren zertrümmert. Polizisten reißen sich die Uniformjacke vom Leib und mischen sich unter die Randalierer und Plünderer. Fensterscheiben des gerade eröffneten Fünfsterne-Hotels Serena gehen zu Bruch, die Büros von Hilfsorganisationen werden verwüstet, Amokläufer machen Jagd auf Farangi, die Fremden. »Amerikaner töten unsere Leute«, brüllt der Demonstrant Gulam Ghaus. »Wir werden nicht aufhören, bis die Ausländer unsere Stadt verlassen haben.«

»Ich bin tief bestürzt«, sagt der Direktor der in Kabul bis dahin äußerst beliebten Hilfsorganisation CARE, Paul Barker, als er schließlich mit seinen Mitarbeitern in die US-Botschaft evakuiert worden ist. Dann marschieren die Massen auf den Präsidentenpalast und das Botschaftsgelände der westlichen Supermacht zu, stoßen dort aber auf meterhohe Schutzwälle und schwer bewaffnete Sicherheitskräfte. »Tod Amerika!«, skandieren die Demonstranten, ein paar rufen sogar: »Tod Karzai!«

Es ist der 29. Mai 2006. Am Ende dieses Tages werden vierzehn Tote und 139 Verletzte in Kabul gezählt.

Wie eine Sturmwelle hatten sich Wut und Enttäuschung gegen die Amerikaner und den von ihnen installierten Präsidenten Hamid Karzai aufgestaut. Arbeitslose, die unter den neuen Herren ihren Job in der Verwaltung verloren hatten, taten sich mit den Armen der Stadt zusammen, notorische Gewalttäter schlossen sich den Krawallmachern an, mit dabei waren aber auch gewöhnliche Passanten, Schüler und Studenten. »Vier Jahre lang haben die Menschen auf die versprochenen Fortschritte der Regierung gewartet, aber sie kamen nicht«, kommentierte die Zeitung *The Kabul Weekly* die dramatischen Ereignisse.

Am Abend lag die Hauptstadt im Schock. Allen war schlagartig klar geworden, wie dünn die Grundlage ist, auf der die internationale Gemeinschaft in Kabul eine neue Regierung an die Macht brachte, und wie schnell die Unterstützung dafür in eine zerstörerische Opposition umschlagen kann. Einer fasste sich rasch: Verteidigungsminister Abdul Rahim Wardak postierte noch am selben Tag schwere Waffen an den neuralgischen Punkten der Stadt, eine nächtliche Ausgangssperre wurde verhängt. Es kehrte wieder Ruhe ein.

Die Angst vor einem zweiten 29. Mai aber ist geblieben. Mit ihr das bedrückende Gefühl bei Militärs und Helfern aus dem Westen, nunmehr genauso wie die Sowjets in den Achtzigerjahren zunehmend in eine ausweglose Lage zu geraten. Stets waren fremde Heere und ihre politischen Marionetten in Asiens Herzland, diesem Hexenkessel der Weltgeschichte, auf erbitterten Widerstand gestoßen. Solch eine Entwicklung droht jetzt auch der von der Nato geführten Friedensstreitmacht der internationalen Schutztruppe Isaf (International Security Assistance Force). Zwar herrscht Einigkeit im Bündnis, das Ende 2001 von Taliban und al-Qaida befreite Land nicht wieder den Terroristen zu überlassen. Doch die Nato-Doppelstrategie aus Wiederaufbau und Militärschlägen gegen die erneut vorrückenden Taliban fordert einen hohen Preis. Vor allem die Amerikaner, einst als Befreier gefeiert, haben ihre Glaubwürdigkeit durch ein häufig rücksichtsloses Auftreten gegenüber der Zivilbevölkerung, durch Bombardements mit üblen »Kollateralschäden« schon weitgehend eingebüßt. Die Europäer, darunter die Deutschen, sind derzeit dabei, diese Glaubwürdigkeit ebenfalls zu verlieren. 2008 war das Jahr mit den höchsten Verlusten auf allen Seiten: Tausende Zivilisten kamen ums Leben, Dutzende Taliban-Kommandeure. Die Koalitionstruppen töteten 30, 40 Aufständische pro Tag, aber mitunter starben monatlich auch mehr US-Soldaten als im Irak. Mit der Zahl der Opfer steigt die Wut im Land. Dieser Stimmungsumschwung, bestärkt durch eine Serie von Selbstmordanschlägen, kann für die transatlantische Allianz in einem Desaster enden, zu Chaos und einem Schlamassel führen wie seinerzeit im Irak. Afghanistan droht zum Menetekel zu werden für die Zukunft des Westens.

Die Hindukusch-Falle: Zuletzt hatten sich die Sowjets in ihr verfangen. Sie waren im Dezember 1979 in Afghanistan einmarschiert, um Kabuls schwächelnde Revolutionsherrscher zu stützen. Die Invasion veränderte schlagartig die internationale Großwetterlage, stoppte den Entspannungsprozess zwischen Ost und West. In Afghanistan gingen Zehntausende als Partisanen in den Untergrund. Sie nannten sich »Mudschahidin«, »Heilige Krieger«, der Islam war ihr Leitfaden im Kampf gegen die »Gottlosen«. Ihr Hauptquartier hatten die Widerstandsgruppen im pakistanischen Peschawar, der Grenzstadt am Fuße des Khyber-Passes und Haupteinfallstor der Invasoren auf dem Subkontinent seit Menschengedenken. In den Hochzeiten des Kalten Krieges diente Peschawar den Amerikanern als Horchzentrum. Von dieser Basis aus war im Frühjahr 1960 der bei

Swerdlowsk abgeschossene U-2-Pilot Francis Gary Powers zu seinem Aufklärungsflug über die Sowjetunion gestartet.

Afghanistan war eine der letzten Schlachten des Ost-West-Konflikts, und an ihrem Ende stand der Kollaps der kommunistischen Supermacht. Unvergessen der martialische Auftritt, den Zbigniew Brzezinski, Sicherheitsbeauftragter des amerikanischen Präsidenten Jimmy Carter, sechs Wochen nach der sowjetischen Intervention am Khyber-Pass hinlegte. »Die Vereinigten Staaten teilen mit der muslimischen Welt einen tiefen religiösen Glauben«, rief der Sohn eines von den Kommunisten ins Exil getriebenen polnischen Diplomaten den Gotteskriegern zu und fuchtelte wild mit einer Kalaschnikow, »das kann die Basis für unsere Freundschaft sein.« Ob sie eigentlich wüssten, mit welchen Extremisten sich die Vormacht des Westens hier verbünde, fragten einige von uns Journalisten, die den Fanatismus der Islamisten-Führer allzu gut kannten, ihre amerikanischen Kollegen. Die wussten es nicht, oder der Patriotismus trübte ihren Blick.

Den Vereinigten Staaten ging es bei der Kooperation mit dem afghanischen Widerstand weder um Religion noch um Freundschaft mit den Muslimen, sondern allein um einen entscheidenden Schlag gegen die Sowjets. Schon im Sommer 1979 hatte Brzezinski eine Präsidentendirektive an die CIA eingefädelt, die Aufständischen am Hindukusch mit Geld, Medikamenten, Funkausrüstungen zu versorgen und »im Hinterhof der Sowjetunion Scheiße zu säen«. Genüsslich enthüllte Carters kältester Krieger dieses Szenario Jahre später in einem Interview. Danach trieb Washington mit der gezielten Unterstützung afghanischer Rebellen gegen das kränkelnde Kabuler Revolutionsregime die Moskowiter gleichsam zum militärischen Eingreifen: »Diese Operation war eine exzellente Idee, sie zog die Russen in die afghanische Falle.«

Die Falle schnappte zu, als gegen den Widerstand des sowjetischen Generalstabs das Moskauer Politbüro, mit Außenminister Andrej Gromyko als treibender Kraft, die Invasion beschloss. Nun galt aus Brzezinskis Sicht erst recht die Devise: »Das muss die Sowjets so teuer wie möglich zu stehen kommen.« Deren Feuerwalzen konn-

Den russischen Bären ausgeblutet:
Glaubenskrieger in Afghanistan

ten die Glaubenskrieger nicht in die Knie zwingen, von den Amerikanern gelieferte Stinger-Raketen setzten jedoch den Okkupanten schwer zu. Nach knapp einem Jahrzehnt war der russische Bär am Hindukusch ausgeblutet. Rund 15 000 Sowjetsoldaten büßten das Abenteuer mit ihrem Leben, gut 45 Milliarden Dollar an Unterstützung waren verpufft. Auf Geheiß des neuen Kreml-Chefs Michail Gorbatschow zogen die Sowjets bis Februar 1989 ihre Truppen aus Afghanistan vollständig zurück. Dieser Kapitulation folgte dann bald die Implosion des roten Imperiums. Sprach man mit Gorbatschow Jahre danach über den schmählichen Abmarsch, sagte er nur bitter: »Es ging gar nicht anders, wir mussten dort raus. Eine Million Sowjetsoldaten sind durch Afghanistan gegangen und für ihr Leben gezeichnet worden.«

Niemals konnten fremde Mächte die Bergstämme am Hindukusch auf Dauer beherrschen. Der Boden der nordafghanischen Tiefebene ist blutgetränkt. Hier, im indoarischen Urland Ariana, marschierten seit Jahrtausenden die Eroberer auf, fanden epische

Schlachten statt und Gemetzel. Auf den Weiden bei Kundus vor dem Fluss Oxus, der heute Amu-Darja heißt, suchte der makedonische Welteneroberer Alexander der Große einst Pferdeersatz für seine beim Zug durch die Berge arg gebeutelte Kavallerie. Auf seinem Raubzug nach Indien legte der Hellene in Kabul eine Militärgarnison an und hatte im Winter des Jahres 330 vor Christus Mühe, die Attacken der umwohnenden Stämme abzuwehren. Mit Frostbeulen und schneeblind tapsten Alexanders Soldaten durch den Hindukusch. Nach dem Zusammenbruch des griechisch-baktrischen Königreichs folgten die Einfälle der Nomadenvölker aus den Steppen Zentralasiens, der Kuschan, Hephthaliten (»weiße Hunnen«) und Seldschuken. Doch das Schrecklichste kam erst mit Beginn des 13. Jahrhunderts: die Stürme der Barbaren Dschingis Khans und des nicht minder blutrünstigen turkmenischen Räuberhauptmannes Tamerlan. Beide ergötzten sich an der Errichtung von Siegestürmen aus Menschenschädeln.

Afghanistan, ein Land ohne Zugang zum Meer, brauchte Jahrhunderte, um sich von diesen Verheerungen zu erholen; einst blühende Regionen blieben wegen der zerstörten Bewässerungssysteme auf Dauer verdorrt. Wenigstens Kabul profitierte eine Zeit lang vom Aufbruch des Timuriden Babur, der von dort den Norden des indischen Subkontinents eroberte und zum Stammvater der Mogul-Dynastie wurde.

Paschtunen-Fürsten regierten seit der Staatsgründung von 1747, als Afghanistan im 19. Jahrhundert ins Visier zweier europäischer Großmächte geriet, die Rivalen waren bei ihrem imperialistischen Expansionsdrängen in die westasiatische Region: das russische Zarenreich und das britische Empire. Angesagt war nun »The Great Game«, das Große Spiel, wie der Brite Rudyard Kipling das Ringen um Vorherrschaft beschrieb und diesem Machtpoker mit seinem Indienklassiker *Kim* ein literarisches Denkmal setzte. Lord George Nathaniel Curzon, einer der Vizekönige von Britisch-Indien und später Londons Außenminister, sah in Afghanistan, Turkestan und Persien »Stücke eines Schachbretts, auf dem ein Spiel um die Beherrschung der Welt abläuft«. Das Empire stand im Zenit seiner Machtentfaltung.

»Die Afghanen sehen in Russland den ewigen Feind ihrer Religion und einen Riesen, der Asien zu verschlingen droht«, notierte Karl Marx in einer seiner Analysen für die *New York Daily Tribune*. Der in London lebende Asien-Beobachter beschrieb damit die Befürchtungen der Herrscher in Kabul ebenso zutreffend wie den imperialistischen Appetit der Regenten in Sankt Petersburg. Nach Überzeugung von Marx suchten sich die Zaren eine Straße nach Asien zu erschließen, auf der einmal eine russische Armee bis nach Indien durchmarschieren sollte. Systematisch hatten die Russen schon die Weiten und Oasen zwischen dem Aralsee und der Grenze Chinas aufgerollt, Mitte 1865 die islamische Stadt Taschkent erobert. Dies alles ohne Skrupel. In einer Denkschrift, deren Rhetorik verblüffend an heutige Missionstiraden amerikanischer Interventionisten erinnert, pries der damalige russische Außenminister Prinz Alexander Gortschakow diesen Hegemonialanspruch hochmütig: »Die Position Russlands in Zentralasien ist die eines zivilisierten Staates, der mit halbwilden nomadisierenden Stämmen ohne feste Sozialordnung in Berührung kommt. Das hat zur Folge, dass die kommerziellen wie die Sicherheitsinteressen des zivilisierten Staates diesen zwingen, eine gewisse Herrschaft über Nachbarn auszuüben, deren Ungestüm und nomadische Instinkte es recht schwierig machen, mit ihnen zusammenzuleben.«

Die Briten sorgten sich um ihr Kronjuwel Indien und suchten der russischen Machtausdehnung in Zentralasien mit einer Eindämmungspolitik zu begegnen, in der Afghanistan als Pufferstaat diente. Dazu führten sie zwei verlustreiche Kriege mit den Afghanen, ihre Expeditionsheere eroberten Kandahar und Kabul, zogen sich dann aber zum Khyber-Pass zurück und respektierten somit die Autonomie der paschtunischen Bergstämme auf Rat ihres klugen indischen Vizekönigs Lord Edward Robert Lytton. Der wusste überdies, wie Afghanistans weitsichtigster Herrscher Abdur Rahman den Aufmarsch der Streitkräfte des Zaren im Norden einschätzte: »Die Russen bewegen sich wie ein Elefant, der seinen Platz sorgfältig prüft, bevor er den schweren Fuß aufsetzt«, pflegte der Emir seine Gefolgschaft zu mahnen. »Doch wenn dieser Elefant dort erst einmal mit seinem ganzen Gewicht steht, zerdrückt er alles, und niemand bekommt ihn wieder weg.«

Die Briten steckten ihren Einflussbereich 1893 mit der Durand-Linie als Afghanistans bis heute umstrittener Ostgrenze ab, und der Puffer hielt bis nach dem Ersten Weltkrieg. Dann rang der Reformerkönig Amanullah in einem kurzen Waffengang dem ermatteten Empire 1919 die Unabhängigkeit seines Landes ab und schloss sehr bald mit dem jungen Staat der Sowjetunion einen Freundschaftspakt. Dabei störte ihn anscheinend wenig, dass der Chefideologe der Bolschewiki, Leo Trotzki, den zaristischen Drang zum warmen Indischen Ozean nun in seine weltrevolutionäre Strategie mit dem Entfesseln von Aufständen in Europas Kolonialreichen einbezogen hatte: »Der Weg nach London und Paris führt über die Dörfer Afghanistans, des Punjabs und Bengalens.«

Ein weiteres Mal wurde Afghanistan das Opfer imperialistischer Rivalität im ausgehenden 20. Jahrhundert. Erneut war Russland, zur Sowjetunion aufgebläht, Teilnehmer bei der Neuauflage des Großen Spiels. Und als Widerpart trat anstelle der Briten nunmehr die westliche Führungsmacht USA in den Ring.

Dabei hatten die Amerikaner nach dem Zweiten Weltkrieg zunächst wenig Interesse an Afghanistan gezeigt und die geostrategische Bedeutung des zentralasiatischen Bergstaates lange Zeit unterschätzt. Stattdessen setzten sie auf den Nachbarn Pakistan, der ebenso wie Persien Mitglied wurde in dem von Washington 1955 organisierten CENTO-Pakt, ein gegen die Sowjetunion gerichtetes Bündnissystem. Zwei Jahre zuvor war der damalige US-Vizepräsident Richard Nixon nach einem Besuch in Kabul zu dem Schluss gekommen, man könne Afghanistan ruhig »abschreiben«. Nixon irritierte das Festhalten der Afghanen an ihrer bewährten Neutralitätspolitik, mehr aber noch die massive wirtschaftliche Präsenz der Sowjetunion. Denn Moskau stand mit einer überaus großzügigen Handels- und Entwicklungspolitik allen Regimen in Kabul bei: dem König Mohammed Zahir ebenso wie dessem einstigen Ministerpräsidenten und späteren Republikgründer Mohammed Daud. Die Russen bauten Tunnel, Fabriken, Wasserkraftwerke, Schulen, Flugplätze, sogar Moscheen, und kurz vor der Visite der beiden Kreml-Chefs Nikolai Bulganin und Nikita Chruschtschow im Dezember 1955 erhielt Kabul auch die erste asphaltierte Straße.

Der Westen erleichterte den Sowjets das Auftrumpfen durch seine von Washington vorgelebte Haltung bornierten Desinteresses. Aus der Reihe scherten da eigentlich nur zwei Länder: Frankreich und die Bundesrepublik. Beide Staaten bemühten sich vor allem in den Sechzigerjahren, als der König seinem Lande vorübergehend einige demokratische Experimente gestattete, so etwas wie eine Gegenposition zu Moskau zu errichten. Die traditionelle Deutschfreundlichkeit der Afghanen öffnete dabei den Emissären vom Mittelrhein die Türen. Bonn ließ sich nicht lumpen, es stellte Hunderte von Millionen Mark an Kapital- und technischer Hilfe zur Verfügung.

Die fehlgeschlagene Revolution und das Eingreifen der Sowjetarmee verschärften das Große Spiel um die Macht am Hindukusch. Nicht nur die Mudschahidin fanden reichlich Unterstützung aus dem Westen. Während der sowjetischen Besetzung Afghanistans erhielten 35 000 arabische Islamisten ihre Ausbildung in Militärcamps Pakistans, finanziell gefördert von den Saudis und nach einer Präsidentendirektive Ronald Reagans auch von der CIA. »Wir kämpfen den Dschihad, den Heiligen Krieg, und dies ist die erste internationale Brigade der modernen Zeit. Warum sollen wir Muslime uns nicht zu einer gemeinsamen Front vereinen?«, rechtfertigte Pakistans Geheimdienstchef Hamid Gul, ein glühender Islamist, den Söldner-Import aus den Ländern des Islam, was den Afghanistankenner Ahmed Rashid zu dem Resümee veranlasst: »Am Ende hatten über 100 000 radikale Muslime direkten Kontakt mit Pakistan und Afghanistan und unterstanden dem Einfluss des Dschihad.« Offenbar hatte niemand die Sorge, dass diese Extremisten später die Kampferfahrungen gegen ihre eigenen korrupten Herkunftsländer oder gegen den Satan Amerika einsetzen könnten. Es traf Washington wie ein Schock, als nach der ersten Attacke auf das World Trade Center 1993 herauskam, dass die geschnappten Moslemterroristen Rückhalt in Afghanistan hatten und einen Flugzeuganschlag auf das CIA-Hauptquartier in Langley vorbereiteten.

Das Zwischenergebnis im Großen Spiel sah zwei Sieger und einen klaren Verlierer: Die geschlagene Sowjetunion zerfiel bald nach Abzug ihrer letzten Soldaten und verlor ihr osteuropäisches Glacis, die USA stiegen auf zur alleinigen Hypermacht. Doch als Sieger fühlten sich auch die von Washington gesponserten Islamisten. »Der Krieg hinterließ eine angespannte Koalition islamistischer Organisationen, deren Absicht es war, den Islam gegen alle nichtmuslimischen Mächte voranzutreiben«, beschrieb der amerikanische Autor Samuel Huntington das in Afghanistan gestählte Selbstbewusstsein der Dschihadis treffend, »und er hinterließ, vielleicht am wichtigsten, einen Machtrausch und ein Selbstvertrauen sowie eine dringliche Sehnsucht nach neuen Siegen.« In diesem historischen Umbruch machten die Amerikaner einen fatalen Fehler: Voll in Anspruch genommen von den dramatischen Ereignissen in Europa mit der deutschen Wiedervereinigung sowie den jugoslawischen Erbfolgekriegen und dann dem Ersten Golfkrieg mit Saddam Hussein, wandten sie sich ab vom Hindukusch. »Was war wohl in weltgeschichtlicher Hinsicht wichtiger: die Taliban oder der Fall des Sowjetreichs? Ein paar krausköpfige Muslime oder die Befreiung Mitteleuropas und ein Ende des Kalten Krieges?«, hielt Brzezinski Kritikern entgegen. Washington blockierte noch den Versuch der Uno-Vermittler in Genf, eine Regierung der Nationalen Einheit unter Einschluss der Kabuler Kommunisten zustande zu bringen, überließ danach das geschundene Land aber seinem Schicksal. Und alles wurde noch schlimmer, denn nun führten die Afghanen Krieg gegen sich selbst.

Noch drei Jahre lang trotzte Nadschibullah in seiner Revolutionszitadelle Kabul der Muslim-Guerilla. Dann versiegten die Waffenlieferungen aus Moskau, der bullige Präsident suchte Zuflucht in der Uno-Vertretung. Die erste Welle der siegreichen Glaubenskrieger respektierte den exterritorialen Status dieser Residenz. Nicht aber die später nachfolgenden Taliban. Sie massakrierten Nadschibullah 1996. Beim Streit um die Kriegsbeute in den Jahren zuvor waren die jahrhundertealten Spannungen zwischen dem Mehrheitsvolk der Paschtunen und den anderen Volksgruppen des Vielvölkerstaats –

Rückzug nach der Niederlage:
Sowjetische Panzer verlassen das Land (1989)

Tadschiken, Usbeken, Belutschen, Hazara und Turkmenen – wieder ausgebrochen. Kabul durchlebte ein Martyrium, als rivalisierende Warlords ganze Stadtviertel in Schutt und Asche legten. Zehntausende Zivilisten starben in diesem Gemetzel, die Welt aber schaute weg. Insgesamt hat Afghanistans dreißigjähriger Krieg wohl über eineinhalb Millionen Menschen das Leben gekostet und sechs Millionen außer Landes getrieben. Die Jungen, zwei Generationen zumindest, kennen nichts anderes als Gewalt.

Die Amerikaner trafen am Hindukusch eine Reihe folgenschwerer Fehlentscheidungen, ihre Politik war kurzsichtig, widersprüchlich und verlogen. Erst suchten sie den sowjetischen Teufel mit dem islamischen Beelzebub auszutreiben, und die CIA unterstützte dabei auch Fundamentalisten wie einen Saudi-Araber namens Osama Bin Laden. Dann sah Washington zu, wie der pakistanische Militärgeheimdienst Interservices Intelligence (ISI) mit den sunnitischen Koranschülern, den Taliban, eine neue Kampftruppe aufpäppelte, die einen islamischen Extremismus nach Afghanistan trug, den dieses Land bis dahin nicht kannte. Auch die Regierung von Bill Clinton war diesen Gottesstreitern zunächst durchaus gewogen. Man war sich einig in der Gegnerschaft zum Iran. Außerdem gab es hochfahrende Pläne, für die sich vor allem die pakistanische Premierministerin Benazir Bhutto begeisterte: Der amerikanische Ölgigant Unocal wollte eine Pipeline von der Wüstenrepublik Turkmenistan quer durch den Westen Afghanistans bauen, die den revolutionären Iran umgehen, zur Arabischen See vorstoßen und auch Pakistan versorgen könnte. Nun wurde im neuen Großen Spiel um Rohstoffe und Einflusszonen die nächste Runde eröffnet, und sie dauert bis heute an – der Kampf um den Zugriff auf die immensen Öl- und Erdgasvorkommen der Kaspischen Region. Ein Konsortium unter maßgeblicher Beteiligung der vom früheren US-Außenminister Henry Kissinger beratenen Firma Unocal, welch Wunder, ist unterdessen Cheerleader in diesem potenziellen Milliardengeschäft.

Nach der Einnahme Kabuls im September 1996 kontrollierten die Paschtunen-Fundis der Taliban bald die meisten Provinzen Afghanistans. Nur im äußersten Norden vermochten unter ihrem Kommandanten Ahmed Schah Massud, dem »Löwen von Pandschir«, Einheiten der aus der Hauptstadt vertriebenen Mudschahidin-Regierung, die überwiegend aus Tadschiken, Usbeken und Turkmenen bestehende »Nordallianz«, einen schmalen Streifen an der Grenze zu Tadschikistan zu halten. Städte wechselten ihre Eroberer, es kam zu Blutorgien. Wenigstens 3000 Taliban wurden in Masar-i-Scharif umzingelt und ermordet. Die Gotteskrieger rächten sich dafür nach Rückeroberung der Stadt. Mit kräftiger Unterstützung von ein paar hundert Araber-Afghanen Bin Ladens brachten sie dort alle mongolenstämmigen Hazara um, wohl über 6000. Dazu neun Diplomaten des iranischen Konsulats, weil Teheran als Hauptförderer der schiitischen Hazara und des Tadschiken Massud galt.

Vergeblich hatte Nadschibullah zuletzt mit schrillen Alarmrufen die Welt vor der drohenden Machtübernahme durch die Islamisten in Afghanistan aufzurütteln versucht: »Der fundamentalistische Islam wird auf Zentralasien übergreifen, und es wird zu einem neuen Kalten Krieg kommen, diesmal zwischen dem Westen und dem Islam«, unkte der letzte Revolutionsführer, traf man ihn in seiner Kabuler Feste. Wie bei der antiken Seherin Kassandra sollte sich diese Unheil verheißende Prophezeiung dann auch erfüllen. Im Mai 1996 kehrte Osama Bin Laden auf der Flucht vor den USA aus dem Sudan nach Afghanistan zurück und schloss schnell Freundschaft mit Mullah Omar, dem Führer der Taliban. Der Multimillionär etablierte sich als Dauergast in Kandahar und finanzierte den Aufbau mehrerer terroristischer Ausbildungslager bei Khost und Jalalabad. »Spätestens seit 1997 war den meisten Afghanen klar, dass Osama Bin Laden eine führende Rolle unter den Taliban spielte«, erinnert sich der Paschtunen-Aristokrat Hamid Karzai, der in der Mudschahidin-Regierung den Vizeaußenminister gegeben und ein Angebot der Taliban für den Posten des Uno-Botschafters abgelehnt hatte: »Ich habe die Amerikaner mehrfach vor den Gefahren gewarnt, die von dieser Entwicklung ausgehen, aber niemand hat auf mich gehört.«

Erst nach den Anschlägen auf die amerikanischen Botschaften in Kenia und Tansania, bei denen im August 1998 insgesamt 220 Menschen starben, erkannten die Amerikaner, dass die Spitze des terroristischen Netzwerks al-Qaida (»die Basis«) unbehelligt vom Hindukusch aus operierte. Zur Vergeltung ließ Präsident Clinton Ausbildungslager der Araber-Afghanen mit zweiundsiebzig Cruise Missiles bombardieren, ohne großen Erfolg. Aber der Pate der Taliban und oberste Lenker der »Internationalen islamischen Front für den Dschihad gegen Juden und Kreuzritter« bereitete ein noch monströseres Unternehmen vor: die Terroranschläge des 11. September 2001 auf das World Trade Center in New York und das Pentagon in Washington mit fast 3000 Toten.

Nur wenige Wochen darauf waren die Taliban als Schutzherren Bin Ladens aus Kabul vertrieben, die Steinzeit-Islamisten hatten der Hightech-Militärmacht USA wenig entgegenzusetzen. Doch der Terrorchef entkam. Mit ihm tauchten Tausende seiner Araber-Afghanen wie der Taliban in der schwer zugänglichen Bergwelt der afghanisch-pakistanischen Grenzregion unter. Statt die »Operation Enduring Freedom« (»Operation dauerhafte Freiheit«) gegen den globalen Terrorismus hier konsequent und unerbittlich zu Ende zu führen, also die Infrastruktur von al-Qaida und der Taliban zu zerstören und ihrer Führer habhaft zu werden oder sie zu liquidieren, wurden Amerikas Elitesoldaten dann für den Showdown mit Saddam Hussein gebraucht.

Erneut ein fataler Fehler, denn der Kern von al-Quaida überlebte – und die radikalen Islamisten meldeten sich nach einer Atempause zurück, sie sind als Neo-Taliban unterdessen wieder auf dem Vormarsch. Die Amerikaner, so scheint es, haben aus den Lehren der afghanischen Geschichte und dem Scheitern der Sowjets wenig gelernt. Jetzt nämlich stecken sie selber in der Hindukusch-Falle, und mit ihnen die multinationale Schutztruppe ihrer Verbündeten.

»Wenn Gott eine Nation bestrafen will«, besagt eine Spruchweisheit in Asien, »dann lässt er sie in Afghanistan einfallen.«

2
Der sanfte Eroberer von Karz

Der Tag mit Präsident Hamid Karzai beginnt früh, und er hat schon einen langen Morgen hinter sich. Es ist 8.45 Uhr im Regierungspalast in Kabul. Schnee liegt auf den Wiesen zwischen der kleinen Moschee mit den blauen Zwiebeltürmen und dem Bürositz des ersten frei gewählten Präsidenten Afghanistans. Eine Allee führt durch das parkartige Gelände, auf dem eine unruhige Mischung kubischer Gebäude steht und andere Häuser mit Erkerchen, Kuppeln und Bögen.

Seit seiner Ankunft vor über sieben Jahren, im Dezember 2001, arbeitet und lebt Karzai hier. Er grüßt die Ehrenwachen, die ihre altertümlichen Gewehre präsentieren und im dicken Zwirn mit den goldenen Knöpfen und Kordeln imposant aussehen, schreitet durch die Eingangshalle, in der es nach frischem Bohnerwachs riecht. Dann geht er die mit roten Teppichen ausgelegte Holztreppe hinauf. Karzais Büro liegt im ersten Stock, rechts hinten.

Er legt Schal und Mantel ab, faltet sorgfältig den grauen Kola-i-Pust zusammen, die Fellmütze. Karzai sagt, dass er heute interessante Leute treffen werde, Geschäftsleute, Abgeordnete, auch Stammesälteste aus der umkämpften Grenzregion, dem pakistanischen Waziristan, und hochrangige Taliban. Dabei lächelt er und gibt zu verstehen, dass Sitzungen mit den militanten Gotteskriegern, die im Herbst 2001 auch mit seiner Hilfe aus ihren Amtsstuben verjagt wurden, inzwischen zu seinem politischen Alltag gehören.

Karzais junge Islamische Republik Afghanistan hat viele Feinde, sie alle wollen ihn lieber heute als morgen zu Fall bringen und sein fragiles, mühsam aufgebautes Staatsgebilde zerstören. Die meisten seiner Widersacher haben keinen Platz mehr in diesem Land mit den demokratischen Strukturen, oder Karzai hat ihren Einfluss beschnitten. Der Präsident kennt seine Gegner fast alle persönlich, sogar jene, die ihm nach dem Leben trachten. In drei Jahrzehnten der Kriege und Krisen sind die meisten von ihnen irgendwann einmal auch seine Verbündeten gewesen.

Karzais Protokollchef steht in der Tür, der erste Besucher ist da. In der mit Marmor ausgelegten Empfangshalle mit den goldlackierten Stühlen im Barockstil wartet ein Abgesandter aus Kandahar.

Der Mann ist weit gereist, seine Kleider sind staubig, der mit Goldfäden durchzogene Turban auf seinem Kopf löst sich auf. Der Kandahari will Karzais Hand küssen, Karzai entzieht sie ihm, umarmt den Paschtunen, drückt dessen Hand. Der Mann flüstert etwas in das Ohr des Präsidenten, der lauscht und nickt. Was immer sein Problem war, Karzai verspricht eine Lösung. »Ich bin ein typischer Afghane mit allen afghanischen Eigenschaften«, sagt er, als er später ins Büro zurückkehrt. Übergangslos gleitet der moderne Staatsmann Karzai in die Rolle des Stammesführers, der selbstverständlich herrscht, seinen Untergebenen aber auch gütig dient.

Privat ist der Präsident ebenfalls ein Traditionalist. Seine Ehe mit der elf Jahre jüngeren Frauenärztin Zenat wurde 1998 nach alter Sitte zwischen den Familien arrangiert, und bisher ist die First Lady, die sich zuvor in der pakistanischen Stadt Quetta um afghanische Flüchtlinge kümmerte, öffentlich so gut wie nie in Erscheinung getreten. »Wir dürfen nichts überstürzen«, sagte die aparte Frau mit den langen, dunklen Haaren, die sie unter einem roten Chiffonschal verbirgt, einmal im Interview. Die beiden haben einen zweijährigen Sohn, das bisher einzige Kind des Präsidenten.

Afghanistan sei ein »hierarchisches Land«, und auch seine eigene Familie sei »sehr traditionell«, sagt Karzai. Sein Vater hatte zwei Frauen und insgesamt acht Kinder. Fünf Geschwister sind derzeit mit ihm hier in Afghanistan. Die Brüder Qayum und Mahmoud emigrierten schon in den Siebziger- und Achtzigerjahren nach Amerika. Dort betreiben sie unter anderem in Baltimore und San Francisco die Restaurantkette »Helmand«, die für ihre Kürbisgerichte berühmt ist.

Karzais ältester Bruder, der Ingenieur Abdul Ahmed, lebt auf Long Island, hält sich derzeit jedoch fast ständig in Kabul auf. Die einzige Schwester, Fouzia, ist in Maryland verheiratet, und ein weiterer Bruder, Abdul Wali, arbeitet in den USA an einer Universität als Biochemiker und hat sich, wie der Älteste, auf Long Island niedergelassen.

Ein noch jüngerer Bruder, Shawali, betätigt sich wie Mahmoud als Geschäftsmann in Afghanistan, und auch der jüngste, Ahmed Wali, kehrte vor Jahren aus den USA in die Heimat zurück. Die Familienbande seien trotz der räumlichen Trennung immer stark gewesen, sagt Karzai: »Ein älterer Bruder führt den jüngeren und gibt ihm Anweisungen, er bittet ihn, das Richtige zu tun, und der jüngere Bruder erwartet wiederum von ihm, umsorgt und freundlich behandelt zu werden.«

Inzwischen sind einige Familienmitglieder auch in der afghanischen Politik aktiv. Qayum ist ständig zwischen den USA und Afghanistan unterwegs, er saß drei Jahre als Abgeordneter im Parlament. Der jüngere Ahmed Wali ist Karzais Statthalter in Kandahar und Vorsitzender des Provinzrates. Er besetzt damit eine machtvolle Schlüsselposition im Süden, und in Kabul heißt es hartnäckig, dass er dort auch im Drogenhandel eine wichtige Rolle spiele. Karzai weist dies stets empört zurück, weil niemand bisher überzeugende Beweise vorlegte. Einen Onkel schickte Karzai als Botschafter nach Saudi-Arabien.

Feindschaften können schnell tödlich enden in Afghanistan, und politische Gegner harren, anders als in westlichen Demokratien, nicht auf der Oppositionsbank aus, bloß weil sie eine Wahl oder einen Krieg verloren haben. Karzai »konsultiert« deshalb auch Protagonisten, die andere lieber vor einem internationalen Gerichtshof sehen würden, zum Beispiel den reichen Theologieprofessor Abdurrab Rassul Sayyaf. Der weißbärtige Alt-Mudschahid aus Paghman bei Kabul verfügt über eine beachtliche Privatmiliz, er soll in der Hauptstadt 200 Immobilien besitzen und mehrere hundert Millionen Dollar auf Schweizer Bankkonten gebunkert haben. Der Fundamantalist wahhabitischer Ausrichtung wird schwerster Menschenrechtsverletzungen während des Bürgerkriegs beschuldigt, laut Geheimdienstberichten unterstützte er auch internationale

Dschihadis in Tschetschenien und Bosnien-Herzegowina. Es soll Sayyaf gewesen sein, der al-Qaida-Chef Osama Bin Laden 1996 nach Afghanistan holte, als dieser den Sudan wegen seiner terroristischen Umtriebe verlassen musste.

Um den einflussreichen Islamisten in den politischen Prozess einzubinden, machte Karzai Sayyaf zu einem seiner wichtigsten Verbündeten, und dieser nutzt die Nähe zur Macht, um seine islamistischen Weggefährten erneut in Schlüsselpositionen zu bringen.

Der Präsident sitzt an seinem Schreibtisch vor der antiken Bibliothek, das markante Gesicht spiegelt sich in der polierten Glasplatte. Er nippt an einer Tasse grünem Tee und spricht von der jungen Demokratie Afghanistans als von einem »frisch operierten Patienten«, der eigentlich noch auf der Intensivstation liege und dem schnelles Laufen verboten sei. Recht und Gerechtigkeit müsse man sich auch leisten können, sagt Karzai. Afghanistan könne es sich zu diesem Zeitpunkt aber eben nicht leisten, all jene anzuklagen, die in den vergangenen dreißig Jahren gemordet und gefoltert und Krieg gegen die Bevölkerung geführt haben: »Wir sind gezeichnet von jahrelanger Einmischung durch die Nachbarn, von der Gefangennahme durch al-Qaida und auch vom Fehlverhalten unserer eigenen Organisationen und Parteien, die über Waffen und Gewehre verfügten. Mir wurde die Verantwortung übertragen, dieses Land zusammenzuführen. Darum habe ich mich entschlossen, allen eine Chance zu geben, sie alle ins Boot zu holen.« Was wäre, wenn seine Todfeinde, der einäugige Taliban-Chef Mullah Omar und der Terrorfürst Gulbuddin Hekmatjar, heute durch die Tür seines Büros treten? »Ich werde sie willkommen heißen und umarmen, für den Frieden und die Stabilität Afghanistans«, antwortet Karzai. »Über ihre Gewalttaten soll das afghanische Volk richten.« Britische Offiziere, die einen Kilometer weiter, am Ende der Great Massud Road, im militärischen Hauptquartier der internationalen Truppen bei einem Kaffee im Garten sitzen, drücken sich weniger vornehm aus, meinen jedoch vermutlich das Gleiche: Solange die Feinde im eigenen Lager sind, »pissen sie wenigstens raus aus dem Zelt und nicht hinein«.

Karzai ist der drittälteste Sohn eines angesehenen paschtunischen Stammesfürsten aus Karz. Der Ort mit den niedrigen Lehmbauten und unbefestigten Sandstraßen liegt inmitten einer fruchtbaren Weinanbauregion, zwanzig Autominuten außerhalb der südafghanischen Stadt Kandahar. In Karz gibt es keinen Strom und kein fließendes Wasser, das Leben hier scheint seit Hunderten von Jahren stillzustehen. Die Gegend gilt selbst für afghanische Verhältnisse als konservativ. Auf der Straße sind keine Frauen zu sehen, und falls doch einmal eine Dorfbewohnerin von einer Haustür zur nächsten wechselt, dann nie ohne die alles verhüllende Burka. Mädchenschulen hat es hier auch früher nicht gegeben, und viele der Bewohner unterstützten die strengen Taliban sogar, weil sie während der Bürgerkriegswirren eine Alternative waren zu Kriminalität und Anarchie.

Vom Haus der Karzais stehen nur noch ein paar eingefallene Mauern, wobei unklar ist, bei welchem der vielen Kriege es zerstört worden ist, vermutlich während der Invasion der Sowjets in den Achtzigerjahren. Das waren andere Zeiten, und viele von Karzais heutigen Gegnern standen damals mit ihm zusammen auf einer Seite: Der radikal-islamische Guerillaführer Gulbuddin Hekmatjar etwa war ein angesehener Parteiführer, ein vom Westen hofierter Dschihadi, der erfolgreich gegen die sowjetischen Besatzer kämpfte. Karzai kannte ihn natürlich. Inzwischen gehört Hekmatjar zu den meist gesuchten Terroristen, gleich nach Osama Bin Laden und Mullah Omar. Die internationalen Militärs machen ihn für Dutzende Selbstmordattentate verantwortlich.

Karzai hatte anfangs sogar die junge Taliban-Bewegung unterstützt, auch unter den Koranschülern waren nicht wenige seiner früheren Weggefährten. Sie versprachen damals, Recht und Ordnung in das blutige Chaos des kriegsversehrten Landes zu bringen. Erst Jahre später, als die Einmischung ausländischer Kräfte aus Pakistan und Saudi-Arabien deutlich wurde, wandte sich Karzai von den militanten Koranschülern ab.

Der einflussreiche Clan der Popalzai, dem Karzai vorsteht, zählt etwa 500 000 Menschen. Der Unterstamm der paschtunischen Durrani stellte über viele Generationen immer wieder die Berater und engsten Gefolgsleute der afghanischen Könige. Karzais Vater, der Stammesfürst Abdul Ahad, war stellvertretender Präsident des königlichen Parlaments. Dessen Monarch, der damalige König Mohammed Zahir, wurde 1973 durch seinen Cousin vom Thron geputscht und ging ins römische Exil. Schah war ein kunstsinniger Mann und gilt, etwas verklärt, vielen Bürgern bis heute als Symbol eines friedlichen, vereinten Afghanistans.

Die Taliban erschossen 1999 Karzais Vater, den damaligen Anführer der Popalzai, vor dessen Haus im Exil in der pakistanischen Stadt Quetta. An der Beerdigung in Karz nahmen Tausende Trauernde teil, und Abdul Ahads Sohn Hamid wurde als sein Nachfolger bestimmt. Der heutige Präsident hatte, anders als die meisten seiner Geschwister, seine Heimat nur für kurze Zeit zum Studium Internationaler Beziehungen verlassen, das er im indischen Simla absolvierte.

Während der Kriege floh Karzai mit dem Rest der weit verzweigten Familie immer wieder ins pakistanische Quetta, der Provinzhauptstadt Belutschistans. Gleichwohl blieb er international stets gut vernetzt. Zusammen mit anderen Royalisten warb er bei den Vereinten Nationen, den USA und auch bei den Europäern unermüdlich für einen Neuanfang in Afghanistan und für die Rückkehr des Königs als Integrationsfigur.

Das Attentat vom 11. September 2001 auf das World Trade Center in New York und das Pentagon in Arlington brachte schließlich die Wende. Am 18. April 2002 landete der ehemalige Monarch tatsächlich auf dem Rollfeld des Kabuler Flughafens – über achtundzwanzig Jahre nach seiner Vertreibung.

Es war ein guter Tag für Afghanistan. Alle Stämme hatten ihre Ältesten geschickt, die Hazara kamen in ihren bunten Trachten und die Paschtunen mit ihren gewaltigen Turbanen und kajalumrandeten Augen, und aus dem Norden erschienen die Tadschiken und Usbeken mit ihren blau-grünen Chapans aus Seide. In ungewohnter Einigkeit erwarteten die höchsten Vertreter fast aller ehemaligen Kriegsparteien gemeinsam den König.

Neuanfang in Kabul: Ex-König Zahir (9. v. l.) kehrt im April 2002 in seine Heimat zurück und wird von Interimsregierungschef Hamid Karzai (3. v. l.) in Kabul empfangen

Der gefürchtete General Abdul Rashid Dostum stand ganz vorn an der Ehrentribüne und überreichte dem früheren Regenten einen frischen Strauß roter Tulpen aus Masar-i-Scharif. Er versprach, zu Ehren des ehemaligen Monarchen ein »Buzkashi« zu veranstalten. Der Nationalsport der Afghanen, das sogenannte Ziegenzerren, ist ein rohes Reiterspiel, bei dem es darum geht, dem Gegner eine geköpfte Ziege abzujagen und sie in einem engen Kreisfeld abzuwerfen. Der alte König war jedoch gut informiert über die Machtkämpfe der Kriegsfürsten im Norden und antwortete Dostum spitz: »Macht ihr nicht schon die ganze Zeit ein Buzkashi dort oben?« Seine letzten Jahre lebte der »Vater der Nation«, wie der Ex-Regent fortan genannt wurde, unweit der Residenz des Staatschefs auf dem Palastgelände. Er starb am 23. Juli 2007 mit zweiundneunzig Jahren in seinem Bett, zu Hause in Kabul.

Karzai ist ein Mann von schlanker Statur, mittelgroß, seine Haut ist hell, die Nase ausgeprägt, und seine Augenbrauen sind auffallend buschig. Er spricht sechs Sprachen, darunter auch Französisch und Urdu. Den Amerikanern schien der eloquente Paschtune anfangs die Idealbesetzung für das Amt. Nach der Konferenz auf dem Bonner Petersberg im Dezember 2001, auf der Karzai zum Interimsregierungschef gekürt worden war, hatte er Sympathieadressen fast aller politischer Gruppen in Afghanistan erhalten. Zähneknirschend hatte ihn am Ende sogar der Nordallianz-Führer Burhanuddin Rabbani akzeptiert, der als früherer Staatschef diese Position eigentlich für sich beanspruchte. Der weltoffene, sympathische Afghane bewegte sich selbstbewusst auf internationalem Territorium, sogar im Oval Office von George W. Bush.

Mit der Harmonie ist es inzwischen vorbei. Die Beziehung zwischen Karzai und den USA ist deutlich abgekühlt. Für die Amerikaner ist der Regent in Kabul inzwischen sogar ein Hindernis für die Entwicklung des Landes und unfähig, die junge Republik zu führen. Außerdem toleriere er die Machenschaften seiner Brüder in der korrupten Wirtschaft und im Drogenhandel.

Die neue Regierung von US-Präsident Barack Obama erbte den Krieg in Afghanistan und die schlechten Nachrichten vom Hindukusch sind für sie untrennbar mit Karzais Namen verbunden. Doch vom dunklen Sog, der von dieser Region ausgeht, will man sich nicht in die Tiefe reißen lassen.

Auch Karzai kaschiert seine Vorbehalte gegenüber den Amerikanern, die bis heute seine wichtigsten Verbündeten sind, kaum noch. »Wir haben sieben Jahre in einer Ehe verbracht und reden immer noch miteinander. Das ist großartig. Aber es gibt auch Tage, an denen man sauer aufeinander ist«, sagte er Anfang 2009 am Rande der Sicherheitskonferenz in München. Der Tag, seit dem Karzai und seine amerikanischen Mentoren ziemlich offen schlecht übereinander sprechen, lässt sich genau datieren. Am 7. September 2008 rief US-Außenministerin Condoleezza Rice in Kabul an und machte dem Präsidenten schwere Vorwürfe. »Wenn Sie weiterhin uns Amerikaner kritisieren, dann beenden wir die Zusammenarbeit mit Ihnen«, soll die damals mächtigste Frau der Welt kühl gesagt haben. Karzai antwortete stolz: »Ich werde nicht schweigen und nicht aufhören, die Interessen meines Volkes und seiner Kinder zu vertreten.«

Karzai zog sich den ungnädigen Anruf zu, weil er den amerikanischen Truppen, wie schon öfter, Rücksichtslosigkeit gegen afghanische Zivilisten vorgeworfen hatte. Diesmal ging es um ein Bombardement in einem Ort namens Azizabad im Nordwesten des Landes, bei dem, wie die Afghanen behaupten, neunzig Zivilisten gestorben waren. Die Amerikaner erklärten, es seien nur sieben gewesen.

Nach dem Telefonat rief Karzai ein paar Vertraute zusammen und wetterte: »Diese Amerikaner verstehen nicht, dass wir ihre Freunde sind, aber nicht ihre Knechte. Sie wollen uns behandeln wie kolonialisierte Generäle, sie begreifen nicht, dass wir eine stolze Nation sind. Lieber sterbe ich in Würde, als ihr machtloser Vasall zu sein.« Das war der Wendepunkt in der Beziehung zwischen der Schutzmacht und dem Schützling.

Karzai wird jetzt im Seitenflügel des Kabinettssaals erwartet. Dort ist für ihn und Vizepräsident Karim Khalili mit weißem Porzellan gedeckt. Khalili ist einer seiner Stellvertreter und ehemaliger Milizführer der Hazara, einer mongolisch-schiitischen Minderheit, die mehrheitlich im Zentrum Afghanistans lebt. Die Hazara hatten besonders schwer unter den Taliban gelitten und sind in der wechselvollen Geschichte des Landes immer wieder Opfer von Diskriminierungen gewesen. Ein Diener bringt frischen Orangensaft, Spiegeleier, Fladenbrot und Marmelade und schenkt grünen Tee ein. Grüner Tee ist Karzais Lieblingsgetränk.

Die beiden diskutieren über das Flüchtlingsproblem im Iran. Viele schiitische Hazara haben dort während der Kriegswirren Unterschlupf gefunden, jetzt machen die Iraner Druck, die Afghanen sollen schnellstmöglich zurück. Viele wurden bereits in ihre Heimat abgeschoben. Karzai hat sich immer dazu bekannt, »ziemlich sentimental zu sein, es geht mir schlecht, wenn ich sehe, dass es anderen schlecht geht«.

Vor vielen Jahren, als eine Wende in Afghanistan noch lange nicht abzusehen war, sah er bei einem Besuch in den USA den Fernsehspot einer Hilfsorganisation, der ein afghanisches Mädchen beim Betteln zeigte, umgeben von lauter Müll. Karzai war so betroffen, dass er seine Verwandten bat, das TV-Gerät abzuschalten. Am Menschenrechtstag im Dezember 2006 sagte Karzai mit Tränen in den Augen im afghanischen Fernsehen: »Ich kann die Taliban nicht davon abhalten, unser Land zu zerstören. Aber ich kann auch die Amerikaner nicht daran hindern, unsere Kinder zu töten.« Der Regierungschef zeigte damit Nähe zum Volk, das unter dem blutigen Terror der Taliban wie unter den regelmäßigen Bombardements der Amerikaner leidet, doch zeigte er vor allem auch seine Ratlosigkeit und Schwäche.

Am 9. Oktober 2004 wurde Karzai bei der ersten freien Präsidentschaftswahl in der afghanischen Geschichte mit 55,4 Prozent der Stimmen zum Staatschef bestimmt. Sein bedeutendster Konkurrent, der Kandidat der Nordallianz, Yunus Qanuni, hatte es gerade mal auf 16 Prozent gebracht. Bei der bevorstehenden Wahl im August 2009 dürfte das Ergebnis für Karzai jedoch deutlich knapper ausfallen.

Die Taliban sind wie Karzai fast alle Paschtunen, und auch sie seien »Söhne Afghanistans«, betont der Präsident immer wieder gegenüber den Amerikanern. Bei Besuchen in Washington bittet Karzai regelmäßig um »Gerechtigkeit« beim Umgang mit den Gefangenen. Doch schon die Bitte um gute Behandlung der eigenen Landsleute unterstreicht seinen Mangel an Autorität.

Die USA sind in Afghanistan der größte »Shareholder«, wie es in den internationalen Kreisen in Kabul heißt, als wäre die Republik eine Aktiengesellschaft, in die man sich einkaufen könne. 20 Milliarden Dollar geben die USA seit 2001 dort jährlich allein für ihr militärisches Engagement aus. Das ist bei Weitem mehr als alle anderen Verbündeten zusammen. Deshalb bestimmen die Amerikaner auch den Kurs.

Bis Ende 2010 will Präsident Obama bis zu 30000 US-Soldaten zusätzlich ins Land holen, fast doppelt so viele wie bereits im Land stationiert sind. Das erhöht auch die Kosten für die Mission erheblich. Obamas Amerika meint es durchaus ernst mit Afghanistan. Der neue Präsident ist bereit, für den Erfolg große Anstrengungen zu unternehmen und auch einen hohen Preis zu bezahlen. Auf den Mann im Palast bauen die Strategen im Weißen Haus und im Pentagon indessen nicht mehr.

Die Regierung Karzai war immer abhängig von den Amerikanern. Ohne die US-Truppen gäbe es den Präsidenten Hamid Karzai gar nicht, und ohne sie könnte er sich hier in Kabul kaum lange halten. Gefragt, wie frei er in seiner politischen Gestaltung sei, bemüht sich Karzai kaum, die Dominanz der Amerikaner klein zu reden: »Sehen Sie, die afghanischen Staatseinnahmen betragen 600 Millionen Dollar pro Jahr, aber unsere Ausgaben gehen in die Milliarden«, rechnet er vor. »Und unsere Handlungsfähigkeit steht in einem direkten Verhältnis zu unseren Einnahmen.«

Die größte Nähe zu den USA pflegte Karzai während der Amtszeit des amerikanischen Botschafters Zalmay Khalilzad, ein im nördlichen Masar-i-Scharif geborener Paschtune, der als Austauschschüler erstmals nach Amerika kam. Während Khalilzads zweijährigem Dienst in Kabul, bis Mitte 2005, verbrachten er und Karzai mitunter mehr Zeit miteinander, als dies gewöhnlich Eheleute tun.

Abends aßen sie fast täglich in Karzais privater Residenz, einem schlichten Sechzigerjahrebau auf dem Palastgelände, mit kleinem Garten und Swimmingpool davor. »Der Präsident konsultierte Khalilzad wegen jeder Kleinigkeit«, erinnert sich ein Minister, und Karzais Entscheidungen waren zu einem Gutteil als Entscheidungen Khalilzads erkennbar. Dies brachte dem US-Botschafter den Ruf des »Vizekönigs« ein – und Karzai den einer amerikanischen Marionette.

Als Khalilzad schließlich auf den Botschafterposten nach Bagdad versetzt wurde, bat Karzai den US-Präsidenten mehrfach, seinen Entschluss zu überdenken. Beobachter hielten den Weggang Khalilzads jedoch für eine heilsame Entflechtung, die notwendig gewesen sei, damit Karzai wieder an eigenem Profil gewinnen konnte.

Während der Taliban-Herrschaft hatte Khalilzad in der Privatwirtschaft als Berater gearbeitet. Er schrieb Analysen für das amerikanische Energieunternehmen Unocal. Die Firma bemühte sich damals intensiv um das Multimilliardengeschäft einer Pipeline vom zentralasiatischen Turkmenistan über Afghanistan nach Pakistan und womöglich weiter nach Indien oder zum Arabischen Meer.

Die Vermengung von Politik und Energiegeschäften beflügelt seither in Afghanistan Verschwörungstheorien für einen möglicherweise tieferen Grund des jüngsten Krieges im Herzland Asiens. Eine Trasse für Gas, die durch Afghanistan führt, könnte die westliche Welt mittelfristig aus den Abhängigkeiten von Russland befreien und Moskaus Dominanz im Energiebereich deutlich schwächen.

Jahrelang hofierten hohe Unocal-Funktionäre in den Neunzigerjahren die radikalen Taliban, bis sie einsehen mussten, dass sie mit den religiösen Hardlinern nicht handelseinig werden würden. Irgendwann gaben sie ihre Ambitionen auf. Nach seinem Engagement bei Unocal gehörte Khalilzad zu den Falken der US-Regierung, die den Regimewechsel sowohl in Bagdad wie in Kabul unterstützten. Im Rückblick betont er, dass ihn im Fall von Afghanistan nicht der geplatzte Milliardendeal, sondern die Brutalität der Taliban zu seinen Überzeugungen brachte.

Einer der Hauptgründe für den schwindenden Glauben der Afghanen an ihre neue Regierung ist die allgegenwärtige Korruption, die sich wie ein Krebsgeschwür durch die Institutionen des Staatsapparates frisst. Es gibt kaum einen Polizisten, Abteilungsleiter oder höheren Beamten, der seine Position nicht nutzt, um sich persönlich zu bereichern. Nur selten ist es möglich, mit offiziellen Gehältern zu überleben. Karzai selbst gilt als untadeliger Mann, doch lange hielt sich das Gerücht, dass auch er früher als Berater für den Energiekonzern Unocal gearbeitet habe und noch immer dessen Interessen befördere. Das Unternehmen hat dies dementiert. Doch immerhin unterzeichneten die Staats- und Regierungschefs von Turkmenistan, Pakistan und Afghanistan bereits 2002 einen Vertrag, der einen möglichen Bau und die Nutzungsrechte der Pipeline durch alle drei Länder regelt. Auf seine Verbindungen mit dem amerikanischen Energiekonzern angesprochen, strafft sich Karzai und wird sehr ernst. Vielleicht habe er einigen Leuten mit engen Beziehungen zu Unocal freundlich gegenübergestanden, sagt er dann, das sei es aber auch gewesen: »Ich kann Ihnen versichern, ich habe nie für diese Firma gearbeitet.«

Wer Hamid Karzai in seinem Büro im feinen Wollblazer sieht, mit dem eleganten Perahan wa Tonban, der Pluderhose und dem losen Hemd, auf dem sich noch die Bügelfalten abzeichnen, und mit den sorgfältig manikürten Fingernägeln, mag kaum glauben, dass er der wagemutige Unterhändler war, der während des Anti-Taliban-Krieges bei den Stämmen im Süden Afghanistans die Wende herbeiführte. Durch seine Vermittlung stellten sich die Clanchefs damals gegen die Taliban und auf die Seite der Amerikaner.

Im Oktober 2001 war Karzai, begleitet von drei Freunden, auf zwei Motorrädern von der pakistanischen Stadt Quetta über die Grenze nach Kandahar aufgebrochen und weiter in die Provinz Oruzgan gefahren, zum Dorf Dehra Wood, unweit der Provinzhauptstadt Tirin Kot. Die dünn besiedelte Region ist eine weitläufige Wüstenlandschaft ohne befestigte Straßen und die Heimat von Taliban-Chef Mullah Omar. Karzais Plan war es, die Stämme in Oruzgan zur Rebellion gegen die militanten Koranschüler zu überreden.

Ein anderer Paschtunen-Führer, der bekannte Guerillakommandeur Abdul Haq aus der Stadt Jalalabad, hatte zur gleichen Zeit ein ähnliches Himmelfahrtskommando im Osten des Landes versucht – und bezahlte dies mit dem Leben. Er war den Taliban in die Hände gefallen, und Mullah Omar ließ ihn und seine zwei Begleiter als Spione an einem Baum aufknüpfen. Die Amerikaner hatten damals noch ein verzweifeltes Rettungsmanöver mit Hubschraubern versucht, doch für Abdul Haq, den Washington eigentlich als Favoriten für die Führung des Landes ins Auge gefasst hatte, kam jede Hilfe zu spät.

Die Stammesältesten von Oruzgan glaubten Hamid Karzai damals zunächst nicht, dass ihn die mächtigen Amerikaner tatsächlich unterstützen. Sie waren gegen die immer radikaler und machthungriger gewordenen Gotteskrieger, aber keinesfalls wollten sie für eine aussichtslose Revolte ihr Leben und das ihrer Familien aufs Spiel setzen. »Werden sie dir Flugzeuge geben, werden sie dir Waffen geben, werden sie dir Geld geben, werden sie dir helfen?«, fragte ihn ein Geistlicher im Dorf von Dehra Wood. »Ja, das werden sie«, sagte Karzai. Als Beweis verlangten die Stammesältesten eine Probe. Karzai sollte mit seinem Satellitentelefon die Amerikaner anrufen, um zu erreichen, dass ein Flugzeug der US-Truppen einen bestimmten Punkt, das Haus des Taliban-Gouverneurs in Tirin Kot, bombardiere. Dann würden sie mit ihm und gegen die militanten Koranschüler kämpfen.

Die Taliban und al-Qaida hatten zwischenzeitlich von Karzais Umsturzbemühungen erfahren und sendeten Suchtrupps nach ihm aus. Insgesamt elf Tage wartete Karzai in dem Dorf auf die Amerikaner, nachts schlief er in einem Schafstall. Die Jirga, der Rat der Dorfältesten von Dehra Wood, tagte und beschloss, um dem Groll der anrückenden Taliban zu entkommen, mit den Familien in die Berge zu fliehen. »Ich fürchtete, dass es ein Massaker geben wird«, erinnert sich der Präsident. Schließlich erschienen die Amerikaner doch noch. Per Fallschirm setzten sie Waffen ab und bombardierten die Stadt Tirin Kot. Daraufhin jagten die Stammesführer den Gouverneur der Taliban und dessen Gefolgschaft davon.

Karzais Feinde haben ihm das nicht vergessen. Im September 2004 feuerten sie eine Rakete auf seinen Helikopter ab, als er auf dem Weg zu einer Schuleröffnung im ostafghanischen Gardez war, doch sie verfehlten ihr Ziel. Auch im September 2002 hatte sich ihm bei einem Besuch in Kandahar ein Mann in der Uniform der afghanischen Armee in den Weg gestellt und auf ihn geschossen. Karzai blieb damals unversehrt. Zwei Menschen starben jedoch, darunter einer seiner Bodyguards.

Präsident Karzai verlässt seinen Palast inzwischen selten. Ganze Wochen vergehen, an denen ihn sein Weg lediglich von seinem Privathaus, in dem auch seine Frau und sein Sohn Mirwais wohnen, ins Regierungsgebäude und zurück führt.

Wer den Staatschef sprechen will, muss es irgendwie hierher ins Regierungsgebäude schaffen. Er muss durch vier Checkpoints, durch das steinerne viktorianische Eingangstor, das den Komplex wie ein

Fort von der Außenwelt abschirmt, und durch drei Sicherheitsschranken. Seine Taschen werden von Hunden beschnüffelt, an der Pforte nehmen ihm Herren in dunklen Anzügen, unter deren Jacken eine Waffe steckt, Mobilfunktelefone, Kameras und Aufnahmegeräte ab. Der Besucher darf nur eintreten, wenn er auf der Liste des Protokollchefs steht und einen Ansprechpartner im engen Umfeld von Karzais Vertrauten hat. Die Besucher kommen im Dreißig-Minuten-Takt.

Gegenüber von Karzais Büro, am Ende des Flurs, liegt der Kabinettsraum. Mit seiner Kassettendecke, den roten Samtstühlen und den Kristalllüstern wirkt er fast wie ein britischer Traditionsclub. Gerade treffen die Minister ein. Einer der ersten ist Ismail Khan, der heimliche Machthaber aus dem Westen Afghanistans, den sie ehrfurchtsvoll den »Löwen von Herat« nennen. Ismail Khan gehört zu den schlauesten und schlagkräftigsten Kriegsherren der vergangenen Dekaden. Er ist nicht ganz so brutal wie der Warlord und Usbeken-General Abdul Rashid Dostum, und einen Teil seiner Kriegsbeute nutzte er auch dazu, die an den Iran grenzende Region wirtschaftlich aufzubauen. In der prachtvoll renovierten Stadthalle von Herat hielt Ismail Khan zu dieser Zeit fast jeden Tag Hof und Gericht. Mit ihren ordentlichen Asphaltstraßen und Brunnen, den Mädchenschulen und Krankenhäusern ist die gleichnamige Provinz so etwas wie die Vorzeigeregion am Hindukusch.

Ismail Khan weigerte sich jedoch lange, Steuern an die Zentralregierung abzuführen, während er selbst jeden Monat üppige Zölle in Multimillionenhöhe für aus dem Ausland eingeführte Waren kassierte. Die Zölle sind die Basis der Macht jedes Regionalfürsten.

Nach einem zähen Machtkampf gelang es Karzai, Ismail Khan schließlich als Gouverneur abzulösen und nach Kabul zu holen. Heute leitet der Tadschike mit den guten Beziehungen zum Nachbarn Iran das Energieressort und sitzt in der Ministerreihe sechs Stühle links vom Präsidenten. Um seinen Kopf trägt Ismail Khan jedoch noch immer das gewickelte Palästinensertuch, sein Erkennungsmerkmal, das ihn als Kämpfer, als einen Unbeugsamen, ausweist.

Verteidigungsminister Abdul Rahim Wardak ist schon äußerlich ein Schwergewicht. Der Kriegsveteran ist weit in seinen Sechzigern und hatte sich während der Sowjetinvasion bei den Mudschahidin als Feldherr einen Namen gemacht. Er war da, als Afghanistan ihn brauchte, und saß nicht, wie so viele der bürgerlichen Klasse, in einem klimatisierten Luxusapartment im sicheren Ausland. Das legitimiert ihn heute in den Augen vieler Afghanen für sein einflussreiches Amt. Wardaks Abendeinladungen in seiner Kabuler Privatresidenz sind legendär. Seine Frau kocht sehr gut, und wie wenige versteht es der Paschtune aus der gleichnamigen Provinz Wardak, zwischen Küche und Wohnzimmer Politik zu machen.

Wardak hat in den USA studiert, wo er auch das Kriegshandwerk erlernte. Wie fast alle Top-Politiker in Kabul wird er ständig von einem westlichen Berater begleitet. Ohne einen Kollegen aus dem britischen oder amerikanischen Verteidigungsministerium ist er selten anzutreffen. Ziemlich überraschend rückte Wardak bei Karzais Regierungsbildung im Dezember 2004 zum Chef des Verteidigungsressorts auf. In einer spektakulären Aktion hatte der frisch gewählte Präsident damals den tadschikischen Nordallianz-Führer Mohammed Qasim Fahim aus dem Amt gedrängt – ein wagemutiger Coup gegen den damals mächtigsten aller Kriegsfürsten.

Fahim ist ein stämmiger Mann mit breitem Gesicht und einem Ton, der keine Fragen duldet. Und er ist unsagbar reich. Das ist in Afghanistan gleichbedeutend mit unsagbar mächtig. Bis heute werden Fahim dunkle Geschäfte mit Drogen und illegal okkupierten Grundstücken nachgesagt.

Für kurze Zeit hatte es damals nach einem echten Neuanfang ausgesehen, als wolle Karzai aufräumen mit der Herrschaft der Warlords, die ausschließlich ihren eigenen Gesetzen folgen. Tatsächlich aber war es kaum mehr als der strategische Versuch, den Einfluss der tadschikischen Nordallianz-Führer einzudämmen, den Erben des legendären Militärführers und Volkshelden Ahmed Schah Massud, dem »Löwen von Pandschir«. Massud war zwei Tage vor den Anschlägen auf das World Trade Center von einem Selbstmordkommando der al-Qaida getötet worden, und Fahim wurde sein Nachfolger.

Bei der Schlacht gegen die Taliban Ende 2001 stellte die nun von Fahim angeführte Nordallianz die Bodentruppen, hatte also den Kopf hingehalten, während die Amerikaner einen weitgehend schmerzlosen Luftkrieg führten. Als Gegenleistung beanspruchten die sogenannten Pandschiris im Kabinett die Schlüsselressorts, das Innen-, Verteidigungs- und das Außenministerium. Karzai ersetzte die meisten von ihnen jedoch bald durch ihm nahestehende Getreue.

An dem schmalen Kabinettstisch sitzen dreißig Herren und eine einzige Frau, die Ministerin für Frauenangelegenheiten, Hasan Banu Ghazanfar. Gegenüber, am Kopfende, thront der Präsident. Doch die familiäre Atmosphäre täuscht. Die Ministerrunde ist tief zerstritten, die Behördenchefs blockieren sich fast alle gegenseitig. Politische Erfahrungslosigkeit und gegenseitiges Misstrauen lähmen den Fortschritt.

Eigentlich erfordern die Aufbaujahre intensive Zusammenarbeit und rasch sichtbare Erfolge: Elektrizitätswerke müssten gebaut und die Wasserversorgung sichergestellt werden, das Land braucht Straßen und eine effektive Verwaltung. Doch der Wiederaufbau befindet sich in einem chaotischen Prozess. Selbst auf Karzais Schreibtisch liegt links auf einem Bücherstapel ständig eine Taschenlampe bereit – auch im Palast fällt regelmäßig der Strom aus.

Das zentrale Energieministerium kann seine Projekte nicht bezahlen, weil es mit dem zuständigen Wirtschaftsministerium im Clinch liegt. Vielerorts sind inzwischen zwar Strommasten aufgestellt, die Leitungen werden jedoch nicht verlegt – konkurrierende Abteilungsleiter der Behörden in Kabul booten sich gegenseitig aus. Das Wirtschaftsministerium hat weitreichende Entscheidungsgewalt über internationale Ausschreibungen, die Verträge müssen jedoch von anderen Ministern unterzeichnet werden, die häufig nicht einverstanden sind mit den Vorstellungen des Kollegen.

Die zahllosen ausländischen Berater verfügen über beste theoretische Kenntnisse, von afghanischen Strukturen verstehen sie meist wenig. Selbst fachkundige Auslandsafghanen, die ihre Institutionen aufbauen wollen, werden von ihrem lokalen Personal sabotiert. Investoren finden deshalb kaum Ansprechpartner, die wirklich etwas durchsetzen könnten.

Das Parlament arbeitet zwar, es gibt lebhafte Debatten. Doch die Wolesi Jirga, das Unterhaus, ist ein Ort größter Spannungen, was kaum verwundert, denn das Machtgerangel spiegelt die alten Frontverläufe wider. In diesem Parlament sitzen heute mitunter Abgeordnete nebeneinander, wovon der eine der Folterer des anderen war. Fundamentalisten, Ex-Taliban, Royalisten und Kommunisten, Kriegsfürsten und Menschenrechtler sind hier vertreten, und alle haben gleiches Stimmrecht. Für einige tausend Dollar sind politische Mehrheiten jedoch mitunter auch käuflich.

Anfang 2007 kam es im unmittelbaren Umfeld des Präsidenten zu einem ungewöhnlichen Vorgang. Staatschef Karzai schasste plötzlich seinen Chef der Präsidialkanzlei, Jawed Ludin. Der in England ausgebildete Spitzenbeamte war jahrelang sein persönlicher Sprecher, er gehörte zum engsten Kreis. Karzai ist treuen Weggefährten sonst mit höchster Loyalität verbunden, manchmal weit über die Schranken der Vernunft hinaus. Seine Freundschaft hat jedoch schnell Grenzen, wenn Karzai glaubt, einer mache gemeinsame Sache mit dem »Feind«. Gemeint sind bestimmte Führungszirkel in Islamabad. Der Präsident verdächtigte Ludin eines Komplotts, zusammen mit einer Handvoll Minister, den Briten und den Pakistanern, an ihm vorbei einen weitreichenden Handel mit den Nachbarn zu schließen.

Wenn es um Pakistan geht, fällt es dem Staatsmann inzwischen schwer, diplomatisch zu bleiben.

Karzai sieht die Hauptursache für das Widererstarken der Taliban in der klammheimlichen Unterstützung der Extremisten durch die Machthaber in Islamabad. Diese wollten Afghanistan schwach halten, ist der Paschtune überzeugt. Erst seit der Witwer von Benazir Bhutto, Asif Ali Zardari, das Amt des Präsidenten übernahm, schlägt Karzai nach langer Zeit wieder versöhnliche Töne an. Nach Jahren feindseliger Spannung mit dessen Vorgänger Pervez Musharraf will er einen Neuanfang mit Pakistan.

Nur Stunden nach Zardaris Amtsantritt sitzen die beiden im Präsidentenpalast von Islamabad einträchtig beisammen, unter den Porträts von Staatsgründer Mohammed Ali Jinnah und der ermordeten Benazir. Karzai trägt seinen traditionellen blau-grünen Seiden-Chapan, Zardari einen westlichen Anzug und Krawatte, vor ihnen liegt ein herrliches Blumenbouquet aus gelben Gladiolen.

Der neue pakistanische Präsident hatte unter seinem Vorgänger Musharraf jahrelang im Gefängnis gesessen. Der Vorwurf: Korruptionsverdacht. Aber Zardari ist ein erklärter Feind der militanten Taliban. Karzai richtet an diesem Tag hoffnungsvolle Worte an Zardari: »Pakistan und Afghanistan sind untrennbar miteinander verbunden. Wir leiden am gleichen Übel, und für jeden Schritt, den Sie gegen den Terrorismus unternehmen, um Frieden und Stabilität in unsere beiden Länder zu bringen, wird Afghanistan viele weitere Schritte mit Ihnen gehen.« Zardari antwortet ebenso freundlich wie vielversprechend: »Diesmal steht der Präsident hinter dem Krieg gegen den Terror.«

Für beide war der gemeinsame Auftritt auch eine Abrechnung mit Musharraf. Schon im Frühjahr 2006 war es zwischen dem Präsidentengeneral und Karzai zum Bruch gekommen. Die Zahl der Selbstmordanschläge in Afghanistan schnellte damals dramatisch in die Höhe, die Opferzahlen gingen in wenigen Wochen in die Hunderte.

Karzai reiste nach Islamabad und konfrontierte Musharraf mit einer Liste von 150 Namen, Telefonnummern und Koordinaten von Taliban-Führern, die sich nach Geheimdienst-Erkenntnissen unbehelligt in Pakistan aufhielten. Karzai sagte damals, auch der Taliban-Chef Mullah Omar lebe im pakistanischen Quetta, kaum hundert Kilometer von der Grenzlinie entfernt.

Die Liste legte nahe, dass die Anschläge gegen afghanische Sicherheitskräfte und internationale Soldaten in Pakistan geplant werden und die Terroristen nach der Ausführung wieder sichere Aufnahme auf pakistanischem Territorium finden. Damit desavouierte Karzai den pakistanischen Präsidenten als insgeheimen Unterstützer der Taliban. Musharraf war außer sich.

Der Pakistaner fühlte sich öffentlich vorgeführt und schmähte nun umgekehrt seinen afghanischen Amtskollegen in einem CNN-Interview als »völlig ahnungslos«. Das Informationsmaterial über die angeblichen Aufenthaltsorte der Taliban-Führer auf pakistanischem Hoheitsgebiet sei »alt« und »unbrauchbar«. Der Krieg der Worte schaukelte sich hoch, bis Präsident Bush die beiden Staatschefs im September 2006 zum Versöhnungsdinner nach Washington lud. Doch auch nach Feta-Suppe und scharfem Fisch mit Fenchel und katalanischen Tomaten im sanft beleuchteten Rosengarten des Weißen Hauses mochten sich die beiden Staatschefs vor den Fotografen nicht die Hand reichen.

Karzai empfängt jetzt die Delegation der Stammesältesten aus Waziristan im dunkel getäfelten Salon, ein Stockwerk unter dem Kabinettssaal. Vier Wochen waren die Männer mit den schwarzen Bärten und den gewaltigen gelben Turbanen unterwegs gewesen, zu Fuß und mit dem Taxi, um den Präsidenten von Afghanistan zu sehen. Karzai ist wie sie Paschtune. Deshalb erhoffen sie sich Unterstützung von ihm, obgleich Waziristan auf der anderen Seite der Grenze, im pakistanischen Stammesgebiet, liegt. Waziristan gilt inzwischen als *das* Drehkreuz des internationalen Terrorismus, und die dortige Bevölkerung ist das erste Opfer dieser bedrohlichen Entwicklung.

Die Besucher heben zum Gebet die Hände und preisen mit gutturalem Gemurmel den Präsidenten und dessen kleinen Sohn Mirwais. Dann berichten die Männer, wie ihre Führung, ihre Stammesoberhäupter und Geistlichen, systematisch von Extremisten ermordet werden und die regionale Zelle von al-Qaida ihre Heimat als Basis benutze. Mit ihren wilden, wettergegerbten Gesichtern, den schwarzen Haaren und den um die Schulter geworfenen Schals sehen die Waziris auch selbst ein wenig furchterregend aus.

Die Männer sagen, dass es dort, wo sie wohnen, keine Straßen und keine Schulen und kein Krankenhaus gebe, und dass nicht ein Einziger von ihnen des Schreibens und Lesens kundig sei. Der Präsident ist bestürzt und sagt sofort Hilfe zu. Zum Abschied spricht er jeden Einzelnen der zweiunddreißig Männer persönlich an, fragt nach dessen Namen, wie ein Lehrer in einer Schulklasse. Dann eilt Karzai zum nächsten Termin. Die Taliban warten.

Mullah Omars ehemaliger Außenminister Wakil Ahmed Muttawakil und der legendäre frühere Botschafter der Koranschüler in Pakistan, Mullah Abdul Salam Saif, sitzen bei Tee und Mandeln in großen Fauteuils vor dem Kamin in Karzais Büro. Die beiden sind mit drei hohen Geistlichen gekommen. Es geht um die Kämpfe im Süden und darum, dass derzeit niemand diesen Krieg wirklich gewinnen kann, weder die Taliban noch die »Besatzer«, wie Mullah Saif die Amerikaner nennt. Muttawakil und Saif könnten jederzeit Nachrichten zur sogenannten Quetta-Schura durchreichen, also an Mullah Omars Führungsgremium, auch wenn die Taliban offiziell Kompromisse mit der »Marionettenregierung« in Kabul bisher ausgeschlossen haben. Man geht freundlich auseinander. Beobachter glauben sogar, der Präsident stehe manchem Glaubenskrieger inzwischen näher als seinen Beschützern in Washington.

Am Ende ist nichts unmöglich in Afghanistan, und jede Allianz denkbar. Der Präsident Afghanistans zu sein, ob er Karzai heißt oder nach den Wahlen im Herbst 2009 ein anderer regiert, ist ein fortwährendes Dilemma. Alle Kontrahenten im gleichen Lager zu versammeln, das gelang zumindest in den vergangenen dreißig Jahren niemandem.

Am Abend verlässt Hamid Karzai das Büro bei Dunkelheit. Er geht den kleinen Weg hinüber zu seiner privaten Residenz, wo Zenat, seine Frau, und sein kleiner Sohn auf ihn warten. Nach dem tragischen Tod seines ersten Kindes vor zehn Jahren, das kurz vor der Geburt im Mutterleib starb, ist dieser Sohn die persönlich größte Hoffnung des Regenten.

Karzai hat ihn nach dem afghanischen Volkshelden Mirwais benannt, der 1709 den persischen Besatzungsgouverneur Gorgin Khan tötete und dadurch Kandahar befreite. Aber erst dessen Sohn Mahmud erschuf ein stolzes, weithin respektiertes Imperium.

3
Im Herzen von Paschtunistan

Letzte Nacht haben die Taliban wieder zugeschlagen. Im Schneesturm fackelten sie auf dem Sato-Kandaw-Pass vier Laster ab und lösten ein Chaos aus. Die Fahrer ließen sie laufen. Doch nun ist die einzige Transportverbindung von Kabul in die unruhige Südostprovinz Khost völlig blockiert, und die Regierung braucht dringend Nachschub im Aufstandsgebiet der Taliban.

Unter den Eisgipfeln des Sato Kandaw, in fast 3000 Metern Höhe, herrscht der Ausnahmezustand. Seit zehn Tagen hängen Hunderte von Lastwagen, vollgepackt mit Lebensmitteln, Holzstämmen oder Munition, außerdem Busse und Tanklastzüge im Schlamm und Schnee der Morastpiste fest. Die Provinzregierung hat die Zufahrt nach dem neuerlichen Wintereinbruch Mitte März 2007 auf beiden Seiten gesperrt. Allein Geländewagen dürfen noch passieren, sie brauchen Stunden, um in waghalsigen Rangiermanövern einen Weg zu finden. Das gilt auch für die Patrouille zweier amerikanischer Schützenpanzer, die sich mit Brachialgewalt vorankämpft. »*Get back, get back*«, schnauzt das Begleitkommando der vier GIs mit vorgehaltener MP Lastwagenfahrer an, die nicht schnell genug Platz machen. Die Nervosität ist verständlich. Schließlich liegen hier vier ausgebrannte Wracks, und die Taliban stecken irgendwo da oben in den Bergen, können jederzeit erneut auftauchen. Kein sonderlich beruhigendes Gefühl auch für den durchreisenden ausländischen Reporter – soeben erst ist im Norden Afghanistans ein deutscher Entwicklungshelfer umgebracht worden, haben die Schwarzturbane in der Südprovinz Helmand einen italienischen Journalisten entführt und dessen Fahrer enthauptet.

Nur die Kuchi schert das Chaos am Sato Kandaw überhaupt nicht. Die ersten Karawanen der wandernden Viehzüchter haben sich mit Beginn der Schneeschmelze auf den Weg gemacht von ihren Winterweidegebieten im wärmeren Tiefland hinauf zu den Sommerwiesen im Hochgebirge des Hindukusch. Es sind einzelne Sippen, vom Schneesturm überrascht, die mit gemächlichem Schritt den Pass entlangziehen. An der Spitze das Familienoberhaupt, einen Stock über der Schulter und einen schweren Dolch im Gürtel, mit dem hochnäsigen Leitkamel, das auf seinen Höckern Zeltbahnen aus schwarzem Ziegenhaar trägt und Holzstangen. Schlanke Kuchi-Frauen in roten Wollröcken, mit Nasenspangen und Ketten in den unverhüllten Gesichtern geschmückt, führen die Kamele dahinter. Deren Rücken sind beladen mit Ballen von Bettzeug, Krügen und Körben voller Hausrat, Kesseln und Teppichen sowie bisweilen auch einer Babykrippe. Dann folgen mehrere Esel, die Brennholz tragen oder Netze mit Hühnern und neugeborenen Lämmern. Am Ende der Karawane trottet eine riesige Schafherde, angetrieben von den ältesten Jungen im Familienverband und kräftigen braunen Hirtenhunden. Die Kuchi, überwiegend Paschtunen-Stämmen angehörende Nomaden, ziehen ständig im Lande herum – stolz, frei und nicht domestizierbar. Es gibt noch immer gut drei Millionen von ihnen in Afghanistan. Die Staatsverfassung billigt ihnen eine Sonderstellung zu, und sie haben als Vertreter ihrer Interessen sogar vier Abgeordnete im Parlament. James A. Michener ließ in seinem – arg sentimentalen – Bestseller-Erstling *Karawanen der Nacht*, verfilmt mit Omar Sharif, die selbstbewusste junge Amerikanerin Ellen Jaspar von ihrem afghanischen Mann davonlaufen und zum Anführer einer Nomadenkarawane fliehen.

Der Winter hat mit Sturzbächen und Geröllawinen der Straße nach Khost schwer zugesetzt, Teile davon in den Fluss gerissen, der durch braune Schluchten stürmt. Es geht nur im Schritttempo voran, jedes Fahrzeug bietet ein treffliches Ziel für Heckenschützen. Zu Zeiten der sowjetischen Besatzung, in den Achtzigerjahren, waren das die Glaubenskrieger der Mudschahidin, die hier von Panzern begleitete Konvois angriffen und deren Insassen massakrierten.

Heute stecken hinter den Überfällen die Fundis der Neo-Taliban, und bisweilen fand bei den Chefs der Guerillatrupps auch nur ein Turbanwechsel statt. So war der Militärkommandeur der Aufständischen in Khost, der kleinwüchsige Jalaluddin Haqqani, zeitweilig die Nummer zwei in der Taliban-Hierarchie, ein früherer Konfident von CIA und den Saudis. Der langbärtige Maulawi war seinerzeit als Mitglied der Hisb-i-Islami (Partei des Islam) des greisen Rechtsgelehrten Yunus Chalis im Kampf der Mudschahidin gegen das Kabuler Revolutionsregime nach Ahmed Schah Massud der bekannteste Feldkommandant gewesen. Indes ein ziemlich grausamer, der massenweise übergelaufene Regierungssoldaten exekutieren ließ. Als die Glaubensstreiter dann zwei Jahre nach Abzug der Sowjets Khost mithilfe arabischer Freiwilliger eroberten, markierte dies den Anfang vom Ende der Herrschaft Nadschibullahs in Kabul.

An der Einfahrt zur Stadt Khost, die in einem weiten Hochtal liegt, sind die Amerikaner mit fünf Schützenpanzern aufgefahren. Der vorderste der Bradleys steht quer auf der Straße. Zwanzig Meter vor ihm hängt ein schwarzer Landrover mit zerschossener Windschutzscheibe halb im Graben. Der Fahrer ist offensichtlich tot. Die Amerikaner müssen ihn für einen Selbstmordattentäter gehalten und geschossen haben, als er nicht genügend Abstand wahrte. An die hundert Afghanen verfolgen aus gebührender Entfernung das Geschehen. Sie murmeln Verwünschungen, in ihren Gesichtern spiegelt sich Hass. Nicht anders sahen die Gesichter der Einheimischen fünfundzwanzig Jahre zuvor bei ähnlichen Zwischenfällen mit den sowjetischen Okkupanten aus. Ob der von den Amerikanern Erschossene wirklich ein Dschihadi war mit Sprengstoff in seinem Wagen, ist nicht zu klären. Distanz ratsam. Allerdings lässt sich die Angst der US-Soldaten nachvollziehen. Nur wenige Straßenzüge weiter, vor dem Gebäude der Kabul Bank, rast anderntags ein Selbstmordattentäter in das Ende eines Polizeikonvois. Bei der Explosion sterben acht Menschen, zweiundvierzig werden verletzt.

»Die Selbstmordattentäter kommen nachts über die Grenze aus Pakistan«, behauptet der Gouverneur Arsalah Jamal und deutet am Schreibtisch seines Amtssitzes gen Südosten. Dort, gerade mal zwanzig Kilometer von Khost entfernt in den paschtunischen Stammesgebieten von Nord-Waziristan, liegen die Rückzugszitadellen der Taliban und wohl auch einiger hundert ausländischer Terroristen, darunter Kadern von Bin Ladens al-Qaida. In diesen schwer zugänglichen Bergregionen, den Federally Administered Tribal Areas (FATA) mit ihrem traditionell halbautonomen Status, hat die pakistanische Regierung nur begrenzte Möglichkeiten des Zugriffs. Die Kämpfe mit den Paschtunen-Kriegern kosteten Hunderte Soldaten das Leben, sodass Anfang September 2006 Islamabad im Abkommen von Miram Shah lieber eine Stillhaltevereinbarung mit fünfundvierzig Stammesältesten traf. Aus amerikanischer Sicht war dieser Pakt ein Freibrief für Terroristen, denn die Infiltration der Guerilla über die Grenze wurde nicht, wie versprochen, danach gestoppt. Sie hat vielmehr rapide zugenommen.

Auch der Gouverneur von Khost sieht das so, wenngleich er den Eindruck zu vermitteln sucht, als habe er die Lage in seiner Provinz mit ihren 1,2 Millionen Einwohnern unter Kontrolle. Nur gebe es eben leider diese verfluchte offene Grenze. »Ich habe nichts gegen Pakistan«, sagt Jamal, »aber die Terroristen kommen aus den dortigen Camps und Koranschulen, daran besteht kein Zweifel.« Zu den Selbstmordattentätern gehörten vorwiegend islamistische Internationalisten, Araber meist oder Tschetschenen und Usbeken. Im Bunde mit ihnen operierten die Taliban, sickerten in kleinen Trupps ein, um Anschläge vorzubereiten und Sprengfallen. »Haqqanis Leute können sich jedoch nur nachts in die Dörfer schleichen, tagsüber würden wir sie schnell fassen«, sieht der Gouverneur seine Sicherheitskräfte in überlegener Position – und kann doch nicht verhehlen, dass sein Posten ein veritables Himmelfahrtskommando ist.

Kabuls Repräsentant in Khost, ein zweiundvierzigjähriger Paschtune mit dem Wirtschaftsdiplom der malaysischen Hochschule von Kuala Lumpur, ist Fatalist und Zyniker. Das wird man wohl nach drei nur knapp überstandenen Attentaten innerhalb weniger Monate. Einmal ging eine Bombe hoch während der Beisetzung seines ermordeten Amtskollegen Abdul Hakim Taniwal aus der Nachbarprovinz Paktia. Es gab sechs Todesopfer, Jamal hingegen

Auf einsamem Posten: Soldat der Afghanischen Nationalarmee in der Provinz

hatte Glück. Ein weiterer Sprengsatz wurde unweit seiner Residenz rechtzeitig entdeckt. Schließlich lauerten ihm die Taliban bei der Eröffnung des renovierten Krankenhauses auf. Sie schickten einen Selbstmordattentäter im weißen Kittel eines Arzthelfers; drei amerikanische Soldaten und mehrere Mitarbeiter der Klinik wurden schwer verletzt.

Der Gouverneur bleibt ein Gejagter, er bewegt sich wie in Feindesland. Seine Fahrten in gepanzerten Konvois werden kurzfristig anberaumt, mit ständig wechselnden Routen. Der Compound des Amtssitzes ist mit Barrieren und Stacheldrahtverhauen abgesichert wie eine Festung, hohe Betonklötze schützen zusätzlich das Bungalowgebäude seines Büros gegen Beschuss. Die Nacht in Khost gehört den Taliban. Ab 22 Uhr herrscht Ausgangssperre, gibt es keinen Strom mehr. Nur in den Stützpunkten der Regierung, vor denen Sicherheitspolizisten wachen, sorgen Dieselgeneratoren für Licht. Längst haben die meisten internationalen Hilfsorganisationen auch ihre einheimischen Mitarbeiter aus der Provinz abgezogen.

Khost und die Umgebung des Hochtals mit dem Blick nach Waziristan war von jeher aufrührerisches Terrain. »Es ist immer leicht, die streitsüchtigen Mangal-Stämme der Paschtunen von Khost aufzuhetzen«, schrieb der Amerikaner Louis Dupree, Archäologe und einer der besten Afghanistankenner. Das bekam schon das britische Empire zu spüren und Ende der Zwanzigerjahre des vorigen Jahrhunderts auch der gescheiterte Reformerkönig Amanullah. Gegen dessen Modernisierungsprogramme entfesselte Mullah-i-Lang, der »lahme Mullah«, einen Volksaufstand. Dem setzten erst Bombardements mit ein paar Junkers-Flugzeugen ein Ende, die der Emir nach dem Ersten Weltkrieg gekauft und mit deutschen wie russischen Söldnerpiloten bemannt hatte. In den schwarzen Felsenformationen dieser ostafghanischen Bergregion lagen auch die mit Vorräten und Waffen vollgestopften Höhlensysteme der islamistischen Brigadisten, Ausbildungslager wie das berüchtigte Khaldan. Einige dieser Stollen hatte der gelernte Bauingenieur Osama Bin Laden in der Endphase des Krieges gegen die Sowjets selbst mit angelegt. Nach dem Kollaps des Taliban-Regimes Ende 2001 kämpften al-Qaida-Söldner hier bis zuletzt gegen die vorrückenden Amerikaner. Für die meisten Bewohner von Khost ist der Top-Terrorist noch heute ein Held.

Khost ist gleichsam das Herz von Paschtunistan, geographisch das Zentrum im Land der Paschtunen, die 255 Jahre lang am Hindukusch herrschten. Mit etwa 40 Prozent der Bevölkerung sind die dreizehn Millionen Paschtunen, überwiegend sunnitische Moslems, die stärkste ethnische Gruppe Afghanistans. Und ihre dynamischste. Annähernd dreiundzwanzig Millionen Stammesverwandte leben zudem im heutigen Pakistan, in seiner Nordwest-Grenzprovinz, dem Territorium der Tribal Areas sowie der Provinz Belutschistan. Seit der indo-britischen Kolonialzeit heißen sie hier Pathanen.

Die Ursprünge dieses Volksstammes liegen im historischen Dunkeln, es gibt freilich eine Reihe verwegener Theorien. Jahrhunderte lang kokettierten die Paschtunen damit, bis auf König Saul zurückzugehen und Nachkommen eines der zehn verlorenen Stämme Israels zu sein. Deren Spuren verschwanden Ende des 8. vorchristlichen Jahrhunderts nach der Verschleppung durch die Assyrer. Es ist durchaus denkbar, dass einige dieser Stämme aus dem Zweistromland den Weg weiter nach Osten fanden und sich in Ostpersien, dem heutigen Afghanistan, sowie in Nordindien neu ansiedelten. Jedenfalls muss man nicht Ethnologe sein, um verblüffende Ähnlichkeiten zwischen Juden und Afghanen oder auch den Kaschmiris zu bemerken und in irgendeinem Bergdorf auf eine biblische Patriarchengestalt mit markantem Löwenhaupt zu stoßen.

Im Geschichtswerk des griechischen Historikers und Persienreisenden Herodot aus dem 6. Jahrhundert vor Christus wird in der altpersischen Provinz Arachosien, etwa dem Gebiet um Kandahar, der Stamm der Paktyer erwähnt als »kriegerischster aller Inder« – es herrscht da eine auffällige Namensgleichheit mit den heutigen ostafghanischen Nachbarprovinzen Paktia und Paktika. Nach anderen Deutungen, vertreten insbesondere von Hitlers Rassenideologen, gehörten die Paschtunen als »Brüder der Germanen« zu den Ur-Ariern und Nomadenvölkern, die den Hindukusch von Norden her eroberten. Als verbürgt immerhin kann gelten, dass im 2. Jahrtausend vor unserer Zeitrechnung mit Pferden und Kampfwagen ausgerüstete Steppenstämme indo-europäischen Ursprungs aus Zentralasien über den Fluss Oxus in die nordafghanische Tiefebene einfielen und dieses Land Ariana nannten. Manche dieser Arier zogen dann weiter zum Subkontinent hinunter, ihnen folgten viele Einwanderungswellen anderer Völker – etwa Saken, Kuschan oder Hephthaliten. All dies stützt die Vermutung, dass sich am Hindukusch über die Jahrtausende ethnisch einiges vermengt und der Stamm der Paschtunen erst allmählich herausgebildet haben dürfte. Die Sassaniden bezeichneten diese Nomaden wie auch der Eroberer Babur, Stammvater der indo-islamischen Mogul-Dynastie, als »Afghanen«. Das leitete sich wohl von »Avaghana« her, »Leute ohne Gott«.

Es war ein Paschtune, Offizier in persischen Diensten, der nach dem Untergang des Mogul-Reichs und den Wirren in Persien den unabhängigen Vielvölkerstaat Afghanistan schuf: Ahmed Schah Durrani. Im Jahr 1747 wählten ihn die Stammesfürsten in Kandahar zum ersten afghanischen König. Der Vierundzwanzigjährige einte die achtzig Stämme der Paschtunen, begründete das Herrschergeschlecht der Durrani, vertrieb die fremden Mächte aus dem Land und erkämpfte mit Beutezügen über den Indus bis nach Delhi ein riesiges Imperium.

Während des 19. Jahrhunderts geriet Afghanistan ins Visier der Expansionspolitik von Großbritannien und Russland. Den Plänen der Zaren, zum warmen Indischen Ozean vorzudringen, kamen die Engländer zweimal mit eigenen Vorstößen von der Nordwestgrenze ihrer indischen Kronkolonie nach Kabul zuvor. Sie installierten dort mit Schah Schuja eine importierte Marionette als Monarchen und finanzierten üppig dessen Hofstaat. Doch im November 1841 kam es zum Aufruhr gegen die Farangi, die Fremden, im ganzen Land: In Kabul wurden britische Gesandte und Offiziere ermordet. Das eigentliche Desaster sollte indes erst noch folgen: Ein mit paschtunischen Stammeshäuptlingen ausgehandelter Vertrag, der Unsummen an Bestechungsgeldern kostete und einer Kapitulation entsprach, sollte dem britischen Expeditionsheer freies Geleit und Lebensmittel für den Rückzug über den Khyber-Pass nach Indien zusichern. Als sich dann Anfang Januar 1842 ein Zug von 16 500 Soldaten, Offizieren und deren Familien, darunter 690 Europäer, sowie den Hilfsmannschaften der Sepoys auf den Weg machte, wurde diese Flucht aus Kabul bei Eiseskälte im hohen Schnee zum Todesmarsch. Denn anders als bei Napoleons Rückzug aus Moskau, den die Kosaken in respektvollem Abstand begleiteten, wurden die Briten von den Paschtunen unentwegt angegriffen. Die Bergkrieger fielen über den Zug her und rieben ihn schließlich am Lataband-Pass völlig auf.

Von den Europäern erreichte nur der Militärarzt Dr. William Brydon die rettende Garnison Jalalabad, was Theodor Fontane in seiner Ballade gruselig reimen ließ: »Mit dreizehntausend der Zug begann,/einer kam heim aus Afghanistan.« Das gedemütigte Empire rächte sich. In einem Straffeldzug wenige Monate darauf – der Quisling Schah Schuja war unterdessen ermordet worden – wurde der Basar von Kabul abgebrannt, nahezu die gesamte »schuldige Stadt« mit ihren Einwohnern niedergemacht.

Mit ihren ständigen Überfällen und Revolten setzten die Paschtunen am Hindukusch den Briten ähnlich zu wie zu gleicher Zeit in Nordamerika die Indianer den nach Westen vordringenden weißen Siedlern. Und durchaus vergleichbar sind ebenso die ambivalenten Beschreibungen und Urteile, die von den europäischen Zivilisationspionieren jeweils über die einheimischen »Wilden« abgegeben wurden. Dem englischen Kolonialverwalter Mountstuart Elphinstone galten die Paschtunen als starrköpfig, heimtückisch und räuberisch, zugleich aber auch als gastfreundlich, widerstandsfähig, genügsam und freiheitsliebend. Für diese »mutige, harte, unabhängige Rasse« sei »Krieg etwas Erregendes, die willkommene Abwechslung von monotoner Alltäglichkeit«, fand der marxistische Militärtheoretiker und ferne Asien-Beobachter Friedrich Engels. »Zur Wildheit des Zulu gesellt sich die List des Indianers und die Schießkunst des Buren«, bewunderte der junge Winston Churchill die Paschtunen-Krieger. Er begegnete ihnen an der Wende zum 20. Jahrhundert bei Kämpfen am Khyber-Pass, »in einer Landschaft von wilder Pracht«, die zu den Eigenschaften dieser Rasse genau passe: »Außer zur Erntezeit sind die Paschtunen ständig in Stammeszwist verwickelt. Jeder Mann ist ein Krieger, ein Politiker und ein Theologe. All die zahlreichen Stämme haben offene Rechnungen miteinander zu begleichen. Nichts wird je vergessen, und nur wenige Schulden bleiben unbezahlt.«

Wenig hat sich seitdem verändert im wohl größten Stammesgebiet auf diesem Planeten, in der Männerwelt einer Feudalgesellschaft, in der Lenin angewidert »die niedrigste ökonomisch-soziale Stufe« sah. Nach wie vor sind Raub und Totschlag beinahe Ehrendelikte, Fehden und Feinde hier Lebenselixier. Es ist eine sonnenverglühte, monumentale Landschaft von alttestamentarischer Strenge, mit kahlen Bergen und Steinwüsten, schmalen grünen Feldern und Obstgärten an Bächen und Flussläufen. Hier leben die Menschen, Analphabeten zumeist, noch weitgehend in Einklang mit ihrer harten Naturwelt. Unansehnliche Dörfer aus Lehmkaten umringen burgähnliche Wehrbauten der Stammeshäuptlinge, der Maliks. Selten ist eine Frau im Tschadari, dem Überwurfgewand des Vollschleiers mit dem Gitterfenster vor den Augen, auf den staubigen

Straßen zu sehen. Dort flanieren pfauenhaft Männer mit bunten Wickelturbanen, grauen Decken über ihren tunikaartigen Hemden und weiten Hosen. Kaum jemand ist unbewaffnet. Es sind wuchtige, breitschultrige Gestalten mit scharfen Gesichtszügen, so wie der amerikanische Schriftsteller Charles Miller in seinem Buch *Khyber* die Paschtunen beschrieb: »Die Augen des Falken, die Nase des Geiers, der Mund des Hais.«

Ehrbegriffe und Prestigefragen haben für diese Volksgruppe eine enorme Bedeutung. Paschtunen müssen triumphieren, heißt es doch in einem Lied: ›Mein Geliebter ist besiegt aus der Schlacht heimgekehrt; jetzt bedauere ich den Kuss, den ich ihm letzte Nacht gegeben hab.« Das Gemeinschaftsleben dieser Gesellschaft regelt der Moral- und Gesetzeskodex des Paschtunwali. Streitfälle von öffentlicher Bedeutung werden – ein durchaus demokratisches Element – auf der Stammesberatung behandelt, der Jirga. Sie dient dem Ziel, ein möglichst einstimmiges Urteil zu erreichen.

Kränkungen der Ehre erfahren nach diesem Stammesrecht eine strengere Bestrafung als Eigentumsdelikte. Herausragendes Symbol der Ehre des Mannes und seiner Familie ist die Frau. Beleidigungen, gar Verführungen, müssen gesühnt werden, können jahrelange Blutrachefehden auslösen. Zentrale Normen des Paschtunwali sind Ehre und Tapferkeit, Rache und Vergeltung, aber auch Gastfreundschaft selbst für Feinde bei Überschreiten der Schwelle des Hauses und die Gewährung von Asyl. Von diesem Gebot profitierten im Zweiten Weltkrieg die in Kabul lebenden deutschen Lehrer, Ärzte, Handwerker und einige von der Russlandfront zum Hindukusch geflohene Wehrmachtsangehörige. Als die Briten und deren Alliierte die Ausweisung dieser Deutschen verlangten, wies eine von Zahir Schah einberufene Loya Jirga (Große Versammlung), diese Forderung als »ehrenrührig« zurück. Ähnlich reagierte die Führung der paschtunischen Taliban auf das Begehren der USA nach Auslieferung Bin Ladens.

Niemals haben sich die wilden Paschtunen irgendeiner fremden Autorität unterworfen, niemand hat sie auf Dauer beherrscht. Sie fühlen sich als Afghanistans Staatsvolk allen anderen Ethnien überlegen, haben in ihrem Freiheits- und Unabhängigkeitsdrang indes stets Mühe, sich dienend ein- oder gar unterzuordnen. Deshalb geben im Staats- und Verwaltungsapparat die geschmeidigeren Tadschiken den Ton an. Doch die meisten Herrscher in Kabul waren und sind Paschtunen: Monarchen wie Despoten, Republikaner wie Revolutionäre, Führer der Mudschahidin wie der Taliban. »Die Beharrlichkeit der pathanischen Stammestradition«, schrieb der Brite Oliver Caroe schon vor Jahrzehnten in seinem Klassiker (*The Pathans*) über die Paschtunen, »hat eine Gesellschaft auf allen Ebenen geschaffen, von Nomaden und Hirten, über den klar abgegrenzten Stamm und die Ahnen asiatischer dynastischer Führer bis zu modernen Anwälten, Ingenieuren, Ärzten, Verwaltungsbeamten und Politikern.«

Und doch: Es gibt einen Makel, der den Paschtunen anhängt und den ein altes Sprichwort wenig schmeichelhaft in den Vergleich fasst: »Trau lieber einer Schlange als einer Hure, einer Hure lieber als einem Paschtunen.« Gemeint ist die höchst wetterwendische Loyalität dieser Stämme. So sagen Paschtunen selber gern beschönigend von sich, man könne sie zwar mieten, aber niemals wirklich kaufen. Schon die »politischen Agenten« des britischen Kolonialreichs wussten mit viel Geld und guten Gaben das Wohlwollen der Regenten in Kabul zeitweise zu erringen. Nichts anderes versuchten später die Sowjets, als sie zur Rettung ihres Klientelregimes die Stämme an der Grenze zu Pakistan mit üppigen Geschenken umwarben. Und ebendies praktizieren heute die Amerikaner mit Milliardensubventionen für die Regierung von Hamid Karzai, der seinerseits in der Endphase der Taliban-Herrschaft mit Beistand der CIA im südöstlichen Paschtunen-Gürtel dafür gesorgt hatte, dass bedeutende Clanchefs und lokale Warlords für einige Hände voller Dollar die Front wechselten.

Vergeblich versuchten die Regenten von Kabul, sich Ende des 19. Jahrhunderts britischen Zudringlichkeiten zu entziehen und an Russland anzulehnen. Die britische Krone hatte für solcherlei Techtelmechtel wenig Verständnis und zwang mit dem zweiten Anglo-Afghanischen Krieg Kabul 1879 den Vertrag von Gandamak ab. Aus afghanischer Sicht war dies ein schändlicher Vertrag, denn er machte das Land praktisch zu einer Halbkolonie und erlaubte den Briten, die Stammesgebiete Kurram, Pishin, Sibi und den Khyber-Pass zu annektieren. Dem Empire fiel überdies das Recht zu, in Kabul eine ständige Gesandtschaft einzurichten, deren Mitglieder allerdings alsbald abgeschlachtet wurden. Auch der reaktionäre Herrscher Abdur Rahman, der Afghanistan mit eiserner Hand zusammenschweißte und von Russland wieder abrückte, konnte sich der britischen Bevormundung nicht entziehen. Der Emir litt darunter, dass sein Staat als Puffer herhalten musste zur Neutralisierung der zaristischen wie viktorianischen Kolonialgelüste. Er fühlte sich, wie er dem späteren britischen Vizekönig Lord Curzon anvertraute, zwischen den beiden Großmächten »wie ein irdener Topf zermalmt«. Rahman konnte auch nicht verhindern, dass die Briten ihm im November 1893 die Anerkennung einer Demarkationslinie im Osten des Landes abrangen, die ein Ärgernis und Streitfall bis heute ist.

Denn wider alle ethnische, soziokulturelle und geographische Vernunft zerschneidet diese Durand-Linie – benannt nach dem damaligen Verhandlungsführer und Außenamtssekretär Britisch-Indiens, Mortimer Durand – den Siedlungsraum der Paschtunen-Stämme auf einer Länge von 2100 Kilometern. Nach der britischen Version markierte sie die Ostgrenze Afghanistans, doch wurde diese Teilung von keinem Herrscher Kabuls je anerkannt.

Abdur Rahman sah in dem Abkommen, in dem beide Parteien sich wechselseitige Nichteinmischung zusicherten, eine Abgrenzung der jeweiligen Zuständigkeitsbereiche, doch nicht die Festlegung einer internationalen Grenze oder gar das Wegschenken irgendwelcher Paschtunen-Gebiete. So jedenfalls rechtfertigte sich der Emir verbittert in seinen Memoiren. Aber die Souveränität über das Territorium östlich der vereinbarten Demarkationslinie hatte er nun mal mit diesem Vertrag abgetreten und damit auch den alten Anspruch auf ein Paschtunistan aufgegeben, das bis zum Indus reicht. Die Briten zogen parallel zur Durand-Linie dann gleichsam als zweite Grenze eine sogenannte Verwaltungslinie, billigten den Stämmen in einer eigenständigen Zone autonomen Status zu. London verzichtete also ganz bewusst darauf, die widerborstigen Paschtunen in das System seiner Kolonialadministration auf dem Subkontinent einzugliedern.

Die Volksstämme scherte der Disput um die Durand-Linie herzlich wenig, zumal es in dieser zerklüfteten Bergwelt kaum Kontrollposten gibt. Dafür aber Tausende Passagen und Pfade, über die sich die Familienverbände weiterhin gegenseitig besuchten, Handelsgeschäfte abgewickelt und Schmuggelwaren verschoben wurden sowie der Nachschub an Waffen und Munition in Konfliktzeiten lief. Und Konflikte um Paschtunistan gab es zur Genüge. Sie wurden je nach Bedarf von der einen wie der anderen Seite politisch hochgespielt, bisweilen dicht an die Schwelle kriegerischer Auseinandersetzung. Als nach dem Zweiten Weltkrieg das Ende des britischen Kolonialregimes im August 1947 zur Teilung des Subkontinents und Gründung Pakistans als Heimstatt der Muslime führte, beharrte dieser neue Staat als Rechtsnachfolger Großbritanniens auf der bestehenden Grenzregelung mit seinem afghanischen Nachbarn. Doch in Kabul sah man das ganz anders, dort wurde der seinerzeitige Deal eben nur als ein koloniales Provisorium angesehen. König Zahir vom Paschtunen-Stamm der Mohammedzai hatte London dazu schon 1944 ein entsprechendes diplomatisches Warnzeichen zukommen lassen. Dieser Vorstoß war von den Briten barsch mit dem Hinweis abgeschmettert worden, die Durand-Linie sei eine internationale Grenze, und was auf der indischen Seite geschehe, gehe die Afghanen nichts an. Genauso argumentierte nun Islamabad, als Kabul forderte, die Bewohner der Nordwest-Grenzprovinz wie der Tribal Areas müssten das Recht zur Selbstbestimmung und gegebenenfalls auch zur Bildung eines eigenen Staates erhalten. Aber solch ein Plebiszit, das die Pakistaner wiederum für das mehrheitlich muslimische Fürstentum Kaschmir von Indien verlangten, ließen sie in den Stammesgebieten der Paschtunen nicht zu. Das war insoweit verständlich, weil das »Land der Reinen«, zusammengefügt aus fünf Völkern in zwei Landesteilen, ein Kunstgebilde darstellte ohne historische Tradition. Das Konzept zur Schaffung eines eigenständigen Landes Paschtunistan jedoch, das von Chitral und Gilgit bis zur Arabischen See hinunterreichen und auch die Provinz Belutschistan einbeziehen sollte, musste Pakistans staatliche Existenz infrage stellen.

Es kam in mehreren Wellen zu Eruptionen des gesteuerten Volkszorns wegen Paschtunistan. Konsulate wurden von wütenden Demonstranten gestürmt, Truppen mobilisiert, Nomaden bei ihren Wanderungen drangsaliert, Grenzübergänge geschlossen, die diplomatischen Beziehungen zwischen beiden Ländern zeitweise abgebrochen. Unter den Hardlinern der paschtunischen Patrioten in Kabul stand Mohammed Daud, Vetter und Schwager des Königs, zehn Jahre als Regierungschef an vorderster Front. Pakistans Blockade des Transitverkehrs über den Khyber-Pass traf Afghanistan schwer, da die beiden Überlandrouten zur iranischen Grenze im Westen oder nach Norden zu den mittelasiatischen Republiken der Sowjetunion für Schwerlaster kaum befahrbar waren. Die Russen nutzten solche Krisen, um sich näher an den blockfreien, neutralen Staat heranzupirschen. Über eine Luftbrücke wurden der bedrängten Regierung in Kabul Benzin und Lebensmittel geliefert und die wichtigsten afghanischen Exportgüter abgenommen: Weintrauben, Zitrusfrüchte, Nüsse, Teppiche. Bei seinem Besuch im Jahre 1955 hatte das Kreml-Führungsduo Bulganin/Chruschtschow Kabul die Solidarität der Großmacht in Sachen Paschtunistan feierlich zugesichert.

Die herausragende Heroengestalt in der Agitation für ein autonomes Paschtunistan war jahrzehntelang ein weißbärtiger Hüne mit Knollennase: Abdul Ghaffar Khan. Weil er wie Mahatma Gandhi im Unabhängigkeitskampf Indiens den gewaltlosen Widerstand gegen die britischen Kolonialherren praktizierte, nannten diese ihn »Frontier-Gandhi«. Ghaffar Khan war drei Jahre alt, als die Durand-Linie gezogen wurde, die am Khyber-Pass auch das Gebiet seines Stammes der Afridi teilte. Sein Einsatz für die Paschtunen bescherte ihm dreißig Jahre Gefängnis während der Kolonialzeit und unter pakistanischen Militärregimen. Jawaharlal Nehru hielt es für eines der erstaunlichsten Ereignisse der jüngeren Geschichte des Subkontinents, dass es Ghaffar Khan gelungen war, sein ungestümes und streitsüchtiges Volk zu friedlichen Methoden im politischen Kampf zu bewegen. »Das war schon eine wunderbare Selbstdisziplin«, lobte der erste Premier des modernen Indien, »wenn man weiß, dass ein Pathane seine Waffe mehr liebt als seinen Bruder, leicht reizbar ist und im Ruf steht, bei der geringsten Provokation zu töten.«

Wer Gelegenheit hatte, diesen Ghaffar Khan während der sowjetischen Besetzung Afghanistans noch in seinen späten Jahren zu treffen, dem begegnete ein im Rollstuhl sitzender Methusalem, der verzweifelt war über das Schicksal der Paschtunen. Der Weggefährte Gandhis, wie dieser Gegner der Teilung des Subkontinents, als Sozialreformer mit seiner »Rothemden«-Bewegung politisch indes mehr auf der Linken einzuordnen, pendelte zwischen Jalalabad und der pakistanischen Grenzstadt Peschawar. Er begab sich vergeblich auf eine Vermittlungsmission nach Moskau, wurde in Kabul operiert und in Delhi gepflegt, wo man ihn besonders schätzte. Den Revolutionären in Kabul las der Alte die Leviten und warf ihnen vor, »in diesem unseligen Krieg unser Volk auszurotten«. Abdul Ghaffar Khan starb im Januar 1988 mit achtundneunzig Jahren. Sein nicht minder radikaler Sohn Wali Khan führte den Kampf für die Selbstbestimmung der Paschtunen als Führer der Awami National Party (ANP) fort, wurde deswegen als vermeintlicher Separatist von Islamabads Despoten insgesamt ein Jahrzehnt lang weggesperrt und erlag ebenfalls in biblischem Alter, mit neunundachtzig Jahren, Anfang 2006 einem Herzinfarkt in Peschawar.

Die Paschtunistan-Streiter heute wirken ein wenig abgeschlafft, kein Wunder nach dreißig Jahren Kriegswirren am Hindukusch. In den beiden Vorzimmern des Gouverneurs von Khost drängen sich die lokalen Würdenträger und Stammesführer in Erwartung einer Audienz. Jeder der Maliks ist wichtig, hat ein bedeutsames Anliegen vorzutragen. Sie wollen von dem Repräsentanten der Kabuler Regierung neue Brunnen und neue Straßen, bisweilen eine Schule. Fragt Arsalah Jamal dann, ob sie denn auch ihre Töchter zu dieser Schule schicken werden, ist die Antwort meist beleidigtes Schweigen. »Sie geben vor, mir etwas Wichtiges zu erzählen, und ich höre mir stundenlang Blödsinn an«, ist der Gouverneur genervt von dem endlosen Palavern und Teetrinken. »Sie erzählen von Blutrachen, sogar noch von ihren Kämpfen gegen die Briten, und eigentlich wollen sie, dass alles so bleibt, wie es immer war in ihrer archaischen Stammeswelt.«

Es gäbe viel zu tun in der rückständigen Provinz Khost an nützlicher Aufbauarbeit. Etwa die Wiederaufnahme des großen Landwirtschafts- und Forstprojekts nebst technischer Schule und Veterinärstation, in den Siebzigerjahren ein Prunkstück bundesdeutscher Entwicklungshilfe. »Aber das System funktioniert nicht«, hadert der Gouverneur. »Ich habe zu wenig gutes Personal und kriege auch nicht die versprochenen Mittel aus Kabul.« Bei der prekären Sicherheitslage, das sagt der Gouverneur lieber nicht, wagt sich indes ohnehin kein Regierungsfunktionär von Verstand aus der Stadt hinaus aufs Land.

Auch die Regierungsdelegation mit zwei Vizeministern, die drei Tage mit dem Gouverneur über mögliche Bau- und Agrarprojekte beriet, sucht so schnell wie möglich wegzukommen aus Khost. Wegen des schlechten Wetters bleibt nur der Weg zurück über den gesperrten Hochpass des Sato Kandaw. Vorbei an Hunderten eingeschneiter Lastwagen sucht eine Polizeipatrouille die fünf Wagen des Regierungskonvois durchzuschleusen. Mit Unlust und mäßigem Erfolg. Das Hin- und Herbugsieren müssen die Mitarbeiter der Minister, deren Landrover von nervösen Leibwächtern mit Maschinenpistolen begleitet werden, selber besorgen. Nach fünf Stunden ist am Nachmittag das Schlimmste geschafft, aber bis Kabul sind es noch sechs weitere Stunden Fahrt durch die unsicheren Provinzen Paktia und Logar. »Schnell weiter«, ruft Massud, Sekretär eines der Minister, und das klingt schon leicht hysterisch, »bis zur Dunkelheit müssen wir wenigstens weg sein von den Bergen und den Taliban.«

Der Konvoi rast los, auf eisglatter Straße. Wie von Furien verfolgt.

4
Ritt auf dem Tiger: Schwieriger Nachbar Pakistan

Wie eine Mondstation liegt die Stadt Quetta zwischen den sandbraunen Gipfeln der Berge von Chiltan, Takatu, Mordar und Zargun. Gewaltige Erdmassen schließen die 1700 Meter hoch gelegene Provinzhauptstadt von Belutschistan ringartig ein. Quetta bedeutet ursprünglich »Fort«, und das ist die 800000-Einwohner-Stadt immer gewesen: eine Festung, in der um die Vorherrschaft in der Region gekämpft wird.

Belutschistan ist die größte und ärmste der vier Provinzen Pakistans, und Quetta gilt als eines der Zentren der Radikalen, als Brutstätte des Widerstands gegen die Amerikaner und ihre Alliierten im Nachbarland Afghanistan. Quetta befindet sich eine gute Autostunde südwestlich der Grenze, und die Front ist nicht weit. Hier wird der Nachschub an Waffen und Personal für den Krieg in Afghanistan organisiert, und hier, in Quetta, treffen sich regelmäßig die Granden der Gotteskrieger, um in Hinterzimmern von radikalen Parteien und Klerikern ihr Vorgehen beim Feldzug gegen die Kofar, die Ungläubigen, abzustimmen.

Immer freitags rufen die Vorbeter in den weiß getünchten Moscheen mit ihren gedrechselten, in den Himmel gereckten Türmchen zum Heiligen Krieg auf. Verletzte Kämpfer, die es nach den Schlachten in Afghanistan wieder hierher, zurück in die Unterstützer-Hochburg Quetta, geschafft haben, finden im General Hospital an der Zargun-Straße oder im Alkeigh Hospital ärztliche Hilfe. Dort werden ihnen die Schrapnells der Nato-Bomben aus dem Fleisch gezogen und die zerfetzten Gliedmaßen notdürftig zusammengeflickt.

Treffpunkt der Taliban-Führer:
Die pakistanische Stadt Quetta

Ohne Komplikationen schlüpfen die Krieger von einer Seite der Grenze zur anderen. Wie Tausende Passanten, die wie sie häufig über afghanische und pakistanische Identitätspapiere verfügen, kreuzen sie den von hier kaum hundert Kilometer entfernten Übergang Chaman.

Bis zum Frühjahr 2006 waren die Taliban in Quetta mit Pick-ups ganz offen durch die Stadt gebraust. Über angebrachte Lautsprecher hatten sie ihr baldiges Comeback in Afghanistan angekündigt und junge Gläubige aufgefordert, sich ihnen anzuschließen.

Um den Mezan Chowk, einer der wichtigsten Verkehrsknoten der Stadt nahe dem Früchtemarkt, wurden damals neben Obstständen mit Granatäpfeln und Trauben auch Kassetten mit den Reden der großen Taliban-Führer verkauft, das Stück zu 25 Rupien, umgerechnet etwa 30 Cent. Dazu gab es Anstecker mit den Konterfeis von führenden Geistlichen der militanten Koranschüler. Der Renner aber war ein T-Shirt mit dem aufgedruckten Foto von Osama Bin Laden.

Erst seit die Amerikaner Pakistans Regierung erheblich unter

»Wer jung und gesund ist und kämpfen kann, hat die Pflicht, den Islam mit seinem Leben zu verteidigen«: Taliban-Lehrer Maulana Noor Mohammed

Druck setzten, gegen die Taliban-Führer vorzugehen, sind zumindest die Zeichen ihrer Präsenz aus dem Straßenbild verschwunden.

Die Gotteskrieger sind natürlich noch immer hier, doch jetzt arbeiten sie im Verborgenen.

Noor Mohammed ist in seinen frühen Sechzigern. Unter den Hardlinern von Quetta gilt der Koranschullehrer mit den flinken dunkelbraunen Augen als eine der Schlüsselfiguren der Taliban-Bewegung: In seiner radikalislamischen Shaldara-Koranschule, was übersetzt so viel wie »Das Tal von Shal« heißt, zieht er gerade die nächste Generation von Gotteskriegern heran. Rund 700 Schüler befinden sich in seiner Obhut, und für sie ist der Religionsgelehrte die höchste Autorität auf Erden. Gleichzeitig pflegt der Fundamentalist Kontakte bis in die Spitzen der Taliban und der al-Qaida. Der afghanische Präsident Hamid Karzai, der selbst lange als Flüchtling in Quetta lebte und bis heute von dort Informationen aus erster Hand erhält, nennt Noor Mohammeds Shaldara-Institut eines der »Hauptquartiere der Taliban«.

Auf einen seiner Ex-Schüler ist Direktor Noor Mohammed besonders stolz. Der ehemalige Kommandeur der Taliban in Südafghanistan, Mullah Dadullah Akhund, hatte wegen seiner Grausamkeit weltweite Berühmtheit erlangt. Er ließ »Ungläubige« und »Kollaborateure« reihenweise köpfen und genoss es offenbar, Menschen zu töten. Am 11. Mai 2007 löschten Kugeln der westlichen Militärallianz Dadullahs Leben aus. Seither wird der Mann hier in Quetta als einer der hochrangigsten »Märtyrer« verehrt.

Äußerlich ist die Shaldara-Religionsschule ein wenig spektakulärer Hallenbau im Armenviertel Paschtunabad. Die jungen Koranschüler, ausnahmslos Jungen, sind fast alle Sprösslinge mittelloser Bauern- oder Flüchtlingsfamilien. Die Plätze hier sind heiß begehrt, denn die zehnjährige Ausbildung kostet nichts, die Kinder bekommen zu essen und werden sogar eingekleidet. Sie lernen den Koran und seine Gesetze auswendig, der Hass gegenüber den Fremden im Nachbarland wird obligatorisch vermittelt.

»Das Leben auf der Erde ist sehr vorübergehend, das wahre Leben, das Paradies, ist das Leben danach«, doziert Noor Mohammed, der als Maulana den Ehrentitel eines Religionsgelehrten trägt. Vor ihm hocken, artig aufgereiht, ein paar Dutzend Halbwüchsige, auf ihren zarten Wangen sprießt der erste Bartflaum. »Die Ungläubigen haben Afghanistan überfallen. Wer jung und gesund ist und kämpfen kann, hat die Pflicht, den Islam mit seinem Leben zu verteidigen. So sagt es der Koran«, schließt Noor Mohammed streng. Die Schüler nicken gehorsam.

Am Nachmittag empfängt der Taliban-Lehrer in seinem Büro

Gleichgesinnte und Unterstützer. Es ist eigentlich nur ein Zimmer im Hinterhof. Noor Mohammed sitzt barfuß im Schneidersitz auf einem Bodenkissen und sticht dabei deutlich aus der Gruppe der Bärtigen im Raum hervor mit seiner weißen Pluderhose und dem dazu passenden weißen Hemd. Auch sein Turban ist weiß, wie der lange Bart, der ihm bis zur Brust reicht.

Vor ihm steht ein altmodisches Festnetztelefon auf dem abgewetzten Teppich. Martialische Kalenderblätter extremistischer Parteien sind mit Tesafilm an die Wand geklebt. Auf einem ist eine Kalaschnikow zu sehen, die mit ihrer Feuerkraft eine amerikanische Flagge in Brand setzt. Auf einem anderen stoppt eine muskulöse Hand den langen Arm Amerikas, der die Welt im Blut versinken lässt.

Noor Mohammed zweifelt nicht am Sieg. Die Überlegenheit des Islam werde sich den Menschen im Westen bald offenbaren, sagt er mit krächzender Stimme. Ein junger Diener gießt grünen Tee aus einer Blechkanne in Porzellanschälchen, dann kommt Noor Mohammed schnell auf den Punkt: Die radikale Hamas habe die Wahlen in Palästina gewonnen, und der jüngste Krieg in Gaza hätte die Organisation sogar noch gestärkt. Die Hisbollah besiegte im Libanon den mächtigen Erzfeind Israel, im Irak versänken die amerikanischen Kreuzzügler im selbst angerührten Morast. Sein Zeigefinger deutet hinter sich auf eine große gemalte Wandkarte, auf der die islamischen Länder grün markiert sind.

Lange werde sich die westliche Allianz in Afghanistan nicht halten können, das sei so sicher, wie Allah der allein Allmächtige ist, erklärt Noor Mohammed. Dann werde auch dieses Land von den Ungläubigen befreit sein. Vom »Islamischen Emirat Afghanistan« greife die Bewegung dann auf die Nachbarländer über, prophezeit er, »und schließlich auf die ganze Welt«.

Dass in Kabul eine vom Volk gewählte islamische Regierung amtiert, lässt der Fundamentalist nicht gelten. Präsident Karzai sei ebenso des Teufels wie der amerikanische Präsident Barack Obama, der nun noch einmal so viele Soldaten schicken will wie sein Vorgänger George W. Bush: »Sie alle verdienen den Tod, sie alle müssen geköpft werden.« Gefragt, ob die von ihm propagierten Selbstmordattentate nicht einfach nur grausamer Mord seien und keineswegs ein ehrenhafter Beitrag zu einem »Befreiungskrieg«, widerspricht er heftig: »Der Westen hat den Islam angegriffen, der Westen ist mit seinen Hightech-Waffen überlegen, deshalb muss ein guter Muslim, der seinen Glauben verteidigt, auch bereit sein, im Kampf zu töten und zu sterben.«

Kriegstreiber wie Noor Mohammed haben in Quetta eine Verhaftung nicht zu fürchten, auch wenn Karzai und die Amerikaner dies seit langer Zeit fordern. Im Gegenteil: Der zeternde Koranlehrer ist ein hoch geschätztes Mitglied der pakistanischen Gesellschaft. Als belutschischer Parteichef der landesweit agierenden Jamiat-Ulema-i-Islami, der sogenannten Vereinigung der Rechtsgelehrten des Islam, gehört er zu einer einflussreichen Islamistengruppe, die sich mitunter ganz offen zu den Taliban bekennt. Unter der Regierung von Präsident Musharraf hatten sich die Islamisten zu einem Wahlbündnis zusammengeschlossen, zur Muttahida-Majilis-i-Amal, kurz MMA. Kritiker verspotteten die MMA damals auch als »Mullah-Militär-Allianz«, weil sie der Militärregierung immer wieder als Mehrheitsbeschaffer diente. So wundert es nicht, dass ein Fanatiker wie Noor Mohammed sogar als ehrenwerter Abgeordneter im Nationalparlament von Islamabad saß.

Bei Wahlen kommen die religiösen Parteien Pakistans nicht einmal auf zwölf Prozent, und Radikale vom Schlage Noor Mohammeds mag es in Pakistan nur ein paar Tausend geben. Doch es sind genug, um im Nachbarland Afghanistan eine Aufstandsbewegung gegen die Regierung zu befeuern und neuerdings auch die Macht im fragilen Frontstaat Pakistan selbst herauszufordern, immerhin ein nuklear bewaffnetes Land.

Das Szenario lässt bei westlichen Politikern den apokalyptischen Albtraum aufscheinen: ein irrer Fundamentalist mit dem Finger am roten Knopf der pakistanischen Atombomben.

Wegen der traditionellen Nähe des Militärs zu den militanten Islamisten bezweifelten Beobachter bis heute die Ernsthaftigkeit der pakistanischen Regierung im Krieg gegen den Terror. US-Geheimdienste legten dem früheren Regenten Pervez Musharraf zuletzt

2008 Beweise dafür vor, dass hochrangige Offiziere seiner Armee Top-Taliban und al-Qaida-Führer warnten, kurz bevor deren Verstecke angegriffen wurden.

Der ehemalige Direktor des US-Geheimdienstes NSA Mike McConnell traf sich regelmäßig mit Führern des pakistanischen Militärs. Bei einem Briefing in Islamabad offenbarte ihm ein Zwei-Sterne-General, warum die pakistanische Armee, die seit je die dominierende politische Macht im Land ist, die Taliban auf Weisung der Politiker in Islamabad zwar bekämpft, sie gleichzeitig aber auch heimlich fördert.

Die Kalkulation der Offiziere: Auf lange Sicht werden die USA nicht in Afghanistan bleiben. Wenn sie aber abziehen, werde der Erzfeind Indien dort in das Machtvakuum vorstoßen. Deshalb dürften die Pakistaner den Kontakt mit der afghanischen Opposition, den Taliban, nicht aufgeben. »Wir müssen die Taliban unterstützen«, zitiert der *New-York-Times*-Autor David Sanger den pakistanischen Offizier in seinem Buch über das außenpolitische Erbe von Barack Obama.

Musharraf verwehrte sich stets gegen den Verdacht, ein doppeltes Spiel zu spielen. »Niemand eliminierte mehr Terroristen als wir, niemand brachte mehr Opfer im Kampf gegen den Terror als Pakistan«, erzürnte er sich bei einem Gespräch im Sommer 2007 in seinem Regierungspalast. Es lohnte sich jedoch, genau hinzuhören. Denn für den Staatschef, dessen Amtszeit im August 2008 endete, gab es immer gute und schlechte Islamisten. Die Gefolgsleute Osama Bin Ladens, die »Araber«, jagte er aus tiefer Überzeugung, schließlich trachtet der Terrorpate danach, auch die Regierung in Islamabad zu stürzen und den Präsidenten zu töten. Die meisten al-Qaida-Angehörigen waren nach dem Krieg aus Afghanistan geflohen und in den Städten Pakistans oder in den schwer zugänglichen Stammesgebieten untergetaucht. Musharraf lieferte hunderte der sogenannten Foreign Fighters nach Amerika, England und die Arabischen Emirate aus und strich für seine Kooperation hohe Kopfgelder ein.

Gleichzeitig schonte Musharraf die Taliban. Auch sie waren

nach dem Zusammenbruch ihres Regimes zu Zehntausenden nach Pakistan geflüchtet. Als langjährige Verbündete erlaubte die Regierung ihnen jedoch nicht nur, diskret bei ihnen unterzutauchen, sondern auch, sich auf ihrem Territorium neu aufzustellen für den Dschihad gegen die Amerikaner, unter einer Bedingung: Der Heilige Krieg dürfte sich nicht auf pakistanischem Boden abspielen.

Das war ein gefährlicher Handel, vor allem hielt er nicht. Die neue Generation von Taliban-Führern in Pakistan hat sich längst mit den Kadern der Qaida verbündet. Gemeinsam kämpfen sie inzwischen auch um die Macht im Land.

Erstmals eroberten die Extremisten 2008 über die weitgehend unkontrollierten Stammesgebiete hinaus auch Teile des pakistanischen Herzlandes. Vierzehn Monate lang versuchte die Armee, den Einfluss der »Religiösen« im Swat-Tal zurückzudrängen. Die idyllische Gebirgsebene liegt nur 200 Kilometer von Islamabad entfernt. Wohlhabende Städter wedelten hier die sonnigen Skipisten hinunter und erholten sich bei Spaziergängen an den rauschenden Gebirgsbächen und in blühenden Aprikosenhainen.

Irgendwann befahl der dortige Taliban-Führer Maulana Fazlullah, der früher an einem Skilift arbeitete, über den illegalen Taliban-Sender FM91, dass die Bewohner nun den Urteilen der Scharia-Gerichte der Taliban zu folgen hätten. Immer abends um acht Uhr verkündeten seine Moderatoren, wer zu einer Verhandlung zu erscheinen habe – und wer bereits verurteilt sei. Die Leichen dieser Unglücklichen fanden die Menschen am Morgen auf dem Marktplatz von Mingora, der größten Stadt im Swat-Tal, an den Beinen aufgehängt, die Köpfe abgeschnitten und auf die Fußsohlen gelegt – als letzte Schmach für die Toten.

Die Regierung schickte 12000 Soldaten in das Gebiet. Es wurde viel Blut vergossen. Mindestens 1200 Zivilisten starben während der Kämpfe, aber auch 180 pakistanische Soldaten. Das Ergebnis der Militäroperation war dennoch fatal: Die Taliban kontrollierten jetzt über achtzig Prozent der Region Malakand, ein Jahr zuvor waren es gerade ein paar Dörfer gewesen.

Am Ende gab die Regierung des neuen Präsidenten Asif Ali Zardari auf. Der Regent bekannte in einem Fernsehinterview erschüttert, dass er über das Ausmaß der Probleme im Norden getäuscht worden sei. Seine Berater hätten die Gefahr »geleugnet« und behauptet, die Taliban seien schwach: »Man sagte mir, sie wären nie in der Lage, uns herauszufordern.«

Die Niederlage des Staates wurde dann wie ein Sieg gefeiert, mit Ansprachen, Tee und Häppchen, die den Taliban-Vertretern auf silbernen Tabletts serviert wurden. Nach dem besiegelten Waffenstillstand dürfen die Taliban nun in Malakand ihre ultrakonservative Auslegung der Scharia ausüben. Faktisch gab die Regierung damit die Oberhoheit über den Landstrich auf. Ein Signal, das die Radikalen in der ganzen Region ermutigen musste.

Islamistennachwuchs gibt es dies- und jenseits der Grenze reichlich. Die ersten Taliban wuchsen in den Flüchtlingslagern Pakistans auf, in Quetta oder in Peschawar. Fast alle waren Afghanen, und ihre Eltern wurden durch die Kriege der vergangenen drei Jahrzehnte in Wellenbewegungen ins Nachbarland gespült, insgesamt drei Millionen Menschen.

Es sind die Ärmsten, die sich vor Verwüstung und Not dorthin retteten. In den Religionsschulen der Flüchtlingslager, den sogenannten Madrassen, wurde ihnen dann von Vorbetern islamistischer Parteien beigebracht, dass sie die Heimat mit der Waffe in der Hand befreien müssten. Das ist auch heute noch so.

Offiziell gibt es aktuell etwa 11 000 Koranschulen in Pakistan, vermutlich sind es viel mehr. Doch die Regierung in Islamabad besitzt so gut wie keine Befugnis, auf deren Lehrinhalte einzuwirken, wie dies die Amerikaner und Europäer immer wieder fordern. Die Schulen sind privat organisiert, und die Religiösen unterhalten sie durch Spenden von Gläubigen. Für die zahllosen Armen sind die Madrassen jedoch meist die einzige Option, ihren Kindern überhaupt Bildung zukommen zu lassen, denn das pakistanische Schulsystem ist, wo überhaupt vorhanden, miserabel, und Privatschulen sind unbezahlbar teuer. Bis heute gibt es keine Schulpflicht.

Keineswegs alle religiösen Institute sind radikal, womöglich nur ein paar Prozent lehren außer dem Koran auch noch den Umgang mit der Kalaschnikow. Doch für einen Guerillakrieg bedarf es keiner großen Armee. Der Mangel an ordentlichen Schulen und die Schwemme der Madrassen sind die eigentliche Wurzel der seit drei Jahrzehnten anhaltenden Islamisierung Pakistans, das vor sechzig Jahren einmal als toleranter, autonomer Staat der Muslime gegründet wurde, als »pluralistische Demokratie«, wie es der erste Präsident, Mohammed Ali Jinnah, ein aufgeklärter Säkularist, in seiner Gründungsrede am 11. August 1947 formulierte.

Als sich dann jedoch dreißig Jahre später, im Juni 1977, General Zia ul-Haq an die Macht putschte, ließ der frömmelnde Militärherrscher an den Gerichtshöfen fortan nach islamischem Rechts- und Pflichtenkodex urteilen, der Scharia. Das Land benannte er in »Islamische Republik Pakistan« um, so wie es schon einmal 1956 geschehen war. Der Putsch-General Zia ul-Haq forcierte heftig den Aufbau des Madrassen-Systems und setzte deren Schulabschlüsse denen der staatlichen Lehrinstitute gleich. Finanziell förderte er die Religiösen über »Zakat«, die neu eingeführte islamische Sozialabgabe.

Mit der sowjetischen Invasion 1979 in Afghanistan wurden in Zias Madrassen die afghanischen Flüchtlingskinder für den Heiligen Krieg gedrillt, was damals intensiv vom amerikanischen Geheimdienst CIA und auch mit Geldern vom Golf unterstützt wurde. Irgendwann, nach gut neun Jahren, war der Krieg gegen die Sowjets gewonnen. Die CIA und die vielen internationalen Berater aus dem Westen zogen ab, doch die fanatisierten Koranschullehrer machten einfach weiter. So formte sich nur wenige Jahre später die militante Taliban-Bewegung, die, wie zuvor die Mudschahidin, erneut vom pakistanischen Geheimdienst ISI mit aufgebaut wurde.

Die Sympathie Islamabads für die Taliban war keineswegs uneigennützig. Traditionell bedienen sich die Militärs in Pakistan militanter, religiöser Gruppen, um ihre außenpolitischen Interessen zu verfolgen. Im geteilten Kaschmir unterstützte der ISI islamistische Gruppen wie die Hizb-ul-Mudschahidin, die mit tödlichen Hinterhalten gegen die indische Armee für den Anschluss an Pakistan kämpfen.

Ein islamisches Kaschmir galt den Pakistanern stets als höchst bedeutsames, identitätsstiftendes Element, als Vollendung ihres Traums vom Muslimenstaat in Südasien.

Auch in Afghanistan waren die militanten Taliban die verdeckten Akteure des ISI, die bei den Paschtunen im Süden und Osten des Landes die Einflusssphäre sichern sollten. Dahinter verbirgt sich zweierlei: der Versuch, den Einfluss Indiens im Nachbarland zu marginalisieren und ein alter Territorialstreit um die Durand-Linie, den Grenzverlauf zwischen Pakistan und Afghanistan.

Zwar hatte der Kolonialverwalter Sir Henry Mortimer Durand die paschtunischen Stammesgebiete 1893 Britisch-Indien zugeschlagen und damit dem späteren Pakistan, doch die Afghanen erkennen dies nicht an. Vielmehr betrachten sie den paschtunischen Grenzgürtel entweder als Teil ihres Landes oder als eigenständiges Gebilde, als »Paschtunistan« – die Afghanen wollen die für sie offene Frage klären, sobald sich das Land einigermaßen von den jahrzehntelangen Kriegswirren erholt hat.

Einen offenen Disput über den Grenzverlauf versuchen die Pakistaner in jedem Fall zu vermeiden, schon aus Furcht vor einem weiteren Landverlust ähnlich dem ihrer Ostprovinz 1971, dem späteren Bangladesch. Unter der Legende, die unkontrollierte Grenze gegen Terroristen zu sichern, baut die Armee deshalb seit Frühsommer 2007 an einem mauerähnlichen Schutzwall, damit angefangen hat sie im heiß umkämpften Waziristan – ein Zaun würde die Grenze de facto festschreiben.

Vor allem die pakistanischen Militärherrscher, die das Land seit seinem mehr als sechzigjährigen Bestehen insgesamt über dreißig Jahre lang regieren, kultivierten die fragwürdige Politik verdeckter Operationen nichtstaatlicher Gewaltgruppen auf benachbartem Territorium. Angetrieben wird diese fast schon notorische Eigenart zu einem Gutteil vom noch immer ungelösten Konflikt mit Indien und einer stets schwelenden Existenzangst der Pakistaner.

Drei Kriege mit dem östlichen Nachbarn – mit dem Kargil-Konflikt 1999 um die von beiden Seiten beanspruchte Region Kaschmir sind es sogar vier – haben sich ihnen tief eingegraben, und obwohl der indische Premierminister Manmohan Singh im April 2005 gemeinsam mit Präsident Musharraf erklärte, der »Friedensprozess« zwischen den benachbarten Atommächten sei »irreversibel«, treibt sie ein nagendes Misstrauen um. Fast wie ein Mantra ist in Militärkreisen zu hören, dass das dreimal größere »Hindustan« das vergleichsweise kleine Pakistan mit seinen 165 Millionen Einwohnern jederzeit in weniger als zwei Wochen überrennen könnte. Wenn das säkulare, demokratische Indien auch alles andere plant, als sich weiter in der Auseinandersetzung mit Pakistan zu verschleißen, erzeugt allein die Vorstellung bei den Pakistanern einen fortwährenden Alarmzustand.

Selbst im Fall Afghanistans geht es den Pakistanern insbesondere auch um Indien. Der westliche Nachbar ist lediglich Schauplatz einer von außen betrachtet reichlich kruden, für die Pakistaner jedoch entscheidenden Militäroption: Im Falle eines Krieges mit dem Erzfeind Indien will das geographisch schmale Land die ost- und südafghanischen Paschtunen-Gebiete als Ausweichraum nutzen, als »strategische Tiefe«.

So gesehen waren die Taliban als Geschöpfe Islamabads stets perfekte Verbündete. Die Mehrheit der militanten Koranschüler sind Paschtunen aus Südostafghanistan, die Pakistan als ihre Schutzmacht anerkannten. Im Konfliktfall mit Indien hätten sie einer Nutzung ihres Territoriums als Manöverraum ohne Zweifel zugestimmt. Auch die Durand-Linie ist von den Taliban nie infrage gestellt worden.

Mit dem Sturz des Taliban-Regimes Ende 2001 brach für die Pakistaner von einem Tag auf den anderen ihre wichtigste Verteidigungsstrategie zusammen. Das war hart. Nun aber auch noch ihre Ziehkinder, die Taliban, zu jagen, gar den »Befehlshaber der Gläubigen«, Mullah Omar, mit seinem Kabinett an die westliche Supermacht auszuliefern, wie die Amerikaner dies forderten, war aus pakistanischer Sicht jenseits des Vorstellbaren.

Auch haben die Pakistaner ihre »Indien-Option« im afghanischen Paschtunen-Gebiet zu keiner Zeit wirklich aufgegeben. Das Wiedererstarken der Taliban-Armee wurde von ihnen trotz ihres Bündnisses mit den Amerikanern im Verborgenen kontinuierlich unterstützt – was die Afghanen verständlicherweise als bösartige Einmischung deuten. Wer weiß, wie lange die Amerikaner bleiben werden, heißt es dazu immer wieder in pakistanischen Militärkreisen.

Einem Ritt auf dem Tiger gleich, hielt Musharraf diesen politischen Spagat seit Ende 2001 tapfer durch. Irgendwann ging es nicht mehr; es war unmöglich, gleichzeitig die Amerikaner zufrieden zu stellen, die immer weitreichendere Maßnahmen gegen die Taliban forderten, und die Konfrontation mit den Islamisten im eigenen Land noch zu vermeiden.

Ganz wurde nie geklärt, ob es pakistanische oder amerikanische Bomben waren, die nachts am 30. Oktober 2006 im Dorf Chingai an der ostafghanischen Grenze im Stammesgebiet Bajaur auf eine Koranschule fielen, angeblich ein »Terrorcamp mit Terroraktivitäten«, wie Musharraf später beteuerte. Unter den achtzig Getöteten war auch der Direktor der Schule, Maulana Liaqatullah Hussain, ohne Zweifel ein Unterstützer der Taliban, aber es traf auch Schüler und unschuldige Zivilisten. Damit war das unausgesprochene Stillhalteabkommen zwischen den Mullahs und den Militärs zerbrochen.

Der Zorn der Radikalen war fürchterlich: 15 000 Menschen protestierten damals in der pakistanischen Nordwest-Grenzprovinz gegen »Bush-arraf« und gegen das »Marionettenregime der USA« in Islamabad. Der Religionsminister trat zurück, führende Islamisten schworen Rache. Am 8. November kam die Vergeltung: Bei einem Selbstmordattentat auf die Militärbasis in Dargai, in der Nordwest-Grenzprovinz, starben zweiundvierzig Rekruten.

Die religiösen Gruppen zeigten damit, dass sie sich nicht mehr zurückdrängen lassen und ihren Krieg nun notfalls auch gegen die eigene Regierung in Islamabad führen würden – auf pakistanischem Boden.

Im Juli 2007 forderten die Islamisten den Präsidenten schließlich direkt vor der Haustür seines Palastes in Islamabad heraus. Mitten im Regierungsviertel hatten sich radikale Religionslehrer und ein paar hundert fanatisierte Schüler, die sogenannten Tugendbrigaden, in der Koranschule Lal Masjid, der Roten Moschee, verschanzt: »Wir bringen das islamische System nach Pakistan«, schrieben sie auf ein

Transparent. Nach dem Vorbild der Taliban in Afghanistan wollten sie einen islamistischen Staat ausrufen. Zumindest geographisch waren sie der Macht schon ziemlich nahe gekommen.

Eine Sondereinheit der Armee stürmte schließlich das Gebäude. Es gab ein Blutbad und weit über hundert Tote, darunter der prominente religiöse Führer der Roten Moschee, Abdur Rashid Ghazi.

Seither ist der Krieg zwischen der pakistanischen Regierung und den Islamisten entfesselt. Täglich greifen Taliban und al-Qaida-Unterstützer pakistanische Sicherheitskräfte durch Hinterhalte und Selbstmordattentate an. Vor allem in der Nordwest-Grenzprovinz und in Nord- und Südwaziristan, den weitgehend autonomen Stammesgebieten, gibt es täglich Tote, manchmal mehrere Dutzend. »Anschläge und Bedrohungen sind unsere Normalität geworden wie im Irak, bete für unsere Zukunft«, schrieb ein erschütterter junger Ladenbesitzer Mitte Juli 2007 per E-Mail aus Peschawar, der Provinzhauptstadt der Nordwest-Grenzprovinz, an seinen Geschäftsfreund in Lahore. Inzwischen hat die Talibanisierung aber auch das kulturelle Zentrum Pakistans, die Provinzhauptstadt des Punjab, erreicht. 2008 begannen Islamisten, dort Kunstfestivals zu attackieren sowie Sportler und Treffpunkte für junge Leute anzugreifen.

Der Chef des berüchtigten pakistanischen Militärgeheimdienstes Interservices Intelligence (ISI) sitzt in seinem Büro in Islamabad im dritten Stock. Ahmed Shuja Pasha ist ein drahtiger Mann, den Scheitel streng nach links gekämmt. Er lächelt. Der General trägt heute, ganz unmilitärisch, einen grauen Anzug, dazu eine modische roséfarbene Krawatte. Die Ellenbogen hat er bequem auf den Nussbaumschreibtisch abgestützt.

Von Pashas Dienst ISI heißt es, er sei eine Black Box, in deren Geheimnisse nicht einmal die Zivilregierung in Islamabad eingeweiht sei. Seine Agenten sollen Wahlen gefälscht und Regierungen gestürzt haben und an der Liquidierung missliebiger Politiker beteiligt gewesen sein. Sie bauten extremistische Gruppen auf, die im Ausland verdeckt operieren, darunter die Lashkar-e-Taiba, die als Drahtzieher der Anschläge in Mumbai gilt, bei denen im November 2008 Terroristen zwei Luxushotels angriffen und 174 Menschen starben.

Es sind schwierige Zeiten in Pakistan. Al-Qaida will im Verbund mit den neuen Taliban den Staat Pakistan destabilisieren. Der Krieg in Afghanistan wird immer chaotischer, die Spannungen mit dem Erzfeind Indien sind so hoch wie lange nicht. Wenn einer weiß, wie es um Pakistan steht, wie nahe die Extremisten ihrem Ziel der Machtergreifung schon sind und ob es eine militärische Auseinandersetzung mit Indien geben wird, dann ist es Generalleutnant Pasha. »Es kommt nicht zum Krieg mit Indien nach dem Attentat von Mumbai«, sagt der Siebenundfünfzigjährige und lässt Tee in weißem englischen Porzellan servieren. »Die Inder sind sehr verletzt, aber auch sehr klug. Wir entfernen uns vom Konflikt mit Indien jetzt aber auch grundsätzlich.«

Das klingt beruhigend in diesen spannungsreichen Tagen, in denen viele pakistanische Soldaten ihren Gefechtsstand am liebsten sofort an die Ostgrenze ihres Landes Richtung Indien verlegen würden, auch weil es eine Gelegenheit wäre, endlich die ungeliebte Front gegen die Taliban zu beenden. Viele pakistanischen Militärs betrachten die Taliban-Kämpfer keineswegs als ihre Feinde, sondern als eine Art schwarzen Block, der insgeheim die Interessen ihres Landes befördert, im Krieg gegen Kabul und gegen die Amerikaner. Der Kampf gegen die Islamisten im Nordwesten des Landes sei ihnen dagegen von den Amerikanern aufgezwungen worden, heißt es immer wieder.

Pasha kommandiert den ISI seit drei Monaten. Zuvor überwachte er die Operationen gegen die Extremisten in den Stammesgebieten an der Grenze zu Afghanistan, wofür ihm selbst die Amerikaner Respekt zollten. Der Militär gibt sich weltoffen. Er will alte Vorstellungen und Feindschaften überwinden. Schon sein Büro mit den edlen Hölzern, den elegante Fauteuils und dem riesigen TV-Flachbildschirm wirkt eher wie der Besprechungsraum eines internationalen Fünf-Sterne-Hotels als wie die Kommandozentrale eines Geheimdienstes.

Immerhin besuchte Pasha wenige Tage nach Amtsantritt seinen afghanischen Kollegen in Kabul, den Chef des Geheimdienstes NDS, Amrullah Saleh. Nur Monate zuvor hatte Saleh den Pakistanern bei einem Gespräch mit den Autoren dieses Buches vorgeworfen, er habe »Berge von Beweisen«, dass der pakistanische Geheimdienst hinter dem Aufstand in seinem Land steht. Pasha sagt, er sei auch bereit gewesen, nach Neu-Delhi zu fahren, um das Attentat von Mumbai aufzuklären. Dann zuckt er bedauernd die Achseln: »Doch viele Leute hier sind noch nicht so weit.«

Als gelte es, ein Bekenntnis abzulegen, erklärt Pasha, dass er ganz und gar hinter der Zivilregierung von Präsident Zardari stehe, auch wenn dies immer wieder bezweifelt werde. »Ich berichte dem Präsidenten regelmäßig und nehme von ihm Befehle entgegen«, sagt er fast feierlich.

Zardaris politischer Kurs missfällt vielen der mächtigen Militärs. Der Witwer von Benazir Bhutto will im Eiltempo Frieden machen sowohl mit Indien als auch mit Afghanistan, und er meint es ernst damit, die militanten Islamisten zu entmachten. Als Zardaris Frau im Dezember 2007 bei einem Attentat getötet wurde, hatte der Witwer den Vorsitz der Volkspartei PPP übernommen. Neun Monate später rückte er zum Staatsoberhaupt auf. Eine beispiellose Karriere, bedenkt man, dass der Mann noch wenige Jahre zuvor von pakistanischen und schweizer Staatsanwälten wegen Korruptionsverdacht gejagt wurde. Das Volk nannte ihn verächtlich »Mr. Ten Percent«.

Der Geheimdienstchef nippt kurz an seiner Porzellantasse und legt die Hände nebeneinander auf den Schreibtisch, er macht ein ernstes Gesicht. Die Regierung Zardari dürfe nicht scheitern, sonst wäre sein Land in wirklich großen Schwierigkeiten, sagt er dann. »Wir hätten Probleme im Westen und im Osten, eine politische Destabilisierung und Unstimmigkeiten mit Amerika«, analysiert der General.

Im August 2008 trafen sich Pasha und der Armee-Chef Ashfaq Parvez Kayani auf dem Flugzeugträger Abraham Lincoln im Indischen Ozean mit der Militärführung der Amerikaner. Alles sei sehr harmonisch verlaufen, sagt Pasha. Die Amerikaner machten jedoch klar, was für sie am wichtigsten ist: Frieden und Stabilität im Nachbarland Afghanistan. Der Aufstand der Islamisten, so glauben sie, werde erst enden, wenn es für die Extremisten in Pakistan keine sicheren Rückzugsräume mehr gebe. Aus US-Quellen hieß es nach dem Treffen, die Amerikaner seien dabei mit den Pakistanern auch übereingekommen, dass sie die Führung des Terrornetzwerkes in den Stammesgebieten mit bewaffneten Drohnen bekämpfen dürfen.

Pasha schüttelt jetzt heftig den Kopf. »Das haben wir nicht diskutiert, dem hätten wir nie zugestimmt.« Dann legt er die Stirn in Falten. »Aber mal ehrlich, was können wir gegen die Drohnenangriffe tun? Sollen wir die Amerikaner bekämpfen? Können wir das gewinnen? Nutzt das Pakistan?«

Inzwischen bekämpfen die US-Soldaten die Top-Kommandeure der Taliban und al-Qaidas auf pakistanischem Boden systematisch mit Hightech-Raketen. Militärisch gesehen sind sie dabei sogar erfolgreich. Die Terroristen mussten empfindliche Schläge hinnehmen, viele Qaida-Chefs wurden »ausgeschaltet«, wie es im Militärjargon heißt. Gleichzeitig aber wächst die Feindseligkeit der Bevölkerung gegen die westliche Weltmacht und auch gegen die Regierung in Islamabad, vor allem wenn, wie häufig, Zivilisten zu Tode kommen.

Der neue Befehlshaber des ISI ist ein kommunikativer Mann. Er wirkt, als würde er am liebsten zwischen allen Seiten vermitteln. Es wäre jedoch ein grober Fehler zu hoffen, dass der mächtigste Geheimdienst Pakistans künftig tatsächlich nach Ausgleich und Versöhnung strebt. Die Armee hat immer ihre eigenen Interessen verfolgt, auch wenn sie dabei ein »Frankenstein-Monster« schuf, das »seinen Schöpfer nun bedroht«, wie der Obama-Berater Bruce Riedel meint.

Frieden für Afghanistan kann es deshalb nur geben, wenn Pakistans heimliche Agenda auch erkannt und auf kluge Weise berücksichtigt wird, womöglich in einem heute noch schwer vorstellbaren Bündnis mit Indien und Afghanistan. Umgekehrt heißt das, solange die Kaschmir-Frage nicht gelöst ist und es mit Kabul Streit über die Durand-Linie und die Rolle Indiens gibt, ist im »Land der Reinen« kein Politikwechsel zu erwarten.

Obamas Diplomaten bemühen sich intensiv darum, zwischen Kabul, Neu-Delhi und Islamabad zu vermitteln. Denn in Pakistan liegt der Schlüssel für die Zukunft der Region. Wohl nichts fürchtet die Welt derzeit so sehr wie das nuklear bewaffnete Pakistan, das zu zerfallen droht und gleichzeitig die Brutstätte des internationalen Terrorismus ist: Die Spuren der Attentäter aller großen Terroranschläge der vergangenen Jahre führen nach Pakistan.

Der General verschränkt nun die Arme und lehnt sich über den dunklen Schreibtisch, um seinen Worten mehr Gewicht zu verleihen: »Viele glauben tatsächlich, dass Pakistan von Extremisten übernommen werden kann.« Er macht eine kurze Pause und fährt dann leise fort: »Das wird natürlich nicht passieren, das ist außerhalb jeder Vorstellung.«

Dem würde man gerne Glauben schenken. Doch bleiben Zweifel. Vielleicht auch deshalb, weil der Geheimdienstchef am Ende offenbart, dass er womöglich ganz andere Vorstellungen als seine westlichen Freunde davon hat, was ein gefährlicher Extremist ist und was nicht.

Pasha selbst lebte einige Jahre in Quetta in Belutschistan, wo sich die meisten Führer der Taliban verstecken, vermutlich auch Mullah Omar. Der Hetzer Noor Mohammed lehrt dort an seiner Shaldara-Madrassa, völlig unbehelligt von den pakistanischen Behörden. Der mächtige Geheimdienstgeneral weiß selbstverständlich von den Aktivitäten der Extremisten, ist jedoch weit davon entfernt, solche Hintermänner des Terrors zu verhaften. »Dürfen die nicht denken und sagen, was sie möchten? Sie glauben, der Dschihad sei ihre Pflicht. Ist das nicht Meinungsfreiheit?«, sagt er zum Abschied und begleitet seinen Gast freundlich lächelnd zum Lift.

Immerhin 700 Kilometer Luftlinie trennen die Hauptstadt Islamabad von Quetta. Doch scheint es, als ob die Extremisten den Abstand zum Zentrum der Macht in den vergangenen Jahren deutlich verringert haben, zu ihren Gunsten.

Dreißig Jahre ist der Koranschuldirektor Noor Mohammed nun im Geschäft des heiligen Krieges, und er hat stets Kurs gehalten, ganz gleich, ob zivile oder militärisch Herrscher das Land regierten, und unabhängig davon, ob die Islamisten gerade von einem Geheimdienst gefördert oder verfolgt wurden. Es ist ihm auch heute einerlei, ob sich Präsident Zardari von seiner Partei, der Jamiat-Ulema-i-Islami, abwendet, oder ob er mit den militanten Dschihadis weitere Friedensabkommen schließt. Er wird einfach weitermachen.

Es ist inzwischen später Nachmittag, und das Büro des Koranschuldirektors füllt sich mit immer mehr Bärtigen. Es sind Unterstützer des Heiligen Krieges, die Nachrichten bringen oder von der Erledigung ihrer Dienste wiederkehren. Einer nach dem anderen küsst ehrerbietig Noor Mohammeds Hand.

Der Raum mag wenig repräsentativ erscheinen, doch von hier aus steuert der Fundamentalist einen durchaus effektiven Apparat, den die Extremisten zum langfristigen Aufbau ihrer Strukturen nutzen.

Jetzt erhebt sich der Scharia-Lehrer, er will zum Gebet. Beim Abschied sagt er zu dem Besuch aus Deutschland, dass die Welt vor großen Entscheidungen stünde und der Islam am Ende sicher siegen werde: »Wir sind eine starke Gemeinschaft, kommen Sie zu uns, Sie könnten Ihr Schicksal verbessern.«

5
In Waziristan: Das Refugium der al-Qaida

Es ist ein kalter Frühlingsmorgen, und der Blumenkohlhändler im Distrikt Peschawar hat seine Ware mannshoch zur Pyramide aufgestapelt. Schützend schlägt er den Patou, ein wärmendes Wolltuch, um seine Schultern. Der Smog quillt von der Khyber-Pass-Straße hinüber in die Gassen des Schmugglermarkts, der zehn Kilometer westlich der Kapitale der Nordwest-Grenzprovinz in Pakistan liegt. Die staubigen Garagenläden laden nicht gerade zur Shopping-Tour ein: Autoreifen liegen auf einem Handkarren, daneben wird gebrauchte Kleidung angeboten, Kinderplastikschaufeln aus China und Waschmaschinen aus Dubai. Eine Waage im Schaufenster einer Verkaufsbaracke deutet darauf hin, dass sich hier mehr erwerben lässt als nur Haushaltswaren: Opium. Auf dem Karkhanai-Basar gibt es kein verbotenes Gut, das nicht zu haben ist.

In der staubigen Weite, dort, wo die Dächer flacher und die Straßen leerer werden, beginnen die Stammesgebiete, eine von der Welt weitgehend abgeschottete Region, in der sich die archaischen Bräuche und Lebensweisen ihrer Bewohner seit Jahrhunderten kaum verändert haben.

Die pakistanischen FATA, die Federally Administered Tribal Areas, sind ein fast autonomes Gebiet. Hier endet der Arm des staatlichen Gesetzes, und es gelten die Regeln der »Wölfe« und »Panther«, wie die großen Paschtunenstämme, die Mahsuds und die Wazirs, seit der britischen Kolonialherrschaft respektvoll genannt werden. Fremden gewähren sie Zutritt in ihr Reich nur unter dem Schutz eines örtlichen Paten, umgekehrt dürfen jedoch sogar Kriminelle bei ihnen unterschlüpfen – die paschtunische Tradition gebietet verfolgten Glaubensbrüdern bedingungslose Gastfreundschaft, wenn diese darum bitten.

Wer die Hauptstraße im Stammesgebiet verlässt, wird in Minutenfrist von Sicherheitskräften aufgegriffen, es sind Männer in schwarzen Hemden und Hosen, mit scharf geschnittenen Gesichtern und wachen Augen, stets auf drohende Gefahr eingerichtet. Ihre Waffen tragen sie so selbstverständlich wie ihre Westen oder Schuhe. Die Stammesangehörigen arbeiten mit der Regierung zusammen und bilden so etwas wie die letzte Repräsentanz der Staatsgewalt.

In den sieben sogenannten Agencies zwischen Bajaur im Norden und Waziristan im Süden ist die pakistanische Zentralregierung lediglich noch durch einen Beamten vertreten, der den Titel »Politischer Agent« trägt. Bei schweren Vergehen kann der Politische Agent Kriminelle einsperren lassen – die Stämme nennen diese Einmischung in ihre Angelegenheiten »das schwarze Gesetz«. Das seltsame Konstrukt, das dem Staat weitgehend den Zugriff verwehrt, stammt noch aus der britischen Kolonialzeit, denn selbst die Briten hatten sich nur ungern in die FATA vorgewagt.

Die Tribal Areas teilen eine gut 500 Kilometer lange Grenze mit Afghanistan. In den ostafghanischen Grenzprovinzen Kunar, Nangharhar, Khost und Paktika befindet sich die mit am heißesten umkämpfte Zone des Nachbarlandes, und dort erleiden vor allem die Amerikaner ihre schwersten Verluste. Die Islamisten nutzen den porösen Übergang, um aus den Stammesgebieten heraus zuzuschlagen und sich jederzeit wieder in die schützenden Berge der FATA zurückzuziehen. Der militante Grenzverkehr aus dem Land der Gesetzlosen ist eine der Hauptquellen, die den Krieg in Afghanistan nähren.

Nach dem Fall des Taliban-Regimes vor fast sechs Jahren strömten Tausende Kämpfer in die Tribal Areas hinüber. Darunter waren auch viele führende Taliban und jede Menge Kämpfer der al-Qaida, Araber, Usbeken, Tschetschenen und Uiguren. Zwischen den majestätischen Berghöhen von Waziristan vermuten Terrorspezialisten auch den meist gesuchten Mann der Welt, Osama Bin Laden, und seinen Stellvertreter, Aiman al-Sawahiri. Über die vergangenen Jahre entstand hier die weltweit bedeutendste Ausbildungszentrale des weltweiten Terrorismus.

Der Militärflughafen von Kohat, einer kleinen Garnisonsstadt am Beginn der Tribal Areas, liegt eine Autostunde von Peschawar entfernt. Dreißig Soldaten der pakistanischen Armee klettern dort mit leichtem Gepäck in den Bauch eines Helikopters. Eng gedrängt sitzen die Männer in dem Fluggerät, ihre Waffen haben sie jeweils vor sich auf dem Boden abgestellt. Die Uniformen sind abgetragen, aber tadellos gepflegt, das pakistanische Militär ist bekannt für seinen scharfen Drill.

Falten haben sich in die dunkel gegerbten Gesichter eingegraben, der Krieg der vergangenen Jahre hat Spuren hinterlassen. Die Männer hier sind keine jungen Kämpfer mehr. Die Rotoren laufen an. Der Flug geht in den Süden der FATA, nach Waziristan, das heute als *die* Drehscheibe des internationalen Terrorismus gilt. Seit 2003 operiert das pakistanische Militär erstmals in seiner Geschichte in dieser besonders rückständigen Region, in der die meisten Siedlungen nur über Saumpfade zu erreichen sind. Die Amerikaner hatten den pakistanischen Präsidenten Pervez Musharraf dazu gedrängt, in die schwer zugängliche Zone in den Bergen vorzurücken, um dort Terroristenverstecke auszuheben.

Fast zwei Stunden ist der Helikopter in der Luft. Sein Ziel ist die Militärbasis bei Mir Ali, eine kleine Stadt in Nord-Waziristan, Brennpunkt der aktuellen Kämpfe mit al-Qaida und den Neo-Taliban, den Getreuen Mullah Omars, die sich seit Ende 2001 mit Osama Bin Ladens Kämpfern zusammengeschlossen haben. Es geht über Siedlungen aus Lehm, die von oben aussehen wie sandfarbene Streichholzschachteln, und über das Tal des wild schäumenden Tochi-Flusses, der die unbefestigten Ufer und Äcker bewässert. Obstbäume blühen in zartem Rosa, und die bunten Flecken der Weizenfelder schmiegen sich wie unruhige Mosaike aneinander. Dann türmen sich links und rechts schroffe Gipfel auf, Sandrinnen haben längst die modernen Asphaltstraßen ersetzt. Angekommen auf dem Flughafen von Mir Ali, greifen die Soldaten eilig ihr Gepäck und ihre Waffe, sie springen in den wartenden Armeetransporter, der sie in rasendem Tempo in

Brennpunkt im Kampf gegen die Terroristen:
Stammesgebiet Waziristan

die wenige Minuten entfernt liegende Kaserne bringt. Jede Fahrt hier außerhalb der hohen Mauern der militärischen Basis birgt ein Risiko, Anschläge und Hinterhalte sind an der Tagesordnung.

Ihren Gefechtsstand haben die Soldaten inmitten trockener Sandhügel einer Wüste gebaut. Es ist eine kleine Festung, umgeben von weißen Mauern. Der Divisionskommandeur von Mir Ali, General Khalil Rahman, ist ein großer, drahtiger Herr mit dunklem Haar. Sein Büro ist voller Landkarten, Aktenordner und Fotodokumentationen vom blutigen Kriegsgeschehen in seinem Operationsgebiet. Doch jetzt macht der General eine Pause und bietet Tee mit Milch an. Dazu gibt es Plätzchen. »Besuch aus Ihrem Land ist mir hochwillkommen«, sagt der Kommandeur in glänzendem Deutsch. Vor vielen Jahren hat er an einem Lehrgang der Führungsakademie der Bundeswehr in Hamburg teilgenommen, und er pflegt, wie die meisten seiner Kameraden, eine rührende, mitunter auch verstörende Wertschätzung für das deutsche Militär. Es gibt kaum einen hohen Offizier seines Landes, der nicht aus dem Stegreif die Schlachten des »Wüstenfuchses« Erwin Rommel nachstellen könnte.

Rahman erläutert seine Taktik im Anti-Terror-Kampf in Waziristan: »Wir führen Gespräche, bauen Beziehungen mit den Maliks, den Stammesführern, auf«, sagt er, dann macht er mit der Hand das Zeichen für Geld: »Gegen Cash tun sie einiges.« Natürlich nähmen die Stammesleute gleichzeitig auch die Scheine der anderen. Die anderen, das sind die Extremisten, die er hier seit Oktober 2003 mit aller Feuerkraft bekämpft, al-Qaida-Kämpfer, und dann gibt es noch ihre örtlichen Beschützer, die Neo-Taliban. Sie sind Stammesleute, die in den Jahren des Krieges immer radikaler und schließlich selbst zu Extremisten wurden. Auch sie fordern von den Clanchefs Kooperation, weshalb sich die vergleichsweise moderaten Stammesangehörigen in diesem grausamen Krieg an einem der entlegensten Orte der Welt in einem nicht lösbaren Dilemma zwischen allen Fronten befinden.

Rahman drängt die Stammesführer der FATA zur Registrierung aller Bürger durch die zentrale Datenbank in Islamabad, vor allem aber zur Auslieferung der ausländischen al-Qaida-Kämpfer. Im Gegenzug bietet ihnen der Staat Entwicklung in ihrer vernachlässigten Region. Die pakistanische Regierung will Schulen und Krankenhäuser bauen, die Dörfer ans Stromnetz anschließen und die Wasserversorgung verbessern. Die Wirtschaftslage in den Tribal Areas ist so miserabel wie kaum irgendwo sonst im Land. Über die Hälfte der 3,5 Millionen Menschen lebt unter der Armutsgrenze, und mit legalen Geschäften kommt in dieser hoffnungslosen Gegend ohnehin niemand weit.

Eine nennenswerte Industrie gibt es nicht, abgesehen von der traditionellen Herstellung von Gewehren wie in der berühmten Waffenstadt Darra, nahe der Militärbasis Kohat. In den kleinen Werkstätten am Straßenrand werden am Tag gut hundert Schießeisen produziert.

Die Stämme der FATA haben die Taliban lange unterstützt. Sie alle sind Paschtunen. Ihre Clans leben auf der pakistanischen wie auf der afghanischen Seite und wurden durch die koloniale Grenzziehung nur zufällig voneinander getrennt. Dagegen sind die Foreign Fighters, die al-Qaida-Kämpfer, hier weithin unbeliebt. Viele kommen ursprünglich aus der vormaligen Sowjetrepublik Usbekistan: Sie kämpften während des Krieges gegen die Sowjetunion und sind danach einfach geblieben. Jedoch respektierten sie angeblich die regionalen Bräuche und islamischen Gesetze nicht, heißt es. Sie nähmen Drogen, frönten dem Alkohol und unterhielten lasterhafte Beziehungen zu Frauen. Auch der religiöse Fanatismus ist bei den konservativen Stammesführern verpönt.

Am liebsten wären die meisten Stämme die Fremden so schnell wie möglich los. Doch dies gemeinsam mit dem Militär zu versuchen, ist eine lebensgefährliche Angelegenheit. Viele Maliks haben es dennoch getan. 250 von ihnen bezahlten dafür mit ihrem Leben. So viele wurden seit Anfang der Militäroperationen im Oktober 2003 in den Tribal Areas von den Extremisten umgebracht.

Das Städtchen Wana ist das Verwaltungszentrum von Süd-Waziristan, und Malik Mirza Alam Wazir war so etwas wie der König von Wana. So nannten ihn jedenfalls die Bürger. Mirza Alam mochte die Ausländer nicht. Die Araber und Usbeken störten die öffentliche Ordnung und waren die Ursache für die Spannungen zwischen der Bevölkerung und den pakistanischen Sicherheitskräften. Deshalb traf er sich regelmäßig zu Gesprächen mit den Offizieren der Armee. Am 9. August 2005 wurde er von den Neo-Taliban ermordet.

Der König von Wana wurde fünfundfünfzig Jahre alt, was schon sehr alt ist für diese raue Gegend und ein Zeichen großer Klugheit. Mirza Alam war ein traditionsbewusster Patriarch, ein großer Mann mit langem, weißem Bart, und er besaß den Respekt der Bewohner der 5000-Seelen-Stadt.

An dem Tag, als er getötet wurde, fuhr er um zehn Uhr morgens mit dem Wagen über den örtlichen Hauptmarkt, zusammen mit zwei seiner vier Brüder und einem Neffen. Plötzlich raste ein anderes Auto von der Seite auf ihn zu, zwei Männer feuerten aus dem Fenster mit Kalaschnikows auf den Stammesführer. Mirza Alam und die beiden Brüder waren sofort tot, der Neffe starb im Krankenhaus.

Viele Bürgermeister und Ratsvorsitzende flohen daraufhin aus ihren Städten und Dörfern, die wenigen Intellektuellen in Waziristan werden auch heute noch bedroht und die Journalisten dazu

Hinterhalte sind an der Tagesordnung:
Pakistanische Soldaten auf der Militärbasis
in Mir Ali

gezwungen, günstig im Sinne der Islamisten zu berichten. »Sie zischeln auf dem Markt, ich sei ein Spion der Amerikaner, und ich sollte gut über sie schreiben, sonst würden sie mich töten«, flüsterte ein Nachrichtenredakteur aus Wana bereits im April 2006 am Telefon einem Kollegen in Islamabad zu.

Damals gab es jeden Tag offene Gefechte in Nord-Waziristan. Die Armee riss die Häuser von Verdächtigen nieder und feuerte mit ihrer Luftwaffe und Mörsergranaten gegen Stellungen, in denen sich die militanten Taliban verschanzt hielten.

Wie viele Unschuldige dabei getötet wurden, weiß niemand. Augenzeugen sprechen von vielen Hunderten. Auch das Militär beklagt inzwischen zahlreiche Tote – will aber gleichzeitig auch über tausend Islamisten getötet haben.

Der Journalist, der sich im Frühjahr 2006 verzweifelt telefonisch aus Wana gemeldet hatte, ist bis heute einer der wenigen, die noch immer dort ausharren. Der kleine, stämmige junge Redakteur, der seinen Master in Englisch und Politik auf einem College in Peschawar machte, hat jedoch seit vielen Monaten keine Zeile mehr darüber geschrieben, wie es wirklich zugeht in seiner Heimatstadt. Zum Zeichen, dass er seinen Beruf nicht mehr ausübt, gab er seinen Presseausweis ab – vor den Augen der neuen Taliban-Größen, die dort nun das Sagen haben.

Die Neo-Taliban sind Männer wie der Kommandeur Nek Mohammed. Er stammt aus Waziristan, und nach der Vertreibung aus dem Nachbarland offerierte er den al-Qaida-Kämpfern ein sicheres Versteck in seiner Heimat. Der Paschtune mit dem schwarzen Vollbart und den breiten, dunklen Brauen um die kajalgeschwärzten Augen ist inzwischen nicht mehr am Leben, er wurde vom pakistanischen Militär getötet.

Nek Mohammed war wie eine Filmfigur in der Saga des Lawrence von Arabien und unter seinesgleichen schon zu Lebzeiten eine Legende. Ein Mann, den die Einheimischen fürchteten, aber auch bewunderten – und den die Amerikaner hassten.

Mohammed führte den Widerstand gegen die GIs aus Süd-Waziristan heraus und garantierte den ausländischen Kämpfern und deren Familien im Auftrag des »Befehlshabers der Gläubigen«, Mullah Omar, Schutz vor der Auslieferung. Er besorgte ihnen Häuser und organisierte Familien, die sich um ihr Wohl kümmerten.

So sicher fühlten sich die al-Qaida-Kämpfer in Waziristan, dass sie sich offen in den Städten bewegten, die Usbeken mit ihren hellen, breiten Gesichtern und die Araber mit ihrem dunklen Teint. Zu Hunderten sah man sie im gut geschützten Talkessel von Wana flanieren, und in Miram Shah, wo 10 000 Paschtunen in überwiegend ärmlichen Verhältnissen leben zwischen kleinen Teestuben, einem Basar mit Obstkarren und Gemüseständen, einem Gemeindehaus und einer kleinen Moschee.

Die Fremden sind dort zwar weithin unbeliebt, aber sie sind reich, und ihr Geld wurde in dieser unterentwickelten Gegend rasch zu einem entscheidenden Faktor. Durch die fürstliche Entlohnung kauften sich die Neo-Taliban von Waziristan neue Waffen und heuerten Gefolgschaft an. Fortan bedrohten sie jeden, der sich gegen die Präsenz ihrer finsteren Schützlinge stellte.

An einem warmen Sommerabend, einem Donnerstag im Juni

2004, saß Nek Mohammed in einem Gehöft im Dorf Doog, vier Kilometer außerhalb von Wana, beim Abendessen. Wenige Tage zuvor hatte der Siebenundzwanzigjährige geheiratet. Um 21.45 Uhr, nachdem er zuvor lange über sein Satellitentelefon gesprochen hatte, traf ihn ein Hightech-Geschoss, eine Präzisionsrakete. Wer sie abfeuerte, ob es die pakistanische Armee war oder die Amerikaner, ist umstritten. Nek Mohammed war sofort tot.

Inzwischen feuern die Amerikaner fast täglich sogenannte Predator-Raketen auf die Top-Führer der Taliban und Qaida in den Stammesgebieten ab. Die Extremisten erleiden schwere Verluste, ersetzen ihre getöteten Anführer jedoch schnell durch neue, jüngere, immer ruchlosere Kommandeure. Diese füllen auch zunehmend das Vakuum, das durch die Flucht und die Ermordung der traditionellen Würdenträger, der Maliks, entstanden ist, und errichten ein Regime des Schreckens.

Der Mächtigste unter den neuen Anführern ist Baitullah Mehsud. Er ist der Chef der Ende 2007 gegründeten Tehrik-i-Taliban Pakistan, einem Zusammenschluss von über zwanzig extremistischen Kampfgruppen, und ein enger Verbündeter von al-Qaida. Der fünfunddreißigjährige Mehsud gilt als begabter Stratege und ist gleichzeitig für seine Grausamkeit bekannt. Wer seine Befehle nicht befolgt, dem schickt er tausend Rupien nach Hause, umgerechnet zwanzig Euro, außerdem Nadel und Faden und eine Nachricht mit der Aufforderung, der Mann solle sich binnen vierundzwanzig Stunden ein Totenkleid nähen lassen. Ist die Zeit verstrichen, hat der Verräter sein Leben meist schon ausgehaucht – er wurde ermordet von den Milizen des Extremisten-Führers.

Geheimdienste machen Baitullah Mehsud für das tödliche Attentat auf Benazir Bhutto und das Marriott-Hotel im September 2008 in Islamabad verantwortlich. Auf das Konto seines Terrornetzwerks geht auch ein großer Teil der Selbstmordattentate in Afghanistan. Hunderte von pakistanischen Soldaten wurden von Messuds Gefolgsleuten entführt, dutzende Polizisten in den Stammesgebieten enthauptet. Von Süd-Waziristan, wo sich Mehsuds Hauptquartier befindet, wird der Aufstand gegen die Regierung in Islamabad gesteuert.

Inzwischen hat die Talibanisierung in Waziristan fast überall Einzug gehalten. In der Verwaltungsstadt Miram Shah eröffnete bereits im März 2006 das erste einer ganzen Reihe lokaler Taliban-Büros, um »Recht und Ordnung« herzustellen: »Jetzt können die Bürger hier ihren Ärger und ihre Nöte vorbringen und ein islamischer Richter wird das Urteil sprechen«, verkündete damals einer der neuen Machthaber namens Maulana Abass.

Im Frühjahr 2007 trafen sich nur dreißig Kilometer westlich von Miram Shah im Grenzgebiet zu Afghanistan in einer kleinen Ortschaft sieben Stammesführer der Wazirs und der Mahsuds, um die düstere Lage zu besprechen. Es wurde Qabili-Palau gereicht, ein Reisgericht mit Rosinen, Karotten und Hammelfleisch. Im Schneidersitz saßen sich die Männer auf dem Boden gegenüber. Ihre Haare waren schwarz gefärbt, ebenso ihre buschigen Bärte, und auf den Köpfen trugen sie große, gelbe und mehrfach gewundene Turbane, deren Enden ihnen bis an die Kniekehlen reichten.

Der Älteste war über sechzig, seit acht Generationen vertreten Männer seiner Familie den 4000 Menschen zählenden Clan in Miram Shah. Wenn es um gesellschaftliche Fragen geht, wie Frauenrechte oder die Lösung familiärer Konflikte durch Blutrache, ist der Bärtige strikt konservativ. Lange hatte er mit den Taliban viele Ansichten geteilt. Doch mit dieser neuen Generation der Gotteskrieger, den mit der al-Qaida verbündeten Neo-Taliban, sagte er, habe er nichts mehr gemein. Dann berichtete der Mann von gleich mehreren Trainingscamps in Waziristan, aus denen immer weitere Terroristen kämen, und dass die pakistanische Armee nichts gegen sie unternehme.

Der Malik neben ihm war deutlich jünger, er kam ebenfalls aus Nord-Waziristan, aus Madadkhel: Erst kürzlich hätten die Militärs nahe seiner Siedlung Angriffe geflogen. Im Dorf Sadeq Nur, klagte er, seien elf Kinder getötet worden. Immer wieder würden Häuser seines Stammes bombardiert und Angehörige willkürlich verhaftet.

Mit der rechten Hand formte der dunkeläugige Paschtune einen kleinen Reisballen, nahm damit ein Stück Hammel auf und führte ihn zum Mund. »Die Taliban haben das Rechtssystem der Jirga, die über alles entscheidende Ratsversammlung der Ältesten, zerstört«, schimpfte ein anderer frustriert. Die Männer nickten zustimmend. Nichts und niemanden hatten diese stolzen Stammesführer über die Jahrhunderte gefürchtet, doch gemeinsam schafften es die pakistanische Armee und die Extremisten, sie im eigenen Haus zu entmachten.

In den Stammesgebieten wird sich entscheiden, ob sich die Terroristen in der Region dauerhaft halten können. Für die Maliks und die Bevölkerung geht es um die Frage, ob sie stark genug sein werden, sich irgendwann wieder gegen die Besatzung der fanatischen Fremden und der lokalen Extremisten zu behaupten. Mittelfristig werden die FATA jedoch ein Refugium des Terrors bleiben, jedenfalls solange es der Regierung nicht gelingt, das vernachlässigte Gebiet durch den massiven Aufbau von Infrastruktur und den Anschluss an den Zentralstaat aus seiner Isolation zu holen.

Um den Konflikt nicht weiter eskalieren zu lassen, hatte die Armee im September 2006 mit Stammesangehörigen, die als Handlanger der al-Qaida fungierten, ein aufsehenerregendes Waffenstillstandsabkommen geschlossen. In dem Vertrag verpflichtete sich das Militär, in Nord-Waziristan keine Luft- und Bodenoffensiven mehr zu starten und ihre Checkpoints abzuziehen. Umgekehrt versicherten die Neo-Taliban, die Infiltration der Kämpfer nach Afghanistan zu stoppen und die al-Qaida-Kämpfer entweder abzuschieben oder sie zu einem friedlichen Zusammenleben zu bewegen.

Vorübergehend hatte der Handel die Lage beruhigt. Er rettete zunächst vor allem die pakistanische Armee vor weiteren schweren Verlusten. Die Gefechte zwischen den Parteien wurden seltener. Doch die aus den Stammesgebieten heraus verübten Attacken gegen das Nachbarland Afghanistan und die westlichen Alliierten vervielfachten sich. Kritiker, allen voran die USA, reklamierten, dass den Terroristen damit erneut ein Schutz- und Ruheraum verschafft wurde, zudem noch staatlich legitimiert.

Der zweifelhafte Vertrag ist längst obsolet. Die Extremisten beanspruchen weiterhin die Führungshoheit und terrorisieren die Bevölkerung mit ihrer steinzeitlichen Auslegung der Gesetze des Islam. Wo sich ihnen die pakistanische Armee entgegenstellt, erleiden die Soldaten hohe Verluste und weichen deshalb oft genug zurück. Dann rücken die Taliban einfach nach.

An den Rändern der Stammesgebiete schwappt die Talibanisierung bereits auf das Herzland Pakistans über. Das malerische Swat-Tal, ein ehemaliges Touristenparadies, wird inzwischen wie Waziristan von militanten Islamisten dominiert. Im Februar 2009 unterzeichnete die Regierung der Nordwest-Grenzprovinz dort ein weiteres, äußerst bedenkliches Waffenstillstandsabkommen. Danach greifen die Taliban die pakistanischen Sicherheitskräfte nicht mehr an, wenn sie im Gegenzug ihre Rechtsauffassung in allen Lebensbereichen durchsetzen können. Der Staat hat kapituliert.

Vielversprechender als ein verschleißender Krieg gegen die vielfach miteinander vereinten Extremisten ist womöglich eine Strategie, wie sie der Divisionskommandeur in Mir Ali, Khalil Rahman, andeutet. Irgendwie schafften es seine Offiziere, ein paar Militante, gegen die sie gerade noch erbittert gekämpft hatten, dazu zu bewegen, selbst gegen die Foreign Fighters vorzugehen. Manche Waziris machen nun tatsächlich Jagd auf die Verbündeten Osama Bin Ladens, vor allem auf die rund tausend Usbeken, die zur Islamischen Bewegung Usbekistan von Tahir Juldashew gehören.

Offizielle Begründung bei den Stämmen ist, die Usbeken benähmen sich unislamisch, hurten und seien in kriminelle Machenschaften verwickelt. Ein weiterer Grund dürfte konkreter sein: Kopfgeld, das die Armee inoffiziell für jeden verhafteten oder getöteten Terroristen bezahlen soll.

Mit legalen Geschäften kommt in dieser hoffnungslosen Gegend niemand weit, und für gutes »Cash« tun die Panther und Wölfe einiges, weiß Divisionskommandeur Khalil Rahman auf dem Militärstützpunkt von Mir Ali.

»Noch einen Tee?«, fragt er, wieder in bestem Deutsch.

6
Rückkehr der Gotteskrieger

Der Garten des Stammesfürsten Haji Agha Lalay liegt wie eine verborgene Oase hinter dem Basar von Kandahar. Auf dem Weg hängen Schafhälften am Fleischerhaken unter offenem Himmel, ein Zitronenhändler hofft auf Kundschaft. Aus einer Kebab-Bude steigt Ölrauch auf, und daneben hämmert ein Junge in einer Autowerkstatt auf ein Stück Blech ein. Ganz still ist es dagegen im Garten von Haji Agha Lalay. Die Rosen blühen in hellem Gelb und Weiß, und ein Aprikosenbaum wirft Schatten auf die Terrasse, wo ein paar Männer seit Stunden auf eine Audienz warten. Sie trinken gesüßten Chai Sabz, grünen Tee, palavern, und verstummen sofort, als der Clanchef der Alikozai durch die Tür tritt. Die Männer verneigen sich.

Der Stammesführer Agha Lalay ist in seinen frühen Vierzigern und seit dem Fall der Taliban einer der einflussreichsten Akteure in der alten Königsstadt. Er ist der Schlichter, wenn sich die Clans von Kandahar befehden, und gleichzeitig so etwas wie der Vermittler zwischen der neuen Regierung in Kabul und den alten Machthabern, den Taliban.

Im Auftrag des afghanischen Präsidenten Hamid Karzai offeriert Agha Lalay Überläufern der militanten Koranschüler Straffreiheit und die Rückkehr in die zivile Gesellschaft. Seine Arbeit ist ein Minenfeld, denn leicht lassen sich die Gotteskrieger ihre Getreuen nicht entreißen. »Kollaborateuren«, die mit der Regierung und den Kofar, den Ungläubigen, zusammenarbeiten, schneiden sie bei lebendigem Leib die Kehle durch.

Agha Lalays Büro ist mit der violetten Sitzgarnitur, einem Kühlschrank und Ventilatoren für afghanische Verhältnisse vergleichsweise luxuriös ausgestattet. »Die ganz großen Taliban wie Mullah Omar werden vom Geheimdienst in Pakistan beherbergt«, sagt Agha Lalay, das sei für ihn »so sicher, wie die Sonne morgen wieder aufgeht«. Aber es gebe auch Mitläufer unter den Koranschülern, »die will ich integrieren«. Viele dieser Männer kämpften nicht freiwillig, fügt der Stammesfürst hinzu.

Kandahar ist nach dem Fall der Taliban immer ein unsicheres Pflaster geblieben. Die Gotteskrieger waren nie wirklich fort. Ihre Führungskader hatten sich abgesetzt, die Waffen waren niedergelegt. Doch nicht wenige der niedrigeren Ränge wechselten lediglich die Farbe ihres Turbans und warteten als Schafhirten oder Tomatenverkäufer auf bessere Zeiten.

Inzwischen haben die Taliban ihre Kommandostruktur reorganisiert, die Reihen der islamistischen Kämpfer sind wieder gefüllt, die Waffenlager strotzen vor moderner Munition und Gewehren. Eine neue, jüngere Generation von selbst ernannten Gotteskriegern unter alter Führung ist auf dem Vormarsch, unterstützt von einer internationalen Terrorallianz: die Neo-Taliban.

Die Gotteskrieger, die heute gegen die westliche Allianz kämpfen, gehen gezielt dorthin, wo die internationale Präsenz so gut wie nicht vorhanden ist. Sie sickern über die Dörfer ein, zwingen nicht selten die Landbevölkerung auf ihre Seite und verschanzen sich in ihren Häusern. So okkupieren sie in Südafghanistan Distrikt für Distrikt.

US-Flugzeuge bombardieren die Taliban-Verstecke aus der Luft und versuchen, deren Kommandeure auszuschalten. Dabei treffen sie oft genug auch Zivilisten, die zwischen die Fronten geraten. Dies ist kein klassischer Krieg, wie der afghanische Präsident Hamid Karzai immer wieder betont, vor allem um die Nationen, die ihn im Ausland unterstützen, bei der Stange zu halten. Die gegnerischen Verbände stehen sich hier selten auf dem Boden gegenüber. Sicher ist dies jedoch ein grausamer Guerillakampf, der sehr lange dauern könnte.

Seit Herbst 2006 ist der Konflikt auch nach Kandahar-City gekommen. Die Nato-Soldaten patrouillieren dort mit gepanzerten

Fahrzeugen, und solange das so ist, können die Taliban die Stadt nicht zurückerobern. Die militanten Koranschüler terrorisieren die Bevölkerung jedoch mit Drohungen und Attentaten. Sie töten Landräte, Verwaltungsangestellte, Geistliche und Richter, die für Karzais Administration arbeiten, oder ermorden die Mitarbeiter internationaler Organisationen.

Safia Amajan war die Frauenbeauftragte von Kandahar. Sie war mutig und klug. Sie hatte nicht einmal den konservativsten unter den Stammesfürsten Anlass zur Kritik gegeben. Stets hielt sich die ehemalige Schulleiterin an die Traditionen der Paschtunen und die Gesetze des Islam. Dabei gab sie etwa bei Ehestreitigkeiten, bei denen Frauen fast immer unterliegen, auch einmal den Männern Recht, um später für die Frauen wenigstens einen Kompromiss zu erreichen.

Am 25. September 2006 verließ sie kurz nach sieben Uhr ihr Haus im Westen der Stadt, um zum Frauenzentrum zu fahren. Wie immer wollte die fünfundsechzigjährige Beamtin ein Taxi nehmen, weil ihr dies am unauffälligsten erschien. Ihre Mörder lauerten ihr jedoch bereits an der nächsten Straßenecke auf, zwei Männer auf einem Motorrad. Einer feuerte vier Schüsse aus einer Pistole ab. Er traf Amajan in den Kopf, sie war sofort tot.

Ihr Mann fand sie blutend auf der Straße liegen. Kurz darauf meldete sich ein Taliban-Sprecher bei der Nachrichtenagentur Reuters und bekannte sich zu dem Mord. In einem nächtlichen Drohbrief, einem sogenannten *shab nahma*, der eines Morgens in den Straßen des Mahruf-Distrikts im Osten der Stadt lag, hieß es: »Die Feinde jagen unsere Führer, wir töten ihre Unterstützer.«

Irgendwie hat es Haji Agha Lalay dennoch geschafft, in seinem Büro in der Nebenstraße hinter dem Basar so etwas wie eine neutrale Zone inmitten aller Gewalt zu errichten. Der Clanchef ist mit fast zwei Metern auffallend groß, er hat schwarze Augenbrauen, die übergangslos ineinander wuchern, sein Bart ist kräftig, seine griechische Nase dominant. Lalays grauer Seidenturban ist dreimal um den Kopf gewunden, das Ende fällt elegant auf sein blütenweißes Hemd herab. Viel haben er und die Regierung den Taliban-Überläufern

Die grausamsten Kommandeure genießen Heldenstatus: Taliban-Kämpfer im Feld

nicht zu bieten, eine Unterkunft, etwas Geld, ein bisschen Schutz. Das Aussteigerprogramm ist viel zu mager ausgestattet, um wirklich Anreize zu bieten. In Kandahar unterzutauchen, ist auf Dauer auch eigentlich unmöglich. Die Clans sind riesige Familien, jeder kennt hier jeden.

Agha Lalay kramt ein Mobilfunktelefon, das schon eine ganze Weile klingelt, aus der Innentasche seiner Weste. Am anderen Ende ist ein Taliban-Kommandeur. Lalay begrüßt ihn, sie tauschen Höflichkeiten aus. Es ist ein alter Bekannter.

Der Chef einer Taliban-Einheit will mit ihm verhandeln, wann er die Leichen seiner gefallenen Brüder aus einem Dorf im nahen Panjwai-Distrikt bergen kann. Amerikanische Bomber hatten am Vortag mehrere der militanten Koranschüler durch Luftschläge getötet. Zwischen den Nato-Soldaten und den Gotteskriegern kommt es regelmäßig zu blutigen Scharmützeln, seit die Nato im Sommer 2006 weitflächig in die südlichen Provinzen gegangen ist. Nun soll Haji Agha Lalay mit den feindlichen Militärs aus dem

Ausland sprechen und den sicheren Abtransport der Leichen koordinieren.

Der Stammesführer der Alikozai steht loyal zur neuen Regierung in Kabul, ein Demokrat im westlichen Sinne ist er sicher nicht. Agha Lalay ist tief gläubig, er war auf Pilgerfahrt in Mekka, auf der Haj, weshalb er sich »Haji« nennen darf. Der Clanchef hält an den afghanischen Traditionen fest und würde es nicht schätzen, wenn sich die Dinge hier in Kandahar plötzlich wesentlich veränderten. Die Region benötigt wirtschaftlichen Aufschwung, Arbeitsplätze müssten entstehen, insofern unterstützt er den Fortschritt. Die Stammeskultur sollte dabei jedoch möglichst unangetastet bleiben.

Die arrangierte Ehe ist für Agha Lalay eine sinnvolle Einrichtung, wie auch die Burka, die vor allem ein Schutz für die Frauen sei. Zumindest solange die politischen Verhältnisse fragil sind, sollten sie ihr Gesicht auf der Straße vor den Blicken anderer verbergen. Eine individualisierte Gesellschaft, in der jeder tut, was er für richtig hält, und nur für sich selbst entscheidet, ist so ziemlich das Gegenteil von dem, was der paschtunische Patriarch für die Zukunft erhofft.

Die militanten Koranschüler hat er dennoch nie gemocht. Ihre rigiden Verbote konnten einem schon das Leben vergällen: Musik zu hören oder zu spielen, war nicht erlaubt. Dabei besitzen die Afghanen einen reichen Schatz einmaliger Melodien, die sie ihren Saiteninstrumenten, der Tambur oder der Robab, entlocken und die bei keiner Hochzeit oder Feier fehlen dürfen.

Das unter Kindern sehr beliebte Drachensteigen war untersagt, es durften keine Fotos von Menschen und Tieren gezeigt werden. Deshalb gibt es nur Schnappschüsse, aber kein offizielles Bild des einäugigen Taliban-Chefs Mullah Omar. Männer ohne Bart wurden auf der Straße verhaftet. Karten spielen, Radio hören und fernsehen fielen unter den Sündenkatalog wie lackierte Fingernägel und hohe Absätze. »Dieben werden die Hände und Füße abgeschlagen, Ehebrecher werden zu Tode gesteinigt, und das Trinken von Alkohol wird mit Peitschenhieben geahndet«, hatten die militanten Koranschüler nach der Machtergreifung in der afghanischen Hauptstadt über Radio Kabul angekündigt. Die islamischen Gesetze in Afghanistan waren die schärfste Auslegung der Scharia in der gesamten muslimischen Welt.

Für den Widerstand der Stammesoberen gegen das Taliban-Regime war jedoch entscheidend, dass die Koranschüler die traditionelle Führungsstruktur der Stämme untergruben. Systematisch hatten die Extremisten moderate Kleriker entfernt und stattdessen ihre eigenen Mullahs installiert.

Die radikalen Geistlichen mit ihrer strengen Auslegung des Korans waren fortan letzte Autorität in allen gesellschaftlichen und politischen Belangen. Das stellte die traditionelle Hierarchie der Stämme infrage.

Als die Taliban am 5. November 1994 Kandahar eroberten, ist Agha Lalay dennoch geblieben. Er verzichtete auf ein hohes Amt und zog sich ins Privatleben zurück. Am Ende hatte er alle Wechsel und Wenden überstanden, ohne sich dabei selbst mit Blut zu besudeln. Dafür wird er heute von Freunden wie Feinden gleichermaßen respektiert.

Jetzt führt Agha Lalay noch ein paar Telefonate, er spricht mit Kommandeuren der Afghanischen Nationalarmee, die gemeinsam mit den internationalen Militärs im Panjwai-Distrikt operieren. Noch am selben Tag können die Taliban ihre Toten unbehelligt aus der Kampfzone bergen und beerdigen.

Kandahar ist die Heimat von Staatspräsident Hamid Karzai. Das Dorf, in dem er die ersten Jahre seines Lebens verbrachte, Karz, liegt kaum zehn Kilometer vom Zentrum entfernt. Bis Dezember 2001 war die zweitgrößte Stadt Afghanistans jedoch auch der Herrschersitz von Taliban-Führer Mullah Omar. Hier hatte sich der Gründer der radikalislamischen Studentenbewegung am 4. April 1996 zum »Amir al-Muminin«, zum »Befehlshaber der Gläubigen«, krönen lassen.

Vor den Augen von über tausend Moscheebesuchern und Geistlichen erschien er auf dem Dach eines hohen Gebäudes mit dem Umhang des Propheten, der zuletzt vor sechzig Jahren aus dem Schrein der prachtvollen Kherqa-e-Sharif-Moschee genommen worden war, und warf sich dort das heilige Kleid über. Damit demonstrierte er seinen Anspruch auf die Führungsrolle. Die versammelten Mullahs applaudierten, fortan war Mullah Omar der »Emir von Afghanistan«.

Von seinem Palast am Rande der Stadt, einem erstaunlich modernen Betonbunker mit pinkfarbenen Badezimmerarmaturen und voller kitschiger Wandmalereien mit Bergen und Palmen, steuerte Mullah Omar fortan den Krieg gegen die Nordallianz, kassierte Zölle und wachte über die religiösen Sitten seines Reichs. Gut fünf Jahre hielt sein Gottesstaat, dann ging er im Bombenhagel der Amerikaner unter. Doch bis heute betrachten die Koranschüler Kandahar als das spirituelle Zentrum ihrer Bewegung.

Die Stadt befindet sich am südlichen Scheitelpunkt der sogenannten Ring Road, die Kabul mit dem westlichen Herat und Iran verbindet, östlich führt der Bolan-Pass nach Sindh und zum Arabischen Meer. Die 35 000-Einwohner-Siedlung besteht vor allem aus Lehmbauten, es gibt einen verwinkelten Basar mit maurischen Bögen und Türmchen und vielen kleinen Moscheen. Kandahar liegt 450 Kilometer entfernt von der afghanischen Kapitale und nur achtzig Kilometer von der Grenze zu Pakistan.

Auch wegen ihrer zahllosen Kulturstätten hat die alte Handelsstadt höchsten symbolischen Wert: Hier ist das Grabmal des Gründers des modernen Afghanistans und ersten afghanischen Königs, Ahmed Schah Durrani, und das Mausoleum des Volkshelden Mirwais, eines Paschtunen aus dem Stamm der Ghilzai, der Kandahar Anfang des 18. Jahrhunderts von der Herrschaft der persischen Safaviden befreite.

Wer Kandahar besitzt, dominiert das halbe Land, heißt es in Afghanistan, weshalb viele Strategen glauben, dass das Schicksal am Hindukusch militärisch im Süden entschieden wird, genauer gesagt im Panjwai-Distrikt. Seit jeher gilt Panjwai als Einfallstor in die Herzstadt der Paschtunen.

Die Sowjets hatten an diesem neuralgischen Punkt während ihrer Besatzungszeit in den Achtzigerjahren ganze Bataillone aufgerieben, als sie die Stadt gegen die Mudschahidin verteidigten. Und die Nato schlug ihre erste große Bodenschlacht in Afghanistan nicht zufällig ausgerechnet in Panjwai.

Im Büro von Agha Lalay sitzt ein Mann mit weitem Hemd auf dem violetten Sofa. Um die Schulter hat er einen leichten Wollschal geworfen, den Patou, der hier wahlweise Pullover, Betteppich oder Gepäcknetz ersetzt. Dunkles Haar quillt unter seinem bestickten Käppchen hervor, der Blick ist stumpf, wie der eines Mannes, der mit vielem abgeschlossen hat. Mullah Bashir Yusuf* kämpfte über zehn Jahre bei den Taliban. Zuletzt war er einer derjenigen Kommandeure, die im Süden seit 2003 Terroranschläge gegen die afghanische Polizei und die gerade neu aufgestellte Armee verübten. Er ließ Mädchenschulen abbrennen und verborgene Sprengsätze auf die Straße legen, um damit Regierungsmitglieder zu töten. Von seiner Stellung in den Bergen von Kalat in der Provinz Zabul jagten seine Kämpfer das Personal der jungen Demokratie von Hamid Karzai. »Wir waren sehr effektiv«, sagt Mullah Bashir Yusuf.

Im Sommer 2006 ist er ausgestiegen. Der Druck der Taliban auf die Kommandeure sei unerträglich geworden. »Sie forderten, dass wir immer mehr Operationen ausführen sollten«, berichtet Yusuf. »Schließlich ging es nicht mehr nur darum, Regierungsleute umzubringen, wir sollten auch unsere eigenen Stammesältesten töten. Als wir uns weigerten, stellten sie uns ein Ultimatum.«

Schließlich traf sich Yusuf mit Haji Agha Lalay. Seither ist er im »Versöhnungsprogramm« der afghanischen Regierung. Heute lebt der Achtundvierzigjährige in einem sogenannten Safehouse bei Kandahar, einem speziell gesicherten Anwesen. Doch die Taliban haben längst herausgefunden, wo er ist. »Sie versuchen, alle Überläufer zu töten«, flüstert Yusuf.

Vor wenigen Tagen ermordeten die Koranschüler Yusufs Freund Salam. Auch er war ein Aussteiger. Gemeinsam fuhren sie auf einem Motorrad durch die Stadt, Salam auf dem Sozius. Die Taliban kamen mit ihrem Motorrad heran und feuerten im Vorbeifahren mit einer Kalaschnikow auf sie. Salam starb, Yusuf konnte entkommen.

Als die Taliban-Hochburg Kandahar in den ersten Dezembertagen 2001 fiel, waren damals Tausende Koranschüler in der Stadt

* Name wurde aus Sicherheitsgründen geändert.

eingeschlossen. Der designierte Interimsregent Hamid Karzai hatte den geschlagenen Gotteskriegern überraschend freies Geleit in ihre Heimatdörfer zugesagt. Sogar Mullah Omar sollte straffrei bleiben, wenn er »öffentlich dem Terror abschwört«. Der »Befehlshaber der Gläubigen« hatte jedoch längst die Flucht dem süßen Märtyrertod oder der Kapitulation vorgezogen und war samt seiner Entourage entkommen.

Der Krieger Mullah Bashir Yusuf kämpfte damals mit seiner Einheit im Norden und war nach der dortigen Niederlage vor der vorrückenden Nordallianz nach Kandahar geflüchtet. Yusuf ging zurück in sein Haus nach Taloqan, einem Dorf im Panjwai-Distrikt. Dort leben auch seine Frau und seine Kinder. »Ich wollte nur noch untertauchen«, erzählt er.

Anfangs verlief das neue Leben von Mullah Bashir Yusuf ruhig. Die hohen Taliban-Kader hatten sich ins pakistanische Grenzgebiet zurückgezogen, und ihr Fußvolk unternahm ohnehin nichts ohne die Führung.

In Kabul formierte sich die neue Regierung, die internationale Schutztruppe Isaf stationierte ihre Soldaten. Die Amerikaner bauten militärische Basen in Bagram und Kandahar zu Hightech-Städten aus und holten immer mehr Fluggerät und Personal ins Land. Die Überlegenheit der westlichen Allianz schien unüberwindbar – und die Taliban endgültig geschlagen. Drohungen alter Mudschahidin, wie die des damaligen Taliban-Armeechefs Jalaluddin Haqqani, taten die neuen Regenten Kabuls als Schlussakkord einer untergehenden Zeit ab: »Wir glauben nicht an die Überlegenheit der Waffen, sondern sind bereit, unser Leben für den Islam und unser Vaterland zu opfern. Wir werden die Amerikaner sehr lange beschäftigt halten«, kündigte der Paschtune damals aus seinem Versteck in der Provinz Paktia an.

Wenige kennen Geist und Führungsstruktur der Gotteskrieger so gut wie der ehemalige Chef des pakistanischen Militärgeheimdienstes Interservices Intelligences (ISI) Hamid Gul. Der ISI hatte die Taliban einst mit aufgebaut und bei ihrem Siegeszug auf Kabul unterstützt. Noch während des Krieges, im November 2001, wusste

Pensionär Gul, wie die künftige Strategie der Koranschüler aussehen würde: »Sie beginnen einen Guerillakrieg und behalten Zellen in allen von den Amerikanern und ihren Alliierten besetzten Städten. Die Taliban setzen ihre Angriffe fort und schaffen ein Dauerproblem für die Regierung, egal, welche das sein wird.«

Ab 2003 häuften sich dann Geheimdienstberichte über Treffen der Islamistenfront in Quetta, der Hauptstadt der pakistanischen Provinz Belutschistan, die nur wenige Autostunden entfernt von Kandahar liegt. Dort schmiedeten Vertraute von Mullah Omar und Vertreter von al-Qaida ein breites Bündnis. Mit von der Partie waren auch Gesandte des Terrorfürsten Gulbuddin Hekmatjar und andere Alt-Mudschahidin, die schon im Krieg gegen die Sowjetunion gekämpft hatten.

Die neue Terrorkoalition besteht heute aus einer ganzen Reihe von Gruppen, die bis dahin nur lose zusammengearbeitet haben oder sich sogar bekämpften. So waren Hekmatjar und Mullah Omar in den Neunzigerjahren noch Todfeinde gewesen. Nun einte der höhere Zweck die beiden: Der Fundamentalist Hekmatjar verfügt mit seiner Partei Hisb-i-Islami noch immer über ein funktionierendes Netzwerk, das Bombenanschläge und Selbstmordattentate verüben kann. Aus dem Südosten des Landes stieß außerdem der mächtige Alt-Dschihadi Jalaluddin Haqqani hinzu, der seit der US-Invasion aus dem pakistanischen Waziristan operierte. Haqqani wurde von den Amerikanern jahrelang steckbrieflich gesucht. In den Städten Khost und Gardez hingen zu seiner Ergreifung zahllose Fahndungsplakate aus, inklusive einer Internetadresse des US-Hauptquartiers, an die sich der Informant bitte wenden soll. Sie zeigten Haqqani mit langem, weißen Bart und Turban vor himmelblauem Hintergrund.

Der ausgefuchste Mudschahid Haqqani war vor Jahren Taliban-Minister gewesen, und zeitweise führte er sogar ihre Truppen, doch hatte er bis dahin nie zum harten Kern der Koranschüler gehört. Der Kriegerfürst aus Paktia und sein Sohn Siraj kamen nun jedoch mit den Taliban und al-Qaida überein, unter einem gemeinsamen Schirm den Widerstand im Osten zu organisieren.

Das Konzept der Vernetzung regionaler und internationaler Terrorverbände stammt von Osama Bin Ladens Stellvertreter, Aiman al-Sawahiri. Der ägyptische Arzt arbeitet schon lange an einer weltumspannenden Intifada, die sich von Afghanistan ausbreiten soll.

Es dauerte eine Weile, bis Mullah Omar die alten Mudschahidin und die ausländischen Kämpfer nach dem Zusammenbruch der Taliban-Regierung mit seinem Führungskader verbunden hatte. Die von al-Qaida geführten Foreign Fighters leben in den pakistanischen Stammesgebieten. Die meisten von ihnen sind Araber, doch befinden sich darunter auch Gotteskrieger der Islamischen Bewegung Usbekistans sowie Muslime der Ostturkistan Befreiungsorganisation und der Ostturkistan Islamischen Bewegung, außerdem Hunderte von Tschetschenen, muslimische Chinesen, Bangladescher und einige Afrikaner.

Einer der Hauptkoordinatoren für diese Aufgabe war ein Vertrauter Mullah Omars, Mullah Mahmood Allah Haqyar. Der ausgewiesene Experte für die Guerillakriegskunst spricht fließend Englisch und Arabisch und hatte längere Zeit mit einer islamistischen Terrorgruppe im Nordirak trainiert. Haqyar gilt als einer der höchstrangigen Verbindungsoffiziere zwischen den Koranschülern und den Arabern.

In einem Interview mit der Online-Zeitung *Asia Times* im Oktober 2006 beschrieb er eindrucksvoll die neue Verbindung zwischen Taliban und dem internationalen Terrorismus: »Ursprünglich waren wir eine lokale Bewegung, aber jetzt sind wir mit Widerstandsgruppen im Irak und anderswo verbunden, in Absprache mit allen Widerstandsbewegungen der muslimischen Welt. Wir und Bin Laden und al-Sawahiri sind Verbündete und helfen uns gegenseitig im Rahmen einer großen Strategie. Wo immer Gotteskrieger auf die Kräfte des Bösen treffen, haben arabische Mudschahidin, al-Qaida und ihre Führer eine Schlüsselrolle. Osama Bin Laden und al-Sawahiri sind in Afghanistan sehr wichtig für die Taliban-Bewegung.«

Fernziel der militanten Islamisten ist das Kalifat, das alle muslimischen Fraktionen zur »Umma« (»Gemeinschaft«) verbindet. Der Traum von der erdumspannenden Islamisten-Gemeinde wird den

Kämpfern stets vor Augen geführt. Es ist jene Vision, die alle eint und für die es sich notfalls auch zu sterben lohnt: Demnach wird die Supermacht Amerika in einem langen Abnutzungskrieg im Irak und in Afghanistan zermürbt werden.

Als Vorbild dient der über neun Jahre währende Dschihad gegen die Sowjets in den Achtzigerjahren, der über 15 000 Russen und Verbündete das Leben kostete und ein Vielfaches an Verletzten forderte. Bis heute hält sich bei den Afghanen die Legende, dieser – auch auf ihrer Seite – sehr opferreiche Krieg sei der Anfang vom Ende der Sowjetunion und des Kalten Krieges gewesen. Auch die Neo-Taliban rechnen damit, dass bald ähnlich wie damals in der Sowjetunion die US-Wirtschaft unter den anhaltenden Konflikten leiden wird, in deren Folge die Budgets des amerikanischen Verteidigungshaushalts gekürzt werden und sich die Amerikaner nicht nur aus Afghanistan, sondern irgendwann auch aus dem Nahen Osten zurückziehen.

Vor dem Bürgerkrieg war der Vielvölkerstaat am Hindukusch ein relativ tolerantes, muslimisches Land gewesen. Fast alle alten Zivilisationen, darunter die der Turkvölker und der Perser, hatten den Hindukusch auf ihren Eroberungszügen durchkreuzt. Der Buddhismus war über Händler und Pilger nach Afghanistan gelangt und dann erst weiter nach China und Japan. Im 7. Jahrhundert nach Christus breitete sich plötzlich eine völlig neue Religion aus, die sich Islam nannte und schnell beliebt war, weil sie den Menschen Gleichheit und Gerechtigkeit versprach. Politischer Extremismus und Selbstmordattentäter waren in Afghanistan vor der Kriegsperiode der vergangenen drei Jahrzehnte so gut wie unbekannt, bis al-Qaida kam und auch hier begann, Anschläge zu verüben.

Eine der ersten Selbstmordattacken galt einem Bundeswehrbus am Morgen des 7. Juni 2003. Dabei starben vier Soldaten, die nach sechs Monaten Dienst auf ihrer Fahrt zum Flughafen in Richtung Heimat waren. Neunundzwanzig Männer wurden zum Teil schwer verletzt. Die Hintergründe sind auch heute noch nicht ganz geklärt. Vom Täter sprachen die Ermittler jedoch stets als von einem ausländischen, wahrscheinlich arabischen Terroristen.

Ein Jahr später hatte es schon drei Selbstmordattentate gegeben.

2005 waren es siebenundzwanzig, und 2006 über fünfmal so viele, insgesamt 139 Anschläge. Es gab viele Hunderte Opfer, die meisten von ihnen waren Zivilisten.

Mullah Omar widmete den »Schahids«, den Märtyrern im Heiligen Krieg, 2006 eigens ein vierzigseitiges Schriftwerk, berichten Vertraute. In diesem Konvolut legitimiert er die »Wunderwaffe« des Selbstmordattentats durch jede Menge Koranverse. Die Märtyrer werden darin zu »Omars Missiles« erhöht. Moderate muslimische Kleriker zitieren als Beleg für das Verbot der Selbsttötung dagegen zwar gern die Sure Al-Baqara (2:195): »… und stürzt euch nicht mit eigenen Händen ins Verderben und tut Gutes! Wahrlich, Allah liebt diejenigen, die Gutes tun.« Doch der Bann von Selbstmordanschlägen durch namhafte Geistliche konnte den mörderischen Trend in Afghanistan nicht stoppen.

In den Religionsschulen der pakistanischen Flüchtlingslager lehren islamistische Vorbeter seit über zwei Generationen eine verschärfte Auslegung des Deobandismus, eine Abwandlung der Lehren der sunnitischen Hanafiten. Ursprünglich war der Deobandismus die Religion unterdrückter Muslime im kolonialen Britisch-Indien, die in Bildung den Schlüssel zu einem neuen, modernen Islam erkannten. Von einem anspruchvollen politisch-religiösen Diskurs sind die Taliban jedoch Lichtjahre entfernt. Viele Prediger haben inzwischen auch den Geist der saudi-arabischen Wahhabiten und damit die Ideologie von einem globalen Dschihad adaptiert, wie sie Osama Bin Laden verbreitet. Der Terrorpapst wird in den pakistanischen Flüchtlingslagern wie ein Popstar verehrt.

Mullah Bashir Yusuf sitzt im Schneidersitz auf dem Sofa in Haji Agha Lalays Büro und zieht die Lasche einer Pepsi-Büchse auf. Mehr als sein halbes Leben hat er im Krieg verbracht. Erst kämpfte er gegen die Sowjets, dann im Bürgerkrieg, schließlich gegen die Nordallianz und nun gegen die Amerikaner und ihre Alliierten. Natürlich spiele die Religion eine große Rolle, sagt er, aber Krieg sei eben eine »Gemengelage«. Dabei gehe es immer um alles Mögliche gleichzeitig. Um Geld und Stammeszugehörigkeit, Ehre und manchmal einfach nur um den Krieg.

Yusuf nippt an der Pepsi und denkt nach. Es ist riskant, seine Geschichte zu erzählen, aber dann überwindet er sich doch. Zwei Jahre hatte er nach dem Fall der Taliban zu Hause gesessen und seine Felder bestellt. Schließlich schloss er sich den Koranschülern erneut an:

»Karzai hatte uns versichert, es würde uns nichts passieren. Eine Zeit lang war das auch gut gegangen. Im Frühjahr 2003 bekam ich dann Ärger mit der Polizei. Die wussten, dass ich in höherer Position bei den Taliban gekämpft hatte. Sie erschienen regelmäßig und verlangten Geld und Waffen. In Kandahar konnte ich nicht bleiben. Deshalb bin ich nach Quetta in Pakistan gegangen.

Offiziere des ISI haben sich dort sofort um mich gekümmert. Sie hatten ein Haus im Stadtteil Paschtunabad gemietet. Die meisten Kämpfer leben jetzt in so einem Haus. Wir wurden gut versorgt. Die Offiziere, die uns führten, trugen keine Uniform. Sie sagten, Ungläubige haben euer Land besetzt, es ist eure Pflicht, den Dschihad zu führen. Wir hatten keine große Wahl. Es hieß, entweder ihr kämpft in Afghanistan oder ihr geht ins Gefängnis. Wer nicht mitmachen wollte, wurde an die Amerikaner ausgeliefert. Das bedeutete Guantánamo. Seit die Amerikaner Präsident Pervez Musharraf drängen, auch gegen die Taliban vorzugehen, verhaften sie die kleinen Kommandeure und liefern sie aus, um Ergebnisse zu präsentieren. Wer kämpft, ist dagegen sicher. Viele machen nur mit, um nicht verhaftet zu werden.

Jeder militärische Führer bezahlt seine Leute selbst. Wenn ein Kämpfer nicht erscheint, bekommt er Druck. Es gibt etwa zwanzig verantwortliche Kommandeure. Jeder von ihnen hat ungefähr 500 Mann unter sich. Ich war der stellvertretende Kommandeur einer solchen Einheit. Insgesamt sind es bis Mitte 2006 etwas mehr als 10 000 Krieger gewesen.

Nachts wurden wir auf einen Pick-up verfrachtet, dann fuhren wir in die Berge von Belutschistan. Die Fahrt dauerte vier, fünf Stunden. Das Trainingslager war ein offenes Gelände mit Zelten, alles sehr einfach dort. Die Ausbilder zeigten uns, wie man Minen legt, Raketen abfeuert, sie schulten uns im Umgang mit Maschinengewehren und wie man mit Sprengstoff Bomben baut und Gebäude in die Luft jagt. Das Training dauerte zwanzig Tage, die Einsätze jeweils sechs Monate. Nachts wurden wir an die Grenze zu Afghanistan gefahren.

Wir passierten den pakistanischen Posten in Chaman. Das ging völlig problemlos. Dort sind ja alles Pakistaner. Ebenso einfach war es später beim Grenzübertritt nach Helmand. An der Grenze standen immer schon Motorräder für uns bereit, japanische Hondas. Unsere Basis war in den Bergen von Kalat. Wir führten unsere Operationen aus, dann zogen wir uns wieder ins Gebirge zurück. Wir hatten Mehl und backten unser eigenes Brot, davon haben wir uns ernährt.

Anfangs war die Bevölkerung gegen uns. Sie fragten: ›Warum kämpft ihr? Wir haben doch jetzt eine gute Regierung.‹ Später waren sie dann enttäuscht von Karzai und haben uns sogar unterstützt. Mit den Selbstmordattentaten hatte unsere Einheit nichts zu tun. Dafür gibt es eine eigene Abteilung. Mein Vorgesetzter hieß Mullah Brahimi. Ich fragte ihn: ›Warum machen wir das eigentlich?‹ Er sagte mir: ›Pakistan ist gegen die afghanische Regierung. Sie wollen eine andere Regierung, eine Regierung, die ihnen gewogen ist. Pakistan will die fremden Truppen schwächen. Und wenn sie schwach genug sind, akzeptieren sie die Wünsche Pakistans.‹

Letztes Jahr habe ich in Quetta Mullah Omar gesehen, das war im Mai 2006 in einer kleinen Moschee, in einem Gehöft in der Jinnah Road. Nur seine engsten Freunde waren da und natürlich die Leute vom Geheimdienst. Die Regierung behauptet, Mullah Omar sei nicht in Quetta. Aber das ist nicht wahr.«

Nachdem Yusuf geendet hat, streicht er den Patou zurecht. Seine Lage ist nicht sehr aussichtsreich. Kurz nachdem er als Kommandeur der Taliban ausgestiegen war, ist er im afghanischen Fernsehen aufgetreten. Er wollte Kameraden ermuntern, es ihm gleichzutun. Danach lag vor seinem Haus ein Brief, auf dem stand: »Verräter, wir töten dich.«

Ohne Zweifel sind die Kontakte zwischen Taliban und ISI auch heute noch eng, doch keineswegs sind die Koranschüler nur das willige Werkzeug des Geheimdienstes. Typisch für Afghanen: Die Koranschüler wehrten sich von Anfang an gegen Vereinnahmung, egal von welcher Seite. Durch ihre Herkunft, die afghanischen Flüchtlingslager, verfügten sie stets über beste Beziehungen zu staatlichen Institutionen und Parteien, Businessleuten, Schmugglern und islamischen Gruppierungen. Deshalb ist der ISI nur eine von mehreren Säulen, auf die sich die Taliban stützen können.

Die entscheidende Anschubfinanzierung für Mullah Omars Eroberungszug hatte die mächtige Transportmafia geleistet, die im pakistanisch-afghanischen Grenzgebiet operiert und deren reiche Akteure in Lahore, Karatschi und den Golfstaaten sitzen.

Die Gotteskrieger rollten das Land von Süden her auf, sie eliminierten die Warlords und kriminellen Wegelagerer, die überall kräftig abkassierten. Im Gegenzug konnten die Schmuggler ungehindert durch die Taliban-Gebiete reisen und ihre Waren – Elektrogeräte, Textilien, Autos, Lebensmittel – nach Afghanistan verkaufen, ohne unterwegs teure Zölle zu entrichten.

Anstatt bis zu 50 000 Rupien (rund 800 Dollar) pro Lkw, der von Peschawar nach Kabul fuhr, zahlten sie jetzt nur noch durchschnittlich 6000 Rupien. Nach der Einnahme von Kabul durch die Gotteskrieger 1996 öffneten sich den Händlern zudem Zugänge nach Norden und in den Westen nach Iran und in den Persischen Golf. Dies sind bis heute die wichtigen Schmuggelrouten, vor allem für die Drogen.

Die Opiummafia gehört überhaupt zu den wichtigsten Partnern der Taliban. Während ihrer Regentschaft hatten die Koranschüler den Anbau und Handel von Rauschgift zwar verboten, in den neuen Zeiten wurden die alten Prinzipien jedoch schnell über Bord geworfen. Inzwischen bieten die Taliban den Grundbesitzern und Bauern bewaffneten Schutz für ihre Mohnfelder, wofür sie umgekehrt einen Teil der Erträge erhalten. Die Drohung, dass die ausländischen Militärs bei ihrem Anti-Drogen-Kampf die Ernten armer Bauern vernichten, treibt den Taliban die meist bettelarme Bevölkerung massenhaft zu. Durch die Drogengelder beginnt die Bewegung nun von anderen Ressourcen zunehmend unabhängig zu werden.

Traditionell sorgen Spendeneintreiber zwischen Pakistan und

den Golfstaaten für regelmäßige Geldflüsse. Ein pakistanischer Journalist schilderte im Januar 2007, wie ein Talib in Karatschi in einem Hinterzimmer der feinen Wohnsiedlung Banaras Colony vor einer Gruppe reicher Geschäftsleute des paschtunischen Nurzai-Stammes um finanzielle Unterstützung bat, »für die Befreiung Afghanistans von den fremden Besatzern«.

Der Fundraiser hatte sich als Bashir Jalil vorgestellt und berichtete, wie die Mudschahidin an der Front standfest gegen die Supermacht Amerika kämpfen, »mit knapper Verpflegung und kaum etwas Warmem anzuziehen in den kalten Winternächten«. In weniger als einer Stunde sammelte Jalil rund 700 000 Rupien, etwa 9000 Euro. Zum Schluss bedankte er sich für die guten Taten: »Mit diesem Geld werden unsere Krieger im Panjwai-Distrikt sechs weitere Monate Widerstand leisten können.« Da hatte Jalil bereits einige Stationen in Karatschi und Lahore hinter sich.

All diese Bewegungen leitet der inzwischen achtundvierzigjährige »Befehlshaber der Gläubigen«, der kriegsversehrte Mullah Omar, aus seinem Versteck heraus, obgleich ihn kaum jemand je zu Gesicht bekommt. Regelmäßigen Zugang zu ihm soll nur sein Verteidigungsminister Obaidullah Akhund haben, der inzwischen jedoch als einer der wenigen Talibanführer von pakistanischen Sicherheitskräften unter Hausarrest gestellt wurde, und sein Schwager Mullah Birdai. Anweisungen für Feldkommandeure lässt der einäugige Armeechef in Form von Zetteln durch Kuriere überbringen, nicht zuletzt aus Angst, sein Telefon könnte abgehört und seine Position geortet werden.

2006 erstellte Omar einen neuen Kodex für seine militärischen Führer, die »Layeha«, zu deutsch: »Anordnung«. Dreißig Paragraphen regeln das Leben im Feld, etwa den Umgang mit Kriegsbeute (muss gerecht geteilt werden), Lehrern (werden geschlagen, müssen, wenn sie nicht aufhören zu unterrichten, getötet werden) und Spionen (müssen dem Distriktkommandeur vorgeführt werden). Der Heilige Krieger soll außerdem nicht rauchen, keine Zivilisten berauben und nicht der Knabenliebe frönen, »keine Jünglinge ohne Bartwuchs auf das Schlachtfeld oder in ... (seine) Privatgemächer«

nehmen. Sonst haben Mullah Omars Feldherren weitgehende Operationsfreiheit.

Blutrünstige Führer wie der kürzlich getötete Kommandeur von Südafghanistan, Mullah Dadullah Akhund, genießen Heldenstatus. Auf Mullah Dadullahs Konto gehen Massaker an Hunderten von Zivilisten. Die Unterkommandeure des einbeinigen Kandahari fürchteten seine Wutausbrüche, wenn er von einem Moment auf den anderen in düstere Stimmungen verfiel. Dadullah tötete angeblich jeden, der seine Befehle nicht sofort ausführte.

Im März 2007 presste der Militärkommandeur im Austausch gegen den von seinen Leuten gekidnappten italienischen Reporter Daniele Mastrogiacomo fünf hochrangige Kommandeure aus dem Hochsicherheitsgefängnis Pol-i-Charkhi bei Kabul frei. Den zurückgelassenen Mitarbeiter des Italieners, den afghanischen Journalisten Adjmal Naqshbandi, ließ er noch drei Wochen angstvoll hoffen. Dann schnitt er ihm die Kehle durch.

Am 11. Mai 2007 wurde Dadullah von Koalitionstruppen in der Provinz Helmand erschossen. Die von Schüssen durchsiebte Leiche der »Bestie«, wie ihn der Gouverneur von Kandahar, Assadullah Khalid, nannte, wurde öffentlich ausgestellt.

Ursprünglich waren die Koranschüler einmal eine fromme Studentenbewegung, die der »Sittenverderbnis« während des Bürgerkrieges entgegentreten wollte. Gemeint war damals die Brutalität der verlotterten Mudschahidin, die nach dem Sturz von Präsident Nadschibullah zu korrupten Warlords mutierten und deren ungezügelte Soldateska die Bevölkerung mit Raub, Mord und Vergewaltigung überzog. Viele Afghanen hatten damals den Vormarsch der frommen Paschtunen-Armee begrüßt. Es waren junge Männer, die sich selbst bescheiden »Taliban«, »Schüler«, nannten und sich damit bewusst absetzten von den verrohten Kriegsfürsten.

Die Gründungslegende der Taliban hat der pakistanische Autor Ahmed Rashid, der beste Kenner der Materie, einmal als die Geschichte eines Robin Hood und seiner Getreuen beschrieben: Mullah Omar, ein armer Bauernsohn aus Oruzgan, hatte 1994 in einer kleinen Koranschule in Singesar nahe Kandahar gelehrt.

Als er eines Tages im Frühjahr zu Hilfe gerufen wurde, weil ein örtlicher Kommandeur zwei Mädchen entführt und vergewaltigt hatte, teilte Omar Waffen an seine Koranschüler aus, eroberte die Stellung des Lokalkommandeurs und befreite die Mädchen. Den Vergewaltiger hängte er am Geschützrohr eines Panzers auf.

»Wir kämpften gegen Muslime, die auf dem falschen Weg sind«, erklärte Mullah Omar später den Dorfbewohnern: »Sollten wir etwa ruhig mit ansehen, wie direkt vor unseren Augen Verbrechen an Frauen und armen Leuten begangen werden?« Ein halbes Jahr später hatten sich ihm über 12 000 junge Gläubige angeschlossen. 1997 beherrschten die Taliban 90 Prozent des Landes.

Nach den Anschlägen vom 11. September 2001 stellten die Amerikaner den Taliban ein Ultimatum, den Terrorpaten Osama Bin Laden auszuliefern. Die Ulema, die Versammlung der Geistlichen in Afghanistan, legte dem hochrangigen Gast aus Saudi-Arabien die Ausreise nahe, überließ ihm jedoch die Entscheidung am Ende selbst. Das Paschtunwali, der Ehrenkodex der Paschtunen, hätte nie erlaubt, den Glaubensbruder zwangsweise an eine Nation der Kofar zu überstellen.

»Washington soll uns Beweise liefern, dann machen wir ihm einen ordentlichen Prozess mit Islamgelehrten aus drei Ländern«, schimpfte der »Emir von Afghanistan«, Mullah Omar, damals in einer saudischen Zeitung: »Unsere Sünde ist, einem unschuldigen, schutzlosen Muslim Asyl zu gewähren, dem es nicht erlaubt ist, auch nur eine Stunde in einem anderen Land zu verbringen.«

Der Krieg Ende 2001 forderte Tausende Opfer. Afghanen wurden durch Druckwellen der Bomben in ihren Lehmhäusern verschüttet, sie starben auf der Flucht vor Luftangriffen oder wurden getötet, weil sie sich zufällig in der Nähe eines militärischen Zieles aufhielten. Sie litten, aber sie begehrten nicht auf gegen die Eroberer aus dem Westen, die meisten hießen sie sogar willkommen.

Mehr als unter der Burka, den langen Bärten und dem Mangel an Musik hatten sie während der Taliban-Herrschaft nämlich unter ihrer schrecklichen Armut und der Dürre gelitten. Viele ihrer Kinder waren an Hunger und Durst gestorben. Nun hofften die Menschen endlich auf eine Besserung ihrer Lebensverhältnisse.

Fast sechs Jahre später sitzt der Stammeschef der Alikozai, Agha Lalay, in seinem Büro in Kandahar. Die Männer auf der Terrasse sind gegangen, er hat sie alle angehört. Sie haben ihm ihre Sorgen erzählt, dass sich die Taliban nachts in ihre Häuser schleichen und ihre Söhne als Kämpfer fordern, dass ihre Familien bei den Bombenangriffen sterben, dass ihre Weingärten und Ernteschober durch Panzerfahrzeuge zerstört werden und sie nicht mehr sicher sind, auf welche Seite sie sich schlagen sollen. Ob die Amerikaner und die Nato auch wirklich gewinnen? Agha Lalay meint, dass die Amerikaner weitermachen werden und sie die Taliban schon beseitigen und dass die Bauern für ihre Verluste an Menschenleben und verlorenen Ernten angemessen entschädigt werden müssen. Dann werde alles gut.

Der Taliban-Austeiger Mullah Bashir Yusuf steht neben ihm. Er ist ein bisschen nervös. Yusuf wirft sich den Patou über die Schulter, er sieht sich noch einmal um, bevor er den Blumengarten von Agha Lalay verlässt.

Dann verschwindet er hinter der Mauer in die Nacht.

7
Einer der guten Taliban

Im Gesicht des schwarzbärtigen Mullahs spiegeln sich Abscheu und Zorn, Kaskaden von Verwünschungen entspringen seinem Mund mit den blutroten Lippen. »Das Volk will die Regierung Karzai nicht, und es will auch nicht die Fremden hier in Afghanistan«, sagt Abdul Salam Saif, einst Sprecher der Taliban. Saif sitzt auf einem grauen Plüschsofa in einer Villa im Westen von Kabul. Vor dem Tor des Anwesens, das von einer hohen Lehmmauer umfriedet ist, wacht ein Polizeiposten, drinnen ein überaus wuchtiger Leibwächter.

Mit der gleichen Verachtung vor den Farangi, den Fremden, hatte der Geistliche Ende 2001 »Amerikas Genozid an meinem Volk« angeprangert. Damals stand der vormalige Verkehrsminister als Botschafter auf der Veranda der afghanischen Vertretung im pakistanischen Islamabad. Es war die Zeit nach den Terroranschlägen des 11. September, als die ins Mark getroffene westliche Supermacht Osama Bin Laden am Hindukusch suchte und das fundamentalistische Regime der Taliban in den Kollaps bombte. »Wir besitzen keine chemischen Waffen«, versicherte Mullah Saif in seinem melodischen, schwer verständlichen Englisch. »Unsere Moral ist höher als die aller Besitzer von Atombomben.« Da von dem geistlichen Oberhaupt der Gotteskrieger, dem einäugigen Mullah Omar, keinerlei Film- oder Fotoaufnahmen existierten, war Kabuls Mann in Islamabad international das bekannteste Gesicht der Schwarzturbanträger, gewiss auch einer der wenigen Gebildeten. Es gab verlockende Geldangebote von pakistanischer wie amerikanischer Seite, um Saif zur Abkehr von Mullah Omar und zur Gründung einer eigenen, moderaten Taliban-Partei zu bewegen. Der Mullah ließ sich auf Geheimverhandlungen in der Hoffnung ein, den Krieg und Sturz seiner Kampfgefährten vielleicht doch noch verhindern zu können. Aber zum Verrat war er nicht bereit, obwohl ihm das später viel Ärger erspart hätte.

Bin Laden entwischte seinen Häschern aus den umzingelten Höhlen von Tora Bora, Mullah Omar tauchte bei Kandahar unter. Von seinem Führer erbat sich Saif vor dessen Verschwinden telefonisch eine letzte Handlungsanweisung. Vergeblich. »Ich weiß auch nicht, was jetzt zu tun ist«, soll Mullah Omar gegrummelt haben: »Du musst jetzt selber entscheiden.«

Die Pakistaner nahmen Saif diese Entscheidung ab und überstellten ihn dem US-Militär. Das wollte in endlosen Befragungen von dem festgesetzten Diplomaten hauptsächlich zweierlei wissen: Wo steckt Osama Bin Laden, und wo verbirgt sich dessen afghanischer Freund und Schwiegersohn? Saif konnte diese Fragen nicht beantworten, »denn dies gehörte zu den letzten Geheimnissen des Sicherheitssystems, da war ich außen vor. Und heute weiß ich schon gar nichts.« Die Amerikaner witterten gleichwohl Obstruktion und ließen das ihren Häftling spüren – mit Prügel, Essensentzug und nächtlichem Strammstehen nackt im Schnee auf ihrem Stützpunkt Bagram. Es folgten dreieinhalb Jahre Guantánamo. »Wenigstens Elektrofolter blieb mir erspart«, spricht Saif wortkarg über diese Zeit.

Nach seiner Freilassung entschied sich der Geistliche, inzwischen fast vierzig Jahre alt, für die Rückkehr nach Kabul. Die Regierung Karzai versucht im Rahmen eines Aussöhnungsprogramms die sogenannten guten Taliban, Mitläufer und Pragmatiker von den Hardlinern zu trennen und mit hohen Posten zu ködern. Mullah Saif bezog mit seinen zwei Frauen und acht Kindern ein ansehnliches Gästehaus im staubigen Neubauviertel Khosh Halkhan, der sechzehnjährige Sohn wurde auf eine Religionsschule nach Pakistan geschickt. Gleich um die Ecke wohnt der ehemalige Außenminister der Taliban, Wakil Ahmed Muttawakil. Er empfahl Karzai, Gespräche mit allen Beteiligten des innerafghanischen Konflikts zu führen. »Die Taliban gehören zu diesem Land«, versicherte Karzai, »vernichtet werden müssen dagegen ausländische Extremisten, die unser Leben zerstören, unser Volk töten.«

Mullah Saif scheint die Erwartungen der derzeitigen Regenten Kabuls bislang nicht erfüllt zu haben, ihn umstellen Mauern des Misstrauens. »Ich werde vollständig überwacht, alles wird abgehört«, erläutert er die äußeren Begleitumstände eines Gesprächs in seiner Villa – was manche seiner Aussagen wohl relativiert. Etwa die, dass er zu den in den Südprovinzen wieder mobilen Gottesstreitern keinen Kontakt unterhalte. »Das würde mir hier schaden«, begründet der Geistliche solche Distanz. »Ich habe schon genug durchgemacht, und die wissen das.«

Keineswegs abgeschworen hat Abdul Salam Saif indes dem Glaubensbrevier seiner einstigen Gefährten, da bereut er nichts. Hände abhacken und öffentliche Hinrichtungen von Frauen im Fußballstadion? Warum nicht, wenn es sich um Diebe und Mörderinnen handele. Wen störe denn schon im Westen die Anwendung der Scharia im verbündeten Saudi-Arabien? »Heute haben wir bei uns keine Souveränität, keine Sicherheit, keine nationale Einheit und Stabilität«, doziert der Mullah mit eifernder Erregung. »Aber dafür haben wir Kriminalität, Korruption und Fremde in unserem Land, die sich wie Besatzer aufführen.« Das alles sei nicht gut für Afghanistan, lamentiert der Paschtune, und seine Kritik an den Farangi wird noch heftiger. Die Afghanen bräuchten keine importierte Demokratie, sie müssten das Recht erhalten, eigenständig über die ihnen gemäße Regierungs- und Gesellschaftsform zu bestimmen, lautet seine Forderung: »Die Mehrheit in unserem Land will das System des Islam; mit Gewalt werdet ihr hier nichts erreichen. Tausende sterben, wollt ihr denn das ganze Volk totschießen?«

Von der Rückkehr der Taliban an die Macht spricht der vormalige Diplomat lieber nicht, zumal er bei den islamistischen Hardlinern seinerzeit als liberales Weichei verrufen war. Genauso wenig plädiert Saif für den sofortigen Abzug der Nato-Truppen – vielleicht aus Furcht vor einer Neuauflage des Bürgerkriegs, der Anfang der Neunziger allein in Kabul über 50 000 Tote gefordert hatte. Unlängst war Saif mit Muttawakil und anderen »guten Taliban« zu Verhand-

»Unsere Moral ist höher als die aller Besitzer von Atombomben«: Ex-Taliban-Botschafter Mullah Saif

lungen bei Karzai. Es wurde fünf Stunden lang palavert, heraus kam nichts. Der Präsident ließ danach verlauten, er traue diesem Schwarzturban nicht. Gleichwohl machte er ihn im Herbst 2008 zum Mitglied einer Regierungsdelegation, die nach Mekka zu Friedenssondierungen mit Vertretern der Taliban pilgerte.

Saif wiederum sieht in Karzai einen »Gefangenen« der Amerikaner, der nicht frei handeln dürfe. Niemals würden sie ihm gestatten, etwa den Bogen zu spannen für eine Regierung der Nationalen Einheit unter Beteiligung der Leute von Mullah Omar oder des Kriegsherrn Hekmatjar. Nur eine von allen Kräften im Lande gestützte Einheitsregierung, davon ist Mullah Saif überzeugt, könne dem Westen bieten, was er wohl am meisten suche: »Die Garantie, dass von afghanischem Territorium nicht wieder terroristische Aktivitäten unterstützt werden.«

Und dann könnten die Farangi getrost das Land wieder verlassen.

8
Mullah Omars Pate

Am 23. Februar 1998, siebzehn Monate nach der Eroberung Kabuls durch die Taliban, hatte ein saudischer Scheich in seine Felsenfeste bei Khost ein großes Medienaufgebot geladen. Die pakistanischen Grenzbehörden hinderten die Presse- und TV-Vertreter, die meist aus islamischen Staaten stammten, nicht an dem mühseligen Trip hinüber in die zerklüftete Bergwelt Ostafghanistans. Hier, in dem Höhlenkomplex der Schluchten von Jaji, hatte der Scheich elf Jahre zuvor mit einigen arabischen Getreuen tagelang den Attacken russischer Spetsnaz-Eliteeinheiten widerstanden, war dabei verletzt worden und in letzter Minute gerade noch entkommen. Es war das Erweckungserlebnis gewesen für den Dschihadi Osama Abu Mohammed Bin Laden, damals dreißig Jahre alt.

Diesen Ort, der ihm bei den Mudschahidin das Ansehen eines bewährten Glaubensstreiters verschafft hatte, wählte der Scheich nun mit viel Sinn für Symbolik zur Proklamation eines weiteren Heiligen Kriegs. Den angereisten Journalisten präsentierte Bin Laden die neu formierte »Internationale Islamische Front für den Dschihad gegen Juden und Kreuzritter«, zu deren Partnern neben seiner eigenen Organisation al-Qaida militante Islamistengruppen aus Ägypten, Bangladesch, Pakistan und Kaschmir gehörten. Deren Führer unterzeichneten ein Manifest voll von antiamerikanischen Tiraden und Drohungen. »Seit mehr als sieben Jahren besetzen die USA Grund und Boden des Islam an den heiligsten Orten der arabischen Halbinsel, plündern seinen Reichtum, befehligen seine Herrscher, demütigen seine Bewohner, terrorisieren seine Nachbarn und machen ihre Militärbasen auf der Halbinsel zu einer Speerspitze, mit der die umliegenden muslimischen Völker bekämpft werden sollen.« Deshalb wird allen Muslimen das Recht zur Selbstwehr zugestanden und in einer Fatwa verkündet: »Der Entscheid, die Amerikaner und ihre Verbündeten zu töten und zu bekämpfen, Zivilisten wie Militärs, ist die Pflicht eines jeden Muslims, in jedem Land, in dem er dazu fähig ist.«

Es war eine Kampfansage an die gesamte westliche Welt und die mit ihr liierten Staaten, vor allem aber an die saudische Königsfamilie. Zugleich spiegelte die Agitation dieses Manifests die Erfahrungen, Verbitterungen und Demütigungen wider, die Bin Ladens eigenen Lebensweg bestimmt und ihn schließlich dazu gebracht hatten, im Gottesstaat des Mullah Omar Zuflucht zu suchen.

Die Familie Bin Laden war und ist dem Königshaus der Saudis eng verbunden. Der aus dem Jemen stammende Clanchef Mohammed hatte als Baulöwe mit Straßen-, Hotel- und Wohnprojekten sowie der Restaurierung der heiligen Städte Mekka und Medina ein Vermögen gemacht, König Faisal schätzte und förderte ihn besonders. Osama wurde 1957 geboren, er war Mohammeds siebzehnter Sohn von einer syrischen Frau aus einem reich bestückten Harem, der ihm insgesamt siebenundfünfzig Nachkommen bescherte. Während die meisten seiner Brüder auf Colleges in Großbritannien gingen und an den besten Hochschulen Amerikas studierten, um sich danach mit dem Jetstream in Florida oder Südspanien zu vergnügen, blieb Osama Bin Laden im Lande und besuchte in Dschidda die König-Abd-al-Azis-Universität. Hier traf er auf Professoren aus Ägypten und Jordanien mit islamistischem Credo und heimlichen Verbindungen zur extremistischen Muslimbruderschaft, einer Kaderpartei des politischen Islam. Zu den Dozenten, die den größten Einfluss auf den schlaksigen, jungen Scheich ausübten, zählte der Palästinenser Abdullah Azam, der spätere spirituelle Vater der Hamas-Bewegung. Ein anderer Lehrer, Mohammed Qutb, war der Bruder des 1966 von Gamal Abdel Nasser nach einem Attentatsversuch hingerichteten Islamisten Sajjid Qutb. Ein Studienaufenthalt in Colorado hatte ihn zum erbitterten Gegner des materialistischen, sexbesessenen Amerika werden lassen: »Die Menschheit heute lebt in einem Bordell. Man muss sich nur ihre Presse, Filme, Modenschauen, Schönheitswettbewerbe, Tanzhallen, Bars und Rundfunkstationen ansehen«, schrieb Qutb angewidert nach seiner Rückkehr. In der Gefängniszelle entstand ein Pamphlet, das Gewalt gegen Ungläubige rechtfertigte und den revolutionären Dschihad gegen muslimische Staatslenker forderte, die sich an unislamische Systeme wie den Kapitalismus oder Kommunismus anlehnten. Qutbs schriftliches Vermächtnis *Wegweiser* wurde zum Leitfaden der islamischen Radikalen von Marokko bis Malaysia und zum persönlichen Glaubensbrevier des Studenten Osama Bin Laden.

Nach dem Einmarsch der Sowjets am Hindukusch gehörten die Saudis zu den Hauptsponsoren der Mudschahidin im pakistanischen Grenzort Peschawar, um den Widerstand zu finanzieren. Dort hatte sich mit dem Islamgelehrten Abdurrab Rassul Sayyaf ein Eiferer ihres strengen wahhabitischen Glaubens niedergelassen, hier wirkte auch ihr anderer Favorit, der düstere Islamist Gulbuddin Hekmatjar. Zu beiden nahm Osama Bin Laden, inzwischen Geschäftsführer des Familienimperiums, Kontakt auf, als er 1982 sein erstes Ausbildungslager für muslimische Rekruten in Pakistan errichtete, Bulldozer und Baumaterial für Höhlenverstecke im Grenzgebiet importierte und Abnehmer für Waffenlieferungen suchte. Der gebildete, leise und vor allem reiche Scheich mit dem wallenden Bart war damals ständiger Gast bei Empfängen der saudischen Botschaft in Islamabad. Und er stand in engem Kontakt zum saudischen Geheimdienst, dessen Chef Prinz Turki Bin Faisal er oft traf. Beider Väter waren enge Freunde gewesen. »Er machte einen recht angenehmen Eindruck, war scheu, redete kaum«, erinnerte sich Turki an die seinerzeitigen Begegnungen, und das Urteil seines Stabschefs Achmed Badeeb über Osama lautete überschwänglich: »Wir kamen bestens mit ihm aus, er war unser Mann. Er tat, was wir von ihm wollten.«

Allerdings nicht mehr lange. Das Niederringen des gottlosen Sowjetkolosses am Hindukusch durch die Mudschahidin brachte Bin Laden zu der Überzeugung, dass keine Macht der Welt sich auf Dauer Glaubensstreitern widersetzen könne und dies auch für andere Gegner gelten werde. In dem nachfolgenden Bürgerkrieg der

Afghanen, der Zehntausende das Leben kostete, versuchte der Scheich auf Drängen von Prinz Turki zunächst zwischen den rivalisierenden Gruppen zu vermitteln, doch ohne Erfolg. Dann schlug er sich mit seinen arabischen Rekruten auf die Seite Hekmatjars, sehr zum Verdruss des vergleichsweise gemäßigten Tadschiken Ahmed Schah Massud, der nach seiner Vertreibung aus Kabul durch die Taliban zürnte: »Die Araber-Afghanen kämpften gegen uns. Wir werden sie auffordern, unser Land zu verlassen. Bin Laden richtet mehr Schaden an, als er Gutes tut.«

Gutes zu tun über Wohlfahrtsorganisationen versuchte der Scheich, nachdem er sich desillusioniert in seine Heimat zurückgezogen hatte, für die Veteranen seiner Afghanistankämpfer sowie für die Hinterbliebenen der Gefallenen. Als unverzeihlichen Verrat am Islam empfand er dann die Haltung des saudischen Königshauses, das im ersten Irakkrieg die amerikanischen Streitkräfte zu Hilfe rief und nach der Befreiung Kuweits vom Zugriff Saddam Husseins sogar die Stationierung eines größeren US-Kontingents auf saudischem Boden gestattete. In Bin Laden wuchs der islamistische Furor. Er knüpfte systematisch Kontakte zu anderen radikalen Muslimen von Algerien bis Tschetschenien, kreuzte kurz im umkämpften Bosnien auf und überwarf sich mit dem Großteil der saudischen Königsfamilie, die ihn zur Persona non grata erklären und ihm 1994 die Staatsbürgerschaft entziehen ließ. Da hatte der Verstoßene längst Obhut beim islamistischen Revolutionsführer Hassan Turabi im Sudan gefunden. Ihm auf den Fersen waren nun auch Agenten der CIA. Der amerikanische Geheimdienst bildete zu seiner Verfolgung eine Spezialeinheit mit dem Decknamen »Alex«, denn er sah in ihm »einen der bedeutendsten Finanzgeber für islamischen Extremismus in der Welt«. Es fehlte indes an Beweisen. Als schließlich der Sudan seine Bereitschaft signalisierte, den Scheich bei einer stichhaltigen Anklage auszuliefern, schreckten sowohl Ägypten wie Jordanien und selbst die Saudis davor zurück, ihn in ihrem Land vor Gericht zu stellen, was Präsident Bill Clinton immerhin verstand: »Für die war der Mann eine zu heiße Kartoffel, und wir kamen an ihn nicht ran, weil er uns bis dahin nichts getan hatte.«

Das sollte sich rasch ändern. Bin Laden spürte, dass die sudanesische Regierung ihn loswerden wollte und die Amerikaner entsprechend Druck ausübten. Alte Kontakte in Afghanistan wurden reaktiviert. Der oberste Stammesrat von Jalalabad, eine Enklave vorübergehender Ruhe in dem vom Bürgerkrieg aufgewühlten Land, erinnerte sich an den honorigen Mitstreiter gegen die Sowjets und bot ihm Unterschlupf an. Zweimal musste im Mai 1996 eine Boeing der Ariana Afghan Airlines, logistisch unterstützt vom pakistanischen Militärgeheimdienst, zwischen Khartoum und Jalalabad pendeln, um die gesamte Entourage des reichen Saudis zu transportieren: seine drei Ehefrauen und dreizehn Kinder, dazu Dutzende Leibwächter und Vertraute. Bei der Zwischenlandung zum Auftanken in Katar kamen Regierungsvertreter an Bord und begrüßten den Umsiedler herzlich. Bald nach seiner Ankunft in Jalalabad verkündete Bin Laden in einem Interview, dass er nunmehr in Amerika »den Hauptfeind« der islamischen Welt sehe, und im August rief er erstmals zum Heiligen Krieg auf gegen die USA. Diese Schlacht werde vergleichsweise leichter sein als jene gegen die Sowjets, behauptete er, »und wir sind jetzt entschlossener denn je, sie durchzuführen, bis wir vor das Antlitz Gottes treten«.

Die Amerikaner hätten diesen Gegner mithilfe der Saudis seinerzeit noch leicht neutralisieren können. Nach der Übernahme Kabuls teilten die siegreichen Taliban nämlich ihren arabischen Sponsoren in einer Botschaft mit: »Wir haben diesen Typen hier. Wollt ihr ihn haben, oder sollen wir ihn bei uns behalten? Wir gewährten ihm Zuflucht.« Die Saudis besaßen genügend Gründe, diese Offerte anzunehmen. In Riad und Dhahran hatte es Bombenanschläge auf US-Dienststellen mit neunzehn getöteten amerikanischen Soldaten gegeben, vier der Attentäter waren hingerichtet worden. Die Spuren führten eindeutig zu Bin Laden, und der nannte »diesen Terrorismus lobenswert, weil er sich gegen Diebe richtete«. Aber die Spitze der Königsfamilie war offenbar noch immer der Meinung, es sei besser, den missratenen Scheich außer Landes zu belassen, statt ihm daheim einen Prozess zu machen und womöglich antiroyalistischen Aufruhr loszutreten. Deshalb lautete die Antwort auf das Auslieferungsangebot aus Kabul: »Wenn ihr ihm schon Zuflucht gewährt habt, dann sorgt dafür, dass er nichts gegen unser Königshaus unternimmt.«

Solch ein Angebot sollte es nicht ein zweites Mal von den Taliban geben. Sehr schnell schloss deren geistliches und weltliches Oberhaupt Freundschaft mit dem neuen Bannerträger des Dschihad. Den Kontakt zu Mullah Omar, einem eher schlichten Gemüt, hatten pakistanische ISI-Agenten mit eingefädelt, die einige von Bin Ladens Militärcamps zum Training ihrer Untergrundkämpfer für den Einsatz im indischen Teil Kaschmirs nutzten. Der spendable Scheich schenkte dem Taliban-Führer nicht nur eine seiner Töchter zur Frau. Er beeindruckte seine Gastgeber zudem mit einer Vielzahl von Straßen- und Bauprojekten. Sie sollten insbesondere Kandahar aufhübschen, die spirituelle Hauptstadt der Paschtunen und ständige Bleibe Mullah Omars, für den er ein neues Haus mit bombensicherem Dach errichten ließ. Auch Bin Laden quartierte sich nun in Kandahar ein. Seinen Clan verteilte er auf mehrere Häuser der Innenstadt und die beim Flughafen gelegene landwirtschaftliche Kooperative der Tarnak-Farm. Es gab aber auch ein Höhlenrefugium in den nahen Bergen.

»Osama, Osama«, raunten die Paschtunen einander begeistert zu, preschte der Konvoi mit Bin Ladens schweren Landcruisern und den Toyota-Pick-ups für die bis zu einhundert Bodyguards durch Kandahars Basar. Stets in vornehme weiße Gewänder gehüllt und mit einem jemenitischen Krummdolch am Gürtel, erschien der Bewunderte in der Moschee und sah sich von Mullah Omar dort vor den Betenden als einer der bedeutendsten geistlichen Führer des Islam gepriesen. Reiche Geschäftsleute aus Saudi-Arabien und den Golfstaaten flogen zur Großtrappenjagd ein. Der Scheich begleitete sie bei ihren Wüstentrips, viele dieser Besucher zählten zu den Geldgebern für seine Operationen. Weitere Ausbildungslager für arabische und nun auch einige europäische Rekruten wurden in abgelegenen Provinzen eingerichtet, kampferprobte Vertraute nach Afrika zur Vorbereitung von Anschlägen auf amerikanische Ziele losgeschickt. Mullah Omars Pate bereitete al-Qaida für eine Serie terroristischer Heimsuchungen vor – und nutzte dafür Pakistan als Durchgangsstation seiner Kuriere. Dabei half ihm die Unterstützung von Teilen des Militärgeheimdienstes ISI, auf die er in Interviews offen anspielte: »Es gibt in Pakistans Regierung einige Ressorts, die durch Gottes Gnade auf die islamischen Gefühle des pakistanischen Volkes reagieren. Das spiegelt sich wider in Sympathie und Kooperation.«

Die Saudis unter ihrem neuen Herrscher Abdullah fühlten sich allmählich genervt durch Bin Ladens ständige Aufrufe zum Dschihad gegen das Königshaus. Mitte Juni 1997 erschien Prinz Turki zum Disput bei Mullah Omar in Kandahar mit einer einzigen Forderung: »Wenn ihr weiter auf gute Beziehungen zu Saudi-Arabien Wert legt, muss Bin Laden aus Afghanistan verschwinden«, will der Geheimdienstchef der Taliban-Spitze gedroht und angeblich ihr Einverständnis zu einer Regelung nach »islamischen Prinzipien« mitgenommen haben. Amerikanische Geheimdienstler indes bezweifeln diese Version. Nach ihrem Eindruck ließ die saudische Machtelite vor dem New Yorker Großanschlag des 11. September 2001 die Fahndung nach al-Qaida schleifen, wurden sogar Informationen an die Terrortruppe weitergegeben und keinerlei ernsthafte Versuche unternommen, Osama Bin Laden auszuschalten. Wenige Wochen nach Turkis Visite trafen 400 funkelnagelneue Pick-ups mit Nummernschildern aus Dubai bei den Taliban in Kandahar ein.

Zum Eklat kam es dann bei Turkis zweitem Kandahar-Besuch im September. Vorausgegangen waren die beiden al-Qaida-Attacken auf die US-Botschaften in Kenia und Tansania, mit 213 Toten in Nairobi und zweiunddreißig Toten in Daressalam sowie insgesamt 4000 Verletzten. Jetzt machte Washington enorm Druck auf die Saudis, sich ihres einstigen Ziehsohns am Hindukusch zu entledigen. »Ihr gabt uns euer Wort, dass ihr Osama Bin Laden ausliefern würdet«, ging Turki, begleitet auch von einem pakistanischen Geheimdienstoffizier, in Kandahar Mullah Omar frontal an. Der antwortete in einem Tobsuchtsanfall mit wüsten Beschimpfungen. »Warum tun Sie das hier? Warum verfolgen und quälen Sie einen so tapferen und aufrechten Moslem?«, herrschte der Talibanchef seinen Besucher an und verließ kurz den Raum, um sich mit einem Guss Wasser über den Kopf abzukühlen. Aufgebracht machte der oberste Gotteskrieger seinen finanziellen Gönnern dann bittere Vorwürfe: »Statt so hier aufzutreten, solltet ihr lieber Hand in Hand mit uns die Arabische Halbinsel von den Soldaten der Ungläubigen befreien.« Das war nun wirklich Originalton Bin Laden und einfach zu viel für Turki. Der Prinz brach das Gespräch ab mit der Drohung: »Dieser Tag wird noch böse Folgen haben, für euch wie für Afghanistan.« Kurz darauf rief Riad seinen Botschafter aus Kabul zurück, brach jedoch nicht die diplomatischen Beziehungen zur Taliban-Regierung ab. »Es war, als wäre Turki als Gesandter der amerikanischen Regierung gekommen«, beschrieb Bin Laden später diesen Auftritt.

Die Anschläge in Afrika machten Bin Laden zum Markenzeichen in der islamischen Welt, und sie rückten ihn endgültig ins Visier der Amerikaner. Vom Maghreb bis zu den Philippinen häufte sich die Zahl der Fundamentalisten, die wegen versuchter Attentate festgenommen wurden und frisch aus den Camps in Afghanistan kamen. Zusätzlich beunruhigt wurde Washington, als der Scheich der Supermacht nicht nur den Heiligen Krieg erklärte, sondern es auch noch eine »heilige islamische Pflicht« nannte, chemische und nukleare Waffen zu erwerben und gegen die USA einzusetzen. In Kandahar traf Bin Laden mit zwei Atomwissenschaftlern des Nachbarlandes Pakistan zusammen, das sich gerade erst die Bombe verschafft hatte.

Die CIA suchte nun den Dirigenten des islamischen Terrors zu ergreifen oder zu liquidieren. Ein afghanisches Kommando mit dem Codenamen »Trodpint« sollte ihn vor einem seiner Häuser in Kandahar oder Kabul schnappen, in einer Höhle verstecken und dann einem eingeflogenen US-Spezialtrupp übergeben. Doch das klappte nicht. Predator-Drohnen, unbemannte Aufklärungsflugzeuge mit feuerbereiten Hellfire-Raketen unter den Tragflächen, verfolgten die lange Kolonne der Landrover, mit denen Bin Laden herumzufahren pflegte. Aber nie bestand Gewissheit, dass der Gesuchte auch wirklich in einem der Wagen saß. Gelegentlich übernachtete er in Kandahars Gouverneursgebäude, in dessen Keller noch zweiundfünfzig amerikanische Stinger-Raketen gebunkert lagen.

»Die Winde des Glaubens haben sich erhoben«:
al-Qaida-Gründer Osama Bin Laden (rechts)
und sein Chefideologe Aiman al-Sawahiri nach dem
11. September 2001 im Grenzgebiet zu Pakistan

Die Quartiere wechselten ständig. Oft blieben der al-Qaida-Führer und sein ägyptischer Paladin, der Arzt und Chefideologe Aiman al-Sawahiri, nur ein paar Stunden in einer Unterkunft. Zur Vorsicht benutzte der Scheich kein Satellitentelefon mehr, gab Weisungen über Kuriere weiter. Keinem CIA-Agenten war es gelungen, nahe an Bin Laden heranzukommen. In seiner engeren Umgebung, zumal bei den Leibwächtern, wurden keine Afghanen geduldet, gab es nur handverlesene Araber. Sie hatten angeblich den Befehl, ihn bei einer drohenden Festnahme zu erschießen: »Ich habe geschworen, mein Leben nur in Freiheit zu führen. Auch wenn ich den Geschmack des Todes als bitter empfinde, will ich nicht gedemütigt sterben.«

Die Taliban-Bewegung und Mullah Omar hatte er voll für seine panislamischen Ideen gekapert, mögen sie im Detail über die monströsen Terrorpläne auch kaum unterrichtet gewesen sein. Virtuos verstand er es, mit den Medien zu spielen, seine Botschaften und Drohungen vor allem über arabische Fernsehstationen in alle Welt zu senden. »Er lächelte, und man hatte den Eindruck, als verfüge Bin Laden über sein eigenes arabisches Königreich im Süden Afghanistans«, fand im Juni 2001 ein saudischer TV-Reporter bei seiner Rückkehr von einem Interview unweit der pakistanischen Grenze. Es werde bald Anschläge gegen amerikanische und israelische Ziele geben, hatte man ihm mitgeteilt. In Kuweit kursierte derweil ein Video, in dem der Terrorpate mit krächzender Stimme jubilierte: »Blut, Blut und Zerstörung, Zerstörung. Wir bringen euch die gute Nachricht, dass die Truppen des Islam auf dem Vormarsch sind.«

Am Sonntagmittag, dem 9. September 2001, erschienen zwei Araber mit belgischem Pass, angeblich Journalisten, bei General Massud, dem Militärführer der afghanischen Nordallianz. Dessen Bündnis hielt nur noch einen Fetzen im Nordosten Afghanistans besetzt und war der einzige verbliebene Gegner der Taliban. Es war nicht so leicht gewesen, bis zum entlegenen Hauptquartier des legendären Kommandanten vorzudringen. Die vermeintlichen Reporter kamen auf Empfehlung des Islamisten Sayyaf, einst im Kampf gegen die Sowjets ein Partner Bin Ladens. Während einer der Araber die Kamera für das Fernsehinterview aufbaute, las der andere zur Einstimmung ein paar Fragen vor. »Wenn Sie einmal ganz Afghanistan unter Ihrer Kontrolle haben«, wollte er von dem General wissen, »was werden Sie dann mit Osama Bin Laden tun?«

Massud kam nicht mehr dazu, eine Antwort zu geben. Seine Besucher waren Selbstmordattentäter der al-Qaida. Der Kameramann zündete eine Bombe, sprengte sich und den General in die Luft – letzter Liebesdienst von Mullah Omars Paten für seine Gastgeber, die Steinzeit-Islamisten der Taliban. Zwei Tage später sanken die Türme des World Trade Center nach den Flugzeuganschlägen arabischer Terroristen zusammen, die in Bin Ladens afghanischen Camps ausgebildet worden waren.

»Die Winde des Glaubens haben sich erhoben«, triumphierte der

Scheich in seiner ersten Botschaft nach der Wahnsinnstat. Viel Zeit zur Freude blieb ihm nicht. Der Sturm der Wut, mit dem die Hypermacht dann seine Schutzpatrone in Kabul davonjagte, trieb auch Bin Laden zur Flucht. Mit der Prätorianergarde seiner Araber zog er sich südlich von Jalalabad zurück in den Höhlenkomplex Tora Bora nahe der pakistanischen Grenze.

9
Tora Bora – Osamas Pforte zum Paradies

Im Park einer vornehmen Residenz der alten ostafghanischen Handelsstadt Jalalabad überwuchern Blätterranken eine schattenspendende Pagode. Darunter sind rote Orientteppiche ausgelegt, und auf den prall gefüllten Sitzkissen, die das Zimmer im Freien an den Seiten begrenzen, lässt es sich bequem zurücklehnen. Der Duft der Orangenbäume zieht herüber, und die Zikaden geben an diesem Vormittag ein lautstarkes Konzert.

Hier, unter dem kühlen Blätterdach seines Anwesens, empfängt Haji Zaman Ghamsharik bei Minztee und Datteln seine Gäste. Ghamsharik ist das Oberhaupt einer alteingesessenen Familie des Paschtunen-Stammes der Khugiani. Er ist Mitte vierzig und trägt das traditionelle lose Beinkleid der Afghanen, jedoch stecken seine Füße nicht, wie die der meisten Männer hier, in groben, offenen Sandalen, sondern in schwarzen Schuhen aus Italien. Der ergraute Bart ist kurz geschnitten, und auf Ghamshariks Nase sitzt eine elegante Metallrandbrille.

Der Afghane aus der Provinz Nangharhar spricht fließend Englisch und Französisch, er ist weltgewandt und lebte zuletzt im französischen Dijon. Von dort eilte er nur wenige Tage nach den Anschlägen des 11. September 2001 zurück an den Hindukusch, erst nach Pakistan und schließlich in seine Heimatstadt Jalalabad, die er nach der Machtübernahme der Taliban Mitte der Neunzigerjahre überstürzt verlassen musste. »Ich kam zurück, um die Extremisten aus meiner Heimat zu verjagen«, sagt Ghamsharik, dabei rührt er energisch in seinem Teeglas, um den Zucker darin aufzulösen.

Ghamsharik wurde für kurze Zeit weltberühmt, als er am Ende des US-geführten Afghanistankrieges im Dezember 2001 die Schlacht um die legendäre Bergfestung Tora Bora schlug. Die Amerikaner hatten den erfahrenen Kommandeur engagiert, weil der schon in jungen Jahren, im Krieg gegen die Sowjetunion, im Labyrinth von Tora Bora kämpfte, was übersetzt so viel heißt wie »Schwarzer Staub«. In Tora Bora kennt Ghamsharik jedes Tal und fast jeden Schmuggelpfad.

»Das Gebiet ist entlegen, verwinkelt und für Ortsunkundige unmöglich einzunehmen«, erklärt Ghamsharik die Vorzüge der früheren Mudschahidin-Basis in den Spinghar-Bergen, den Weißen Bergen, und zeichnet mit dem Finger die Ortsverhältnisse auf dem roten Orientteppich nach: Die Entfernung von Tora Bora nach Jalalabad beträgt etwa fünfzig Kilometer, zur pakistanischen Grenze sind es kaum zwanzig, ein Katzensprung.

Ausgerechnet in diesem Felsennest hatte sich der Terrorfürst Osama Bin Laden damals zum letzten Gefecht gegen die Amerikaner verschanzt, zusammen mit seiner todesverachtenden Islamistenarmee, etwa 1500 Arabern, Tschetschenen und Usbeken.

An jenem Tag, als Ghamsharik in Jalalabad unter seinem Schattendach sitzt und von der Schlacht um Tora Bora erzählt, zeigt der Kalender den 24. April 2002. Der Krieg liegt gut vier Monate zurück, doch geblieben sind viele ungeklärte Fragen, vor allem die eine: Wie konnte Osama Bin Laden die Flucht aus Tora Bora gelingen?

»Er hat ihn durchgelassen, er hat Geld genommen, er hat ein doppeltes Spiel gespielt«, sagt Ghamsharik. Der elegante Paschtune zögert, den Namen des angeblichen Verräters auszusprechen, zu groß sind die Spannungen hier zwischen den örtlichen Machthabern in Jalalabad, und nicht selten enden sie blutig.

Doch es ist ein offenes Geheimnis, dass der Landlord Ghamsharik den zweiten von den Amerikanern angeheuerten Tora-Bora-Kommandeur verdächtigt, nicht nur das Geld der US-Militärs genommen zu haben, sondern auch das der bedrängten Araber, damit diese dem Bombentod oder der Gefangennahme entkommen konnten. Dessen Name ist Hazrat Ali. Der stämmige, bauernschlaue

Kämpfer mit dem dunklen Vollbart gilt bis heute als einflussreiche Figur in Nangharhar.

Schon während des Kampfes um die Festung hatten die beiden Milizführer mehr gegen als miteinander gearbeitet. Inzwischen sitzt Hazrat Ali als ordentlicher Abgeordneter im Nationalparlament in Kabul und behauptet selbstverständlich umgekehrt genau das Gleiche über seinen Rivalen Ghamsharik: Dessen Truppen hätten Osama Bin Laden und sein Gefolge gewinnbringend aus Tora Bora herausgeschleust.

Wer genau Bin Laden schließlich aus der Höhlenfestung geleitet hat, liegt bis heute im Dunkeln: Ein Exilant wie Ghamsharik, der durch die Taliban die Heimat und später noch einen Sohn verlor und dem es vor allem um das Kopfgeld von 25 Millionen Dollar ging, könnte es durchaus ernst gemeint haben damit, Bin Laden fassen zu wollen.

Auch Hazrat Ali, der das Land nie verlassen hat, kämpfte jahrelang gegen die Taliban. Doch als damaliger Milizchef musste sich Ali, wie auch heute als Parlamentsabgeordneter, stets mit den regionalen Größen im politisch instabilen Jalalabad arrangieren. Der Verrat an einem so mächtigen, in Islamistenkreisen hoch angesehenen Muslim wie Bin Laden dürfte im konservativen Paschtunen-Gürtel als Todsünde angesehen und schnell mit dem Leben bezahlt werden. Im Hintergrund zogen vermutlich auch lokale Machthaber die Strippen, wie der Mudschahidin und langjährige Unterstützer Osama Bin Ladens, Yunus Chalis, ein einflussreicher Patriarch in Jalalabad, der stets wie ein Vater über den Araber wachte.

Der Weg hinauf ins Spinghar-Gebirge führt drei Stunden über Sandpisten und felsige Pässe. Unten im Tal schlängelt sich der Agam-Fluss entlang, Bauern haben dort unter sanft geschwungenen Hügeln Obst- und Reisterrassen angelegt. Osama Bin Ladens letzte Rückzugsbasis in Afghanistan lässt sich am Ende nur zu Fuß erreichen.

Die Operationszentrale des größten Terroristen der Welt entpuppt sich schließlich als primitives Trainingslager mit etwa 200 Höhlen, die sich vom Talkessel hinauf bis in die Bergspitze ziehen. Die Eingänge sind oft nur so breit wie eine schmale Tür und so

Osama Bin Ladens letzte Bastion im Krieg gegen die Amerikaner: Mudschahidin und Autorin Susanne Koelbl im Höhlenversteck von Tora Bora

niedrig, dass ein Erwachsener gerade einmal gebückt hineingehen kann. Dahinter befinden sich kleine Grotten, ein paar davon sind naturgegeben, die meisten wurden jedoch mühevoll in den harten Stein geschlagen. Der Innenraum ist roh und unbefestigt, mit einem Durchmesser von gerade zwei oder vier Metern, der längste Höhlenpfad misst vielleicht vierzig Meter – von raffinierten, unterirdischen Verbindungsgängen, wie es im Vorfeld des Krieges kolportiert wurde, keine Spur.

In den Höhlen lagert auf der Erde Munition in scheinbar unendlicher Menge, kleine Kaliber, aber auch Raketen, die mitunter meterhoch gestapelt sind. »Product of Russia« oder »Product of China« steht auf den teilweise noch ungeöffneten Packungen. Sonst sind die Gewölbe leer. Auf einem kleinen Terrassenplateau befinden sich die Mauerreste dreier Häuschen, von dort öffnet sich ein malerischer Blick auf einen Zedernhain und das Flussbett: »Das waren Osamas Gemächer«, sagt ein Unterkommandeur Ghamshariks, der über das ehemalige Schlachtfeld führt.

Die Hütten sind bis auf die Grundfesten zerbombt. Es waren einfache, gemütliche Behausungen, wie man sie von Bergalmen kennt, berichten ehemalige Nachbarn des Terrorfürsten. Aus dem Haufen von Backsteinen und Geröll blitzen noch Überreste von Bin Ladens Hausrat hervor, ein pinkfarbener Baumwollteppich und eine grüne Bettdecke.

In der Öffentlichkeit wurde der meistgesuchte Mann der Welt zuletzt am 10. November 2001 gesehen, als er vor rund 1000 afghanischen und pakistanischen Stammesführern eine Rede hielt, mitten in Jalalabad. Da war die Treibjagd gegen ihn längst eröffnet.

Im – von saudi-arabischen Geldgebern finanzierten – Institut für Islamstudien kündigte Bin Laden an, den Amerikanern eine Lektion zu erteilen, »wie wir sie schon den Russen lehrten«. Mindestens ebenso aufmunternd wie die Erwähnung, dass sie alle an Allah glaubten, dass sie den Krieg gewinnen würden und über ausreichend Waffen und Technologie verfügten, wirkte womöglich, wie der amerikanische Journalist Philip Smucker im *The Christian Science Monitor* schrieb, dass am Ende der Veranstaltung weiße Umschläge ausgeteilt wurden, die, je nach Bedeutung und Rang der Stammesälteren, eine Summe zwischen 300 und 10 000 Dollar enthielten.

Einen Monat später, am 10. Dezember, glaubten US-Spezialkräfte aus dem Funkgerät eines gefallenen Arabers noch die Stimme Osama Bin Ladens aus dessen Gefechtsstand in der Höhlenburg zu hören. Doch Bin Laden dürfte Tora Bora bereits um den 30. November verlassen haben. Dies bezeugen einheimische Afghanen und Araber später übereinstimmend, die wie ihr Meister ebenfalls geflüchtet waren. Der Funkspruch kam wohl eher aus dem nahen pakistanischen Stammesgebiet.

Vieles deutet darauf hin, dass ein Unterkommandeur von Hazrat Ali, der den Auftrag hatte, die Straßen nach Pakistan zu überwachen, den Terrorfürsten dorthin passieren ließ. Danach schafften es noch Hunderte von Osamas Gefolgsleuten, sich aus Tora Bora abzusetzen.

Die Preise für freies Geleit aus der Enklave wurden über Mittelsmänner aus der Region verhandelt, die schon immer gut von Bin Laden und den Arabern gelebt hatten und sie schon zuvor mit Lebensmitteln, Lasttieren und Waffen versorgten. Die al-Qaida-Kämpfer mussten sich fünf oder zehn Kilometer nordöstlich von Tora Bora in die obere Siedlung des Dorfes Pachir durchschlagen, von dort aus lief der Transport problemlos: Zwischen 5000 und 50 000 pakistanische Rupien (80 bis 800 Dollar) kostete der Eselsritt über die Berge ins sichere Pakistan.

Am 17. Dezember verkündete der amerikanische Verteidigungsminister Donald Rumsfeld den Sieg über Tora Bora – und damit das Ende des Krieges in Afghanistan. Doch was wie eine stolze Eroberung klang, war in Wahrheit die größte Niederlage des gesamten Feldzugs. Das bisherige Konzept der Amerikaner, sich auf eine Handvoll westliche Spezialkräfte und sonst auf afghanische Bodentruppen zu stützen, hatte in der letzten, entscheidenden Phase des Krieges vollkommen versagt. Viele der angeheuerten Milizsoldaten waren dem Gejagten offenbar ergebener gewesen als ihren Auftraggebern, vielleicht hatte er sie auch einfach nur besser bezahlt.

Die beste Chance, Osama Bin Laden zu fassen, war womöglich ohnehin lange vertan. Schon wenige Tage nach den Attentaten in New York und Washington hatte der Exilafghane und spätere Tora-Bora-Kommandeur Haji Zaman Ghamsharik einen möglichen Zugriff angeboten, überraschend allerdings nicht den Amerikanern, sondern der deutschen Regierung: Er wisse, wo sich Osama Bin Laden in Tora Bora aufhalte und wie viele Leibwächter ihn begleiteten, er verfüge auch über einen Mitarbeiter in Bin Ladens unmittelbarer Nähe, der alle nötigen Informationen für einen Zugriff beschaffen könnte, hatte der Stammesfürst aus Nangharhar dem damaligen außenpolitischen Berater des Kanzlers Gerhard Schröder, Michael Steiner, zukommen lassen: »Wir wissen genau, wo er ist, und wir bieten Ihrem Volk die erste Option«, hieß es in dem in englischer Sprache verfassten Schreiben aus dem pakistanischen Peschawar.

Eingefädelt hatte die Offerte ein deutscher Militärarzt aus Regensburg, Reinhard Erös, der seit Jahrzehnten mit einer Hilfsorganisation in Afghanistan tätig ist und den der afghanische Stammesfürst Ghamsharik zu seinen besten Freunden zählt.

Steiner erschien die Sache anfangs »ziemlich absurd«, er reichte sie aber pflichtgemäß an die Nachrichtendienste weiter. Bei einem Treffen zwischen einem Mitarbeiter des deutschen Geheimdienstes BND und Ghamsharik am 27. September in Peschawar wurde der afghanische Kommandeur dann noch konkreter: Er könne die Auslieferung Bin Ladens mit seinen Männern bewerkstelligen, wahlweise mit deutscher Beteiligung. Im Gegenzug forderte er Waffen, Satellitentelefone und militärische Ausrüstung.

Eine gute Woche später sagten die Deutschen telefonisch ab: »Sie erklärten mir, die Sache sei ihnen zu groß«, erzählt Ghamsharik im April 2002 unter der bewachsenen Pagode seiner Residenz in Jalalabad. Am Ende hätten die Amerikaner die Dinge dann in die Hand genommen und auf ihre Weise gelöst, sagt der Afghane und zuckt die Achseln.

Sieben Jahre später ist die Geschichte auch darüber hinweggegangen: Die ostafghanischen Provinzen wie Kunar, Khost und Nangharhar werden in weiten Teilen wieder von religiösen Hardlinern beherrscht, die gegen die Regierung von Präsident Hamid Karzai und die »westlichen Aggressoren« kämpfen. Der Tora-Bora-Kommandeur Haji Zaman Ghamsharik hat sich erneut ins Exil zurückgezogen, und die Bergfestung Tora Bora ist nach wochenlangen Kämpfen zwischen afghanischen Regierungstruppen und Islamistengruppen wieder in den Händen der Taliban.

Die besten Aussichten, dort dauerhaft die Führung zu übernehmen, heißt es, habe der Sohn des kürzlich verstorbenen Mudschahid und Osama-Bin-Laden-Förderers Yunus Chalis, dessen Familie die Region um Tora Bora seit Jahrzehnten als ihre angestammte Einflusssphäre betrachtet: Der Sohn von Chalis, Mudschahid Ullah, ist einer der letzten Vertrauten, mit denen Osama Bin Laden im November 2001 in Jalalabad gesehen wurde.

10 Wie der Westen den Krieg gewann und den Frieden verlor

Die Luft im Arghandab-Tal duftet nach warmer Erde. Die Sonne hat die harte Scholle aufgewärmt. In der fruchtbaren Region um die Oasenstadt Kandahar im Süden Afghanistans gedeihen die Granatäpfel und eine bestimmte süße Traube nach einem niederschlagreichen Winter besonders gut. Doch nicht nur Obst wird hier in großen Mengen angebaut: Seit jeher wetteifern die afghanischen Bauern darum, ob das Marihuana aus dem nördlichen Kundus nun das sanfteste unter den halluzinogenen Blüten Afghanistans ist oder doch das Kraut aus Kandahar. Die saftig grünen Stauden biegen sich unter dem triefenden Cannabisharz, die Bauern wollen die Ernte einfahren. Doch daran ist im Moment nicht zu denken, denn es ist Krieg.

Bis vor wenigen Tagen war auch Camp Rugby ein Cannabis-Acker. Jetzt haben ihn die westlichen Koalitionstruppen umgepflügt und darauf ihr Feldlager errichtet. Nato-Soldaten campieren hier, Amerikaner, Kanadier und Briten, aber auch Afghanen der Nationalarmee. Meist ruhen sie erschöpft auf ihren Feldbetten unter freiem Himmel, wenn sie nicht gerade im Einsatz sind. Die kanadischen Kämpfer tauschen die sich durch einen chemischen Vorgang selbst erhitzende Reis-Gulasch-Ration ihrer Truppenverpflegung gegen den Beerenfrüchte-Becher der Meals-Ready-to-Eat ihrer amerikanischen Kameraden. Die Toilette ist ein durch eine Plane notdürftig abgeschirmter Balken über einem Erdloch, den Männer wie Frauen nutzen. Das Lager der Kanadier wird durch gepanzerte Hightech-Vehikel mit weitreichenden Präzisionsraketen in alle Richtungen gesichert, vor allem aber nach Westen hin zum Arghandab-Fluss, wo die entscheidende Schlacht stattgefunden hat.

Anfang September 2006 versuchten die Taliban, Kandahar einzunehmen, das Herz des Südens. Sie hatten ihre Truppen im Panjwai-Distrikt auf beiden Seiten des Flusses stationiert, in Sperwan, Paschmul und Siadjoi, und sie bezahlten dafür teuer mit dem Tod von Hunderten ihrer Gotteskrieger.

Stephen Williams ist ein amerikanischer Oberst aus Anchorage in Alaska, und er weiß, dass er gewonnen hat. Er hat den Feind »geschlagen und vernichtet«. Williams ist siebenundvierzig Jahre alt, er hat breite Wangenknochen und volles aschblondes Haar, während er redet, blickt er seinen Gesprächspartnern fest ins Gesicht. Er ist einer von der Sorte, die Soldaten untereinander anerkennend als »schussfest« bezeichnen. Jetzt führt Williams über das Schlachtfeld, wo Stunden zuvor der Showdown zwischen den Taliban und seinen Leuten stattfand.

Mit behandschuhten Fingern malt Williams die Truppenbewegungen in die Luft: Zuletzt hatten sich die Aufständischen im Dorf Paschmul in einer Schule verschanzt. Das neue, weiße Gebäude war erst kürzlich von den Amerikanern als Wiederaufbaumaßnahme eingeweiht worden, nun ist es eine Ruine mit großen und kleinen Einschusslöchern.

Tagelang beschallte Williams die Taliban über Lautsprecher mit seiner Lieblingsmusik von der Gruppe AC/DC, »Back In Black«, so konnten sie die Bewegungen seiner gepanzerten Fahrzeuge nicht hören, er kreuzte den Fluss und fiel den Feinden in den Rücken. Er trieb sie vor sich her und forderte Luftunterstützung an, die gefürchteten Erdkampfflugzeuge vom Typ A-10. Wegen ihres aggressiven Aussehens, einem aufgemalten Maul mit Reißzähnen, von den GIs auch »Warzenschweine« genannt.

Hunderte von Schuss bringt die schnelldrehende 30-Millimeter-Bordkanone der A-10 pro Minute ins Ziel, und der Schütze feuerte auf alles, was sich dort unten auf dem Schlachtfeld im Panjwai-Distrikt bewegte. Die Taliban fielen reihenweise. »Sie müssen verzweifelt sein«, triumphiert Williams: »Wenn sie es noch mal versuchen, machen wir sie wieder fertig.«

Oberst Williams war einer von denen, die damals schon gut einordnen konnten, was es bedeutete, als sein Präsident, George W. Bush, am 20. September 2001, neun Tage nach den Attentaten auf das World Trade Center und das Pentagon, vor den Kongress in Washington trat und den »Krieg gegen den Terror« erklärte: »Er wird nicht eher zu Ende sein, bis jede weltweit tätige terroristische Gruppe gefunden, am weiteren Vorgehen gehindert und besiegt worden ist.« Schließlich wandte sich der Präsident auch direkt an sein Militär: »Seid bereit … Die Stunde wird kommen, in der Amerika handelt, und ihr werdet uns stolz machen.« Die Amerikaner waren erstmals in ihrer Geschichte in den Zentren ihres Landes angegriffen worden, und dieser angekündigte Krieg sollte ihnen die Sicherheit zurückbringen, die sie am 11. September so schmerzlich verloren hatten.

Bush endete damals mit einem denkwürdigen Satz: »Ein Angriff auf einen ist ein Angriff auf alle.« Es ist die Kernformel des Nato-Vertrages, der eigentlich einmal geschlossen worden war, um Europa und die dortigen Interessen Amerikas zu schützen. Nun war der Bündnisfall tatsächlich eingetreten, wenn auch ganz anders als jemals gedacht.

Die erste Bodenschlacht seit Gründung der North Atlantic Treaty Organisation 1949 fand gut 6000 Kilometer entfernt von Europa statt. Im Herbst 2001, also zweiundfünfzig Jahre später, stürzten zunächst die Amerikaner und die Briten zusammen mit der Nordallianz, alten Feinden der Taliban, das Regime von Mullah Omar. Die westlichen Invasoren kämpften zwar mit nur wenigen hundert Mann am Boden, jedoch mit massiver Luftunterstützung. Zwei Jahre später übernahm die Nato in Afghanistan ihren ersten Auslandseinsatz außerhalb Europas. Von da an dauerte es noch ziemlich genau drei Jahre, bis auch jene Nato-Länder in den Krieg verwickelt waren, die eigentlich nur als friedliche Unterstützer an den Hindukusch kamen. Aus vierzig Nationen, die meisten davon Europäer, schickten die Regierungen unter dem Mandat der Vereinten Nationen Truppen, um das Land nach dem Krieg zu stabilisieren und den Wiederaufbau voranzutreiben.

Aus den lächelnd winkenden Peacekeepern der internationalen

Schutztruppe wurde dann über Nacht eine todbringende Kriegsmaschine. Es waren Isaf-Soldaten, die unter Nato-Führung jene blutige Schlacht des amerikanischen Oberst Williams in Panjwai schlugen. Die Militärs hatten das historische Gefecht »Operation Medusa« genannt, nach dem weiblichen Sagenungeheuer mit dem Schlangenhaar und dem tödlichen Blick, und tatsächlich war diese Schlacht in vielerlei Hinsicht schicksalhaft: Denn wer Panjwai verliert, öffnet dem Feind die Tore nach Kandahar, und der Süden wäre dann nicht mehr lange zu halten. Doch die Nato hatte glatt gesiegt.

»Operation Medusa« war aber auch völlig untypisch für alles, was die blutige Konfrontation in Afghanistan sonst auszeichnet, die eben gerade nicht nach dem Muster der Kriege des 20. Jahrhunderts verläuft. »Wir lieben den Tod. Die Vereinigten Staaten lieben das Leben. Das ist der Unterschied zwischen uns«, höhnte der Terroristenführer Osama Bin Laden über die Soldaten aus dem Abendland, die mit ihren Stahlhelmen und Splitterschutzwesten an den Hindukusch kommen und in ihren gepanzerten Fahrzeugen Schutz vor tödlicher Bedrohung suchen. Experten nennen es einen »asymmetrischen Kampf«, wenn die Feuerkraft einer Hightech-Armee auf die tödlichen Hinterhalte einer leicht bewaffneten Guerillatruppe trifft. Weder das amerikanische Militär noch die Nato verfügten vor diesem Einsatz über Erfahrungen mit einem Gegner, der jederzeit zum Selbstmord bereit ist, und westliche Strategen haben darauf bisher auch keine Antwort.

Oberst Williams strotzt vor Optimismus, nachdem er Panjwai erfolgreich verteidigt hat. Er läuft zurück zum Camp Rugby, dem ehemaligen Cannabis-Feld. Der Amerikaner sagt, ihm sei klar, dass seine Truppen hier nur eine erste Schneise schlagen konnten. Von jetzt an gehe es um einen anderen Krieg, nicht um Territorium und Herrschaft, sondern um die »Herzen« der Afghanen: »Wir müssen ihnen zeigen, dass wir ihr Leben verbessern und dass wir die Stärkeren sind.«

Angehörige ziviler Opfer würden finanziell entschädigt, dafür stünden Fonds bereit. Blutgeld zu bezahlen, entspricht in Afghanistan durchaus den Gepflogenheiten. Die Bewässerungskanäle der Fel-

Tod im Dorf Kafir Band:
Der kanadische Gefreite David Byers
starb bei einem Selbstmordattentat

der, die beim Kampf zerstört wurden, sollten repariert werden, die Bagger müssten rollen, um Straßen zu bauen, Elektrizitätswerke erstellt, Schulen und Hospitäler errichtet werden. Am dringlichsten aber benötigten die Einwohner des Kampfgebiets jetzt das Gefühl von Sicherheit.

Am Morgen des 18. September 2006 brechen vierundzwanzig Kanadier der Isaf-Schutztruppe zur Fußpatrouille ins Dorf Kafir Band auf. Einer von ihnen ist der zweiundzwanzigjährige Gefreite David Byers, er kommt aus Espanola, einem Städtchen im Süden Kanadas, 16 000 Kilometer von Kandahar entfernt. Byers gilt als beson-

Extrem sind immer die anderen:
Taliban-Unterstützer Bakhtiar Ahmed

ders freundlich und hilfsbereit, auch er will in Afghanistan einen Beitrag leisten, dass die Menschen in Frieden leben können. Es ist sein erster Einsatzbefehl.

Unter Byers Stahlhelm stehen seitlich die dunkelbraunen Haare hervor, er trägt eine schmale Metallbrille und blickt etwas unsicher in diese fremde Welt. Das Dorf Kafir Band ist schwer überschaubar, verwinkelte Straßen verlaufen längs der Gehöfte. Dort sitzen die Menschen in ihren erdfarbenen Lehmhäusern und harren angstvoll aus, seit der Konflikt vor gut zwei Wochen begann. Es ist heiß, über 35 Grad im Schatten, und der trockene Lehm unter den Stiefeln produziert bei jedem Schritt eine Wolke. Byers winkt den Dorfleuten in Kafir Band vorsichtig zu, er will ihnen Mut machen. Der Mann auf dem Fahrrad, der ihm entgegenkommt, sieht harmlos aus, er ist schon älter und trägt einen grauen Bart. Als er nahe genug ist, um die Soldaten anzusprechen, löst er plötzlich einen Sprengsatz aus, den er unter seiner Weste verborgen hat. Der Attentäter stirbt zusammen mit vier Kanadiern, rund ein Dutzend Männer werden schwer verletzt.

Jetzt sitzt auf der gezimmerten Veranda des Lagezentrums des Militärstützpunkts Kandahar Air Base nur noch Murphy Mackenzie, David Byers bester Freund im Bataillon »Princess Patricia's Canadian Light Infantry«. Er hat den Selbstmordanschlag überlebt. Mackenzie ist hier, um seinem Kameraden das letzte Geleit zu geben.

Byers liegt in einer Zinkkiste. Sein Sarg ist in die kanadische Flagge eingeschlagen. Acht Männer tragen ihn auf ihren Schultern, schieben seine Leiche in den dunklen Schlund einer Herkules-Maschine. Sie soll ihn zurück nach Kanada bringen, nach Espanola. Am Horizont ragen die kahlen Gipfel des Schah-Maqsud-Gebirges empor, und der Wüstensand fegt lautlos über den Asphalt des Flugfeldes. Im Hintergrund spielt ein Soldat im Schottenrock auf einem Dudelsack zum Abschied ein Lied.

Nach der Trauerfeier sitzt Mackenzie wieder auf der Holzveranda. Er nippt an einer Wasserflasche. Mackenzie ist lang und blass, seinen Kopf hat er kahl rasiert. Das macht ihn etwas älter, aber auch er ist erst zweiundzwanzig Jahre alt. »Diese Feiglinge! Warum machen die das, diese Selbstmörder?«, schimpft er deprimiert.

Die Antwort könnte der Kanadier gut 200 Kilometer südöstlich von Kandahar, im pakistanischen Quetta, erhalten. In der Provinzhauptstadt von Belutschistan träfe Mackenzie jede Menge junge Männer seines Alters, Afghanen, die in den Flüchtlingslagern Pakistans aufgewachsen sind, als eines von sechs, sieben oder zehn Kindern, deren Eltern weder lesen noch schreiben können. Falls sie überhaupt eine Schule besuchen, dann vermutlich eine Madrassa, eine Religionsschule, denn andere Schulen gibt es kaum. In den Madrassen saugen die Kinder von klein auf den anti-westlichen Geist ein. Niemand dort sagt ihnen, dass Männer wie David Byers und Murphy Mackenzie nach Afghanistan kommen, um den Menschen im sechstärmsten Land der Erde ein besseres Dasein zu ermöglichen.

Es sind junge Männer wie Bakhtiar Ahmed. Der dreiundzwanzigjährige Afghane hockt in einer Seitenstraße in Quetta auf einem Pick-up und demonstriert gerade gegen die »Besatzer« seiner Heimat. Ahmed schwenkt eine grüne Fahne, grün ist die Farbe des Islam, und neben ihm verbrennen Glaubensbrüder ein Bild mit dem

Konterfei des pakistanischen Präsidenten Pervez Musharraf, weil er mit den Ungläubigen paktiere. Ahmed ruft: »Tod Amerika – *Allah-u-Akhbar* – Gott ist groß.«

Dass im Nachbarland die westliche Allianz und die Regierung des afghanischen Präsidenten Hamid Karzai einen Krieg gegen Extremisten führen, kann er nicht nachvollziehen. Für ihn ist es genau andersherum, die anderen seien extrem, die Amerikaner und ihre Verbündeten, die aus ihren fernen Ländern in seine Heimat einfielen und »feige« mit ihren Flugzeugen aus der Luft unschuldigen Frauen und Kindern den Tod brächten und die Dörfer zerstörten.

Das Taliban-Regime war Ahmeds Ideal von einer gottgefälligen Gesellschaft, und die Selbstmordattentäter seien die wahren Befreier des Islam, ihr mutiges Opfer bringe sie direkt ins Paradies: »Unser Dasein hier ist doch ein Gefängnis«, sagt er. »Wir leben für das Leben danach.«

Seine Ausbildung hat Ahmed in einer Moschee erhalten, die dem Geist der Deobandi folgt, einer radikal-islamischen Rechtsschule mit Ursprung im indischen Deoband, rund 150 Kilometer nördlich von Neu-Delhi. Die dortige Versammlung der Gelehrten habe beschlossen, dass der Heilige Krieg gegen die Fremden in Afghanistan gekämpft werden müsse. Deshalb will auch er bald dorthin gehen.

Vor sechsundzwanzig Jahren flüchtete die Familie der Ahmeds nach der blutigen Invasion der Sowjets aus Afghanistan hierher nach Pakistan. Ihr Ältester, Bakthiar, der junge Mann mit dem sauberen, weißen Hemd und dem ordentlich gestutzten Bart, ist ihre große Hoffnung. Die Religionsschule hatte ihn vor neun Jahren aufgenommen, und als einziges Kind lernte er lesen und schreiben. Mit seinen Eltern, den vier Brüdern und fünf Schwestern lebt der Talib im Armenviertel Paschtunabad. Die Familie teilt sich ein einziges Zimmer. Der Vater ist arbeitslos, ein Bruder vertreibt und installiert Elektrotechnik, was kaum zum Leben reicht. Gern würde Ahmed nach seinem Examen im Staatsdienst arbeiten, aber der Befreiungskrieg gehe jetzt vor: »Was bleibt uns übrig, wenn wir sehen, was die Amerikaner mit unserer Heimat machen?«

Bald könnten sich also der kanadische Gefreite Mackenzie, der den zukünftigen Gotteskrieger Ahmed für einen Feigling hält, und der Koranschüler Bakthiar Ahmed, der Afghanistan von den Ungläubigen wie Mackenzie befreien will, auf dem Schlachtfeld in Panjwai gegenüberstehen.

Am 15. Februar 2007, fünfeinhalb Jahre nachdem der Präsident der Vereinigten Staaten den »Krieg gegen den Terror« vor dem amerikanischen Kongress erklärt hatte, hielt George W. Bush im Mayflower-Hotel in Washington eine Rede vor Gelehrten des Wissenschaftsbetriebs American Enterprise Institute. Der Saal war mit blauen Stoffbahnen und gelben Gladiolen geschmückt und sah sehr festlich aus. Der Präsident war gut präpariert. Die Lage in Afghanistan schilderte er bemerkenswert kenntnisreich: Eingangs nannte Bush eindrucksvolle Zahlen, einundneunzig Frauen seien im afghanischen Parlament vertreten, es gebe über fünf Millionen Schulkinder, die Bevölkerung habe mehrheitlich Zugang zur Gesundheitsversorgung, 4,6 Millionen Flüchtlinge seien zurückgekehrt, und 800 Millionen Dollar Auslandsinvestitionen konnten bisher akquiriert werden. Das stimmte optimistisch. Doch dann sprach Bush vom »Feind«.

Der Präsident machte deutlich, dass die neue Generation der Islamisten in Afghanistan, die Neo-Taliban, mit al-Qaida stärker vernetzt operieren als je zuvor. Er war darüber informiert, dass die wieder erstarkten Taliban inzwischen zum größten Arbeitgeber des Landes geworden waren, weil niemand sonst in den vergangenen Jahren den afghanischen Männern Jobs gegeben hatte. Er sagte, dass die Kämpfer und Waffen zu einem Gutteil aus dem Drogenhandel finanziert werden. Bush konstatierte, dass die Taliban und al-Qaida nicht verschwunden seien, sondern ihre Basen nun in Gebiete nach Pakistan verlegt hätten, die weitgehend unzugänglich seien. Schließlich zählte er auf, dass sich die Zahl der Straßenbomben im vergangenen Jahr verdoppelt habe, sich die Angriffe auf internationales Militär verdreifachten und die Selbstmordattentate verfünffachten.

All das hörte sich nicht nach dem »Sieg über den Terror in Afghanistan« an, den Bush seit Jahren für sich reklamierte. Eher erschien es so, als wenn der westliche Goliath das Land am Hindukusch zwar leicht einnehmen konnte, der Riese nun aber Mühe hat, sich gegen die Nadelstiche der radikalen Islamisten, den Davids der muslimischen Armenwelt, zu verteidigen.

Doch im Manuskript eines Präsidenten steht für jedes Problem auch eine Lösung (»Wir helfen Präsident Karzai mit einem verbesserten Konzept mobiler Zerstörungseinheiten für Drogenvernichtungs-Einsätze«), und irgendwie schaffte er es, dass sein afghanischer Feldzug am Ende dieser Rede nach einem großen Erfolg aussah: »Ich bin wirklich stolz darauf, dass unsere Nation geholfen hat, die fünfundzwanzig Millionen Menschen dieses Landes zu befreien.« Brandender Applaus schlug Bush entgegen, als er voraussagte, dass all dies die nächste Generation der Amerikaner sicher und »in Frieden« leben lassen werde.

Im Süden Afghanistans jedenfalls sind die Menschen von Frieden und Normalität noch weit entfernt. Auf der Krankenstation in Kandahar riecht es nach Schweiß und scharfer Chemie. Wie auf einer Hühnerleiter kauern die Patienten auf einer schmalen Bank, eingemummt in ihre Patous. Verletzte und Verwundete liegen nebeneinander in Straßenkleidung auf den Betten, und ihre Laken hat seit vielen Tagen niemand mehr gewechselt. Gliedmaßen der Patienten baumeln, je nach Verletzung, an steinzeitlichen Flaschenzügen.

Mohammed Ghafur ist Patient Nummer neunundsechzig. Er ist Kuchi, ein Nomade. Der bärtige Paschtune trägt ein vergilbtes Käppchen, in das mit goldenen und silbernen Fäden ein aufwendiges Muster gestickt ist, sein Hemd ist auf der linken Seite aufgeschlitzt. Der Ellenbogen stakt heraus, und am Oberarmknochen ist nur noch wenig Muskelfleisch zu sehen, der Unterarm schwoll dafür durch eine eitrige Entzündung auf das Dreifache an. Alles wird durch ein Metallgestell zusammengehalten, das die Haut an Schulter und Armgelenk durchbohrt.

Patient Nummer neunundsechzig ist schon Monate hier. Als er eingeliefert wurde, war Ghafur halbtot.

Der achtundvierzigjährige Familienvater hatte sein Zelt aus Planen, Stöcken und trockenem Gras in der Steppe des Distrikts Sangabad aufgestellt, einige Kilometer westlich von Kandahar. Am Abend lag er auf seinem Bett, es war 22 Uhr und dunkle Nacht. Die sechs Kinder, vier Jungen und zwei Mädchen, und seine Frau schliefen schon fest. Plötzlich hörte Ghafur ein Flugzeug. Eine Bombe wurde abgeworfen und tötete alle seine Tiere, die zwei Kamele, das Rind und die sieben Ziegen, die sich in der Nähe des Zeltes auf der Steppe zur Ruhe begeben hatten. Die Familie fuhr hoch und lief sofort aus dem Zelt. Diesmal feuerte der Pilot der Maschine die Bordkanone direkt auf Ghafurs Frau und die Kinder. Außer dem Vater, der am Arm getroffen wurde und mehrere Stunden bewusstlos am Boden lag, hat keiner von ihnen überlebt.

Die Soldaten hatten die Nomaden offensichtlich mit Taliban-Kämpfern verwechselt.

Immer wieder infiltrieren militante Islamisten das Territorium um Kandahar, auch nach der inzwischen legendären Schlacht um Panjwai, der »Operation Medusa«. Im Nachtsichtgerät der Bordkanone sind jedoch keine Unterschiede zwischen Kämpfern und Zivilisten zu erkennen. Der Befehl an den Schützen lautete schlicht: »Ground Clearance«, die Feinde sollten aus der Region entfernt werden.

Ein Bruder Ghafurs brachte den Schwerverletzten am nächsten Morgen ins städtische Hospital, und weil die Tiere dessen einziger Besitz waren, bezahlt nun der Bruder für die Medikamente. Sonst kam niemand, um zu helfen, weder von der Regierung noch von den ausländischen Soldaten.

Unweit von Sangabad liegt das Dorf Pol-e-Maluk, was so viel heißt wie die »Brücke von Maluk«. Seit Hunderten von Jahren kultivieren die Bauern hier alte Weinreben. Dazu schichten sie Bodenwellen auf, und in den Senken pflanzen sie die Stöcke. Zum Trocknen werden die Trauben in hohen Lehmhäusern ausgelegt, die durch Dutzende kleine quadratische Schachte belüftet werden.

Die Ernte war 2006 bereits eingebracht, als sich die Taliban im Herbst in die Häuser der Dorfbewohner von Pol-e-Maluk einnisteten. Eines Abends kamen sie auch ins Haus des Bauern Nazar Mohammed. Es waren Männer mit langen, schwarzen Bärten und dunklen Turbanen, ihre Gewehre und Munitionsgürtel hingen ihnen von den Schultern. Sie baten um Unterkunft und Verpflegung, und Mohammed diskutierte nicht lange. Er gewährte ihnen Einlass.

Wenige Tage darauf zwangen ihn die Taliban, den Hof mit seiner Familie zu verlassen. Dann wurde Pol-e-Maluk zur Kampfzone. Nun, gut vier Monate später, ist Mohammed zurückgekehrt. Gegenüber seinem Grundstück befindet sich jetzt ein Nato-Stützpunkt. Sandsäcke sind dort aufgetürmt, amerikanische Schnellfeuergewehre auf die Einfahrtsstraßen vor den Bauernhöfen gerichtet. Vor dem Checkpoint bauscht sich eine Absperrung aus Nato-Draht.

Nazar Mohammeds Haus und die Trockenanlage für die Trauben sind nicht mehr da. Ein Bulldozer hat sie dem Erdboden gleichgemacht, auch die Weinberge wurden planiert. Als »Aufbaumaßnahme« hatten die Kanadier eine Straße asphaltiert, die zum Checkpoint führt. Dabei ebneten sie ein, was im Wege war, Dutzende Häuser, Obstgärten und auch Nazar Mohammeds Hof.

Mohammed ist schon weit über fünfzig Jahre, ein gesegnetes Alter für afghanische Männer, deren Lebenserwartung im Durchschnitt sechsundvierzig Jahre beträgt. Der Landwirt ist nicht sehr muskulös, er hat ein schiefes Gesicht und stark wuchernde Augenbrauen, unter seinem braun-schwarzen Turban legt sich die Stirn in tiefe Falten.

Jetzt steht Mohammed auf seinem Acker und harkt die schwere Erde auf, er will Weizen pflanzen, der wachse am schnellsten. Die neue Straße sei zwar gut, um ins Krankenhaus zu fahren und die Früchte auf den Markt zu bringen, murrt er, aber er habe keine Vorräte mehr und die Kinder nichts zu essen. Der Gouverneur von Kandahar war hier und ein Soldat von der Nato, sie versprachen Kompensation für alle jene, die durch die Bombardements Angehörige verloren hätten oder Verluste durch den Straßenbau erlitten. Bisher habe er jedoch nichts erhalten.

Ob die Weltgemeinschaft ihre Versprechen einlöse, sei ungewiss, sagt Mohammed und verzieht dabei skeptisch die Mundwinkel. Zumindest hätte es unter den Taliban Stabilität gegeben, und überall dort, wo jetzt die internationalen Truppen seien, wäre Krieg. »Wir wollen Frieden«, knurrt der Bauer.

Eigentlich ist er misstrauisch gegenüber den Besuchern aus dem Westen. Aber dann führt der Paschtune doch hinüber zu der Ruine, die früher sein Hof gewesen ist.

Ein Mauerverschlag schützt vor Blicken, und dort legt Mohammed auf der Wiese rote Sitzkissen aus. Ein Sohn bringt Tee, süße Mandeln und Rosinen. »Ich war für die Taliban«, bekennt er. Der Krieg mit den Sowjets kostete das Leben zweier seiner Brüder, dann kam der blutige Machtkampf der Milizführer im Bürgerkrieg, und es gab keine funktionierende Ordnung mehr. Das war am Anfang der Neunzigerjahre.

Kriminelle fielen in die Höfe der Umgebung ein, sie plünderten und sie vergewaltigten eine Cousine zwei Dörfer weiter. Wenn Mohammed mit seinem Pferdewagen das Haus Richtung Kandahar verließ, verlangten bewaffnete Wegelagerer damals horrende Zölle. Die Koranschüler waren die einzige Alternative zur Anarchie.

Sie hatten eine Polizei, und diese sicherte die Straßen vor Banditen, und ihre Mullahs lösten Streitfragen über Land, Wasser und die Familienehre. Dass sie Dieben auch die Hände abhackten und Ehebrecherinnen steinigten, störte ihn und die Bewohner von Pol-e-Maluk nicht besonders.

»Die Taliban waren nie beliebt«, sagt Mohammed und winkt seinen Sohn herbei, damit er den Tee nachgießt. »Sie waren roh und ungebildet.« Aber das Regime der Koranschüler repräsentiert in seiner Erinnerung immerhin eine kurze Episode des Friedens.

Die amerikanische Invasion vor acht Jahren bedeutete für Nazar Mohammed dagegen zunächst nicht Befreiung, sondern erneut Bedrohung. Jede Nacht kamen die Flugzeuge und warfen ihre tödliche Fracht über den Dörfern ab, zwei Monate lang. Wieder traf es einen Nachbarn und zwei Verwandte im nächsten Dorf. Im ganzen Land, in dem damals über zwanzig Millionen Menschen lebten, starben im Bombenhagel der Amerikaner neben Tausenden von Taliban auch etwa 3500 Zivilisten. In Kandahar war es besonders schlimm, denn die Stadt des Südens ist Mullah Omars Regierungssitz gewesen, und viele seiner treuesten Unterstützer lebten in den Dörfern der Umgebung.

Die meisten zivilen Opfer wurden erschlagen, im Schlaf, als die Mauern ihrer Häuser unter den Druckwellen der Bomben nachgaben. Er habe damals ausgehalten in Pol-e-Maluk, denn Allah allein entscheide, wann ein Leben ende, sagt Mohammed und zeigt dabei ein herbes Lächeln. Die Spitzenfunktionäre der Taliban flüchteten damals in die Berge oder nach Pakistan, und mit ihnen auch ihre Sicherheitskräfte, die im Dorf die Ordnung aufrechterhalten hatten. Fortan gab es keine Polizisten mehr und keine Mullahs, die noch Urteile fällten über Mörder, Diebe und Ehebrecher.

Es sprach sich dann im Dezember 2001 schnell herum, dass hohe Funktionäre der internationalen Politik in Deutschland, an einem Ort namens Petersberg bei Bonn, einen neuen Regenten für Afghanistan bestimmt hatten. Die Nachricht kam sogar bis nach Pol-e-Maluk. Immerhin, es war ein Mann aus ihrer Mitte, ein Paschtune aus Kandahar. Sein Name war Hamid Karzai.

Mohammeds fünfzehnjähriger Sohn bringt nun getrocknete Erbsen und zwei Äpfel, dazu Nan, warmes Fladenbrot, und gekochte Kartoffeln. Es ist das Beste, was der Haushalt zu bieten hat. »Ich war hoffnungsfroh«, sagt Mohammed. Wenn die gesamte westliche Welt nach Afghanistan kommen würde, um ihnen aus ihrer misslichen Lage zu helfen, das klang nach einem Neuanfang. Den alten Männern in Pol-e-Maluk war vor allem klar, dass dies auf viele Jahre die letzte Chance für ihr kriegsversehrtes Land sein würde.

Doch dann geschah nichts. Fünf lange Jahre geschah einfach nichts.

Niemand kam nach Pol-e-Maluk, um etwas zu bauen, ein Kraftwerk oder ein Krankenhaus oder eine Schule. Keiner reparierte die Karez, das von den vielen Schlachten immer neu zerstörte Bewässerungssystem der Felder. Niemand schickte einen Richter, und niemand bot eine Arbeit an, mit der er oder seine Söhne sich ein paar Afghani hätten verdienen können. Anstatt die Bürger zu schützen, nahmen ihnen die neuen Polizisten der Karzai-Regierung sogar noch Geld ab, wenn sie ihre Checkpoints passierten. Nur zweimal sah

Mohammed Fremde in Pol-e-Maluk. Sonderbare lehmfarbene Fahrzeuge rumpelten über die Sandspur, drei Männer mit dunklen Brillen stiegen aus, alle trugen eine Waffe im Arm. Es waren Spezialkräfte, Amerikaner auf der Jagd nach Terroristen. Die Dorfbewohner fühlten sich durch ihre Anwesenheit keineswegs sicherer, im Gegenteil. Sie wussten, wo diese Männer auftauchten, fielen oft kurz darauf Bomben auf irgendein Haus.

Ein junger Mann setzt sich schweigend neben Mohammed, es ist Naim, ein Mann aus Kirmati, einem Dorf in Ostafghanistan bei Gardez. Er ist siebenundzwanzig Jahre alt und hat blaue Augen, was hier selten ist. Sein kräftiges Gesicht mündet in ein ziemlich breites Kinn. Naim ist Metzger und ein entfernter Verwandter von Mohammed, er kam wegen einer Hochzeit zu Besuch.

Im Frühjahr 2002 war Naim von amerikanischen Soldaten verhaftet worden. Er geniert sich, davon zu erzählen, doch Mohammed drängt ihn.

»Es war schon spät, nach Mitternacht. Plötzlich gab es einen furchtbaren Lärm, ein Helikopter landete, Männer riefen irgendwas, ich rannte hinaus in den Garten, plötzlich stand jemand mit einer Waffe vor mir. Es waren amerikanische Soldaten. Sie fesselten mich und verbanden mir die Augen, sie schubsten mich in einen Helikopter. Unter der Augenbinde konnte ich sehen, wie der Soldat ständig die Waffe auf mich gerichtet hielt. Später fand ich heraus, dass wir auf dem Militärstützpunkt Bagram gelandet waren. Sie warfen mich in einem Zimmer auf den Boden. Sie wussten gar nicht, wer ich bin. ›Wie heißt du?‹, fragten sie immer wieder. Ich musste mich nackt ausziehen. Sie haben viele Fotos von mir gemacht, als ich ganz nackt war.«

Nach sechzehn Tagen wurde Naim freigelassen. Die Verhaftung war ein Irrtum, und ein Amerikaner entschuldigte sich: »Wir bitten um Verzeihung im Namen von Amerika und im Namen von Präsident Bush.«

Viele hier fürchten, dass es ihnen eines Tages genauso ergehen könnte wie Naim. Denn der Südosten von Afghanistan ist schon immer die Hochburg der Taliban gewesen, und fast jeder dort hat einen

Sohn oder Onkel, der als Funktionär in der Administration der Koranschüler diente und deshalb als möglicher Feind angesehen werden könnte. Fast jeder weiß eine Geschichte von einem Nachbarn oder Verwandten zu erzählen, in dessen Haus nachts von Amerikanern die Türen eingetreten, die Frauengemächer durchsucht und die Hausherren bloßgestellt wurden. Die Verletzung der Privatsphäre ist nach dem Ehrenkodex der Paschtunen eine unverzeihliche Schande, auf die »Badal«, Genugtuung, folgen muss. Auch Naim hat die Demütigung nicht vergessen.

In den Lehmhäusern der Bauern und den Zelten der Nomaden gibt es keine Fernseher und keine Zeitungen, doch alle wissen, dass auf dem US-Militärstützpunkt Bagram gefoltert wurde und dass Afghanen dort an den brutalen Verhörmethoden gestorben sind. Sie wissen auch von dem Gefängnis in Guantánamo und kennen die Bilder aus Abu Ghraib, auf denen Amerikaner Muslime auf unfassbare Weise erniedrigt haben. »Ist das eure Demokratie? Seid ihr besser als die Taliban?«, zürnt Mohammed.

Mit dem Wort »Demokratie« hatten die meisten Afghanen vor allem den Fortschritt und Wohlstand des Westens verbunden, aber auch die Unabhängigkeit von den unterdrückerischen Warlords und Feudalherren. Inzwischen jedoch ist Demokratie in weiten Teilen des Landes ein Schimpfwort geworden, ein Synonym für gebrochene Versprechen, Gewalt und Sittenlosigkeit, gemeint sind die sündigen Bräuche, die mit den Fremden in die Städte kamen, die Pornographie und die Prostitution und der Alkohol.

Damals, am Anfang des Krieges, im Herbst 2001, machten die Strategen in Washington einen Plan. Es war eigentlich ein gut gemeinter Plan, von dem sie dachten, dass er nicht nur ihnen nutzen werde, sondern auch den Afghanen, also auch Männern wie Nazar Mohammed.

Der Plan hatte fünf Phasen: In Phase I würden die Amerikaner die Macht in Kabul übernehmen. Um das zu erreichen, hatten sie den ortskundigen General Abdul Rashid Dostum angeheuert, einen für sein taktisches Geschick und seine Grausamkeit bekannten Kommandeur aus dem Norden des Landes. Dostum hatte schon in allen denkbaren Koalitionen gegen die Taliban gekämpft, und er stellte mit seiner Miliz die Bodentruppen. Das immerhin hatte gut geklappt.

Danach sollte die »Expansion« folgen, Phase II. Ein Schwerpunkt war dabei die Beseitigung der »Reste« der aufständischen Taliban und al-Qaida-Kämpfer. Die Soldaten dafür waren die Männer in den sonderbaren lehmfarbenen Fahrzeugen, die Nazar Mohammed in Pol-e-Maluk gesehen hatte. Niemand im Pentagon dachte damals daran, dass die militanten Koranschüler je wieder zum Problem werden könnten; es ging, wie sie glaubten, schließlich nur noch um »Reste«: »Die Taliban sind weg, al-Qaida ist weg, das Land ist noch nicht vollkommen stabil, und es braucht jetzt eben eine Menge Wiederaufbau«, verkündete der amerikanische Verteidigungsminister Donald Rumsfeld siegesgewiss bei Larry Kings Nachtshow auf CNN, als müssten in Afghanistan nur noch ein paar Schönheitskorrekturen vorgenommen werden. Das war im Dezember 2002.

In Phase III sollte Afghanistan zügig aufgebaut werden. Die Nato übernahm die Isaf-Operation und dehnte ihr Engagement schließlich auf das ganze Land aus. Bis Ende 2008 würden dann ungefähr 70 000 afghanische Armeeangehörige und ebenso viele Polizisten trainiert sein.

Spätestens hier ist irgendetwas schiefgegangen: Für Bomben und militärisches Personal gaben die Amerikaner jeden Monat 1,08 Milliarden Dollar aus, für die Afghanen und den zivilen Aufbau investierten sie dagegen nur rund 1,5 Milliarden Dollar im ganzen Jahr.

Am Ende jedenfalls wollte der amerikanische Präsident George W. Bush die staatlichen Aufgaben an die afghanische Regierung übergeben, die US-Truppen würden nach Amerika zurückkehren, und das neue, demokratische Afghanistan wäre, Phase IV und V, nach einem sehr überschaubaren Einsatz von Geld und Personal, fortan einer der wichtigsten strategischen Partner der USA in Asien.

Doch Phase IV und V werden womöglich gar nicht eintreten. Denn alles entwickelte sich plötzlich ganz anders, als der Plan es vorsah: Die Mitarbeiter der Hilfsorganisationen und staatlichen

Wiederaufbauinstitute wollten aus Sicherheitsgründen nicht in den politisch heißen Süden gehen. Wiederaufbau fand nicht statt im Paschtunen-Gürtel, obgleich sich hier, im Armenhaus des Landes, schon immer das Schicksal Afghanistans entschieden hat. Dann kam der Irakkrieg und bannte die Aufmerksamkeit der Mächtigen in Washington. Personal mit Orienterfahrung wurde abgezogen nach Bagdad.

Die Bewohner von Pol-e-Maluk hatten ziemlich lange auf den Aufschwung gewartet, doch irgendwann glaubten sie nicht mehr daran, dass er auch zu ihnen kommen würde. Das war ungefähr die Zeit, als die ersten Taliban wieder aus den Bergen zurückkehrten, Mitte 2005. Sie hatten sich inzwischen neu organisiert und wollten nun landesweit den Krieg gegen die »Besatzer« aufnehmen.

Bis heute ist es keine Bruderliebe zwischen den Taliban und der Bevölkerung. Aber wieder offerierten die militanten Koranschüler etwas, was die Menschen in Pol-e-Maluk dringend brauchten und die internationale Gemeinschaft nicht geliefert hatte: Jobs. Wer mit ihnen kämpfen wollte, erhielt zwischen 10 und 20 Dollar am Tag, bis zu 600 Dollar im Monat – zehnmal mehr als die afghanische Armee im Durschschnitt ihren Soldaten bezahlt.

Hier wird Mohammed etwas ungenau, denn gegenüber von seinem zerstörten Hof, in dem er nur noch ein Zimmer bewohnen kann, stehen die Nato-Soldaten und haben ihre Gewehre im Anschlag. Er sei ohnehin viel zu alt, um zu kämpfen, sagt er schnell, und macht klar, dass er sich in keinster Weise am Widerstand beteilige, auch seine Söhne nicht. Aber es sei auch nicht leicht, sich den Männern mit den langen Bärten und den Kalaschnikows entgegenzustellen, sagt er, irgendwie stünden sie ja zwischen allen Fronten. »Die Taliban kommen von hier, und sie werden hier bleiben, auch ich werde hier bleiben wie meine Söhne. Und wie lange bleiben die Amerikaner und die Soldaten aus dem Westen?«, fragt er zum Schluss.

Seit 2005 ist der Widerstand gegen die fremden Soldaten deutlich angewachsen, und die westliche Allianz antwortete darauf mit verstärkten Luftschlägen. In den ersten Monaten des Jahres 2006 flogen die Militärs in Afghanistan mehr als doppelt so viele Angriffe wie im Irak. Dabei wurden eine ganze Reihe Taliban-Führer getötet und auch jede Menge ihrer Kämpfer, darunter viele, die sich eigentlich nur wegen der 10 oder 20 Dollar am Tag angeschlossen hatten. Manchmal starben fünfzig, sechzig Menschen an einem Tag. Fast immer waren aber auch Zivilisten unter den Toten, und irgendwo zwischen Jalalabad und Lashkah Gar traf es Dutzende von Dorfbewohnern, Bauern, Kindern und Frauen, wie die Familie des Nomaden Mohammed Ghafur.

Im Frühjahr 2006 schloss sich dann ein Teufelskreis: Die Paschtunen-Provinzen Kandahar, Helmand und Oruzgan waren durch die jahrelange Abwesenheit von Recht und Ordnung zum wichtigsten Opiumanbaugebiet der Welt geworden. Die westliche Koalition und die Karzai-Regierung schickten daraufhin ihre Drogenvernichtungskommandos in den Süden. Doch der Erlös aus dem Rauschgift ist das einzige Überlebenspolster der Bauern, die meist bettelarm sind.

Die Menschen im Süden Afghanistans sterben früh, weil sie nicht genug und nicht das Richtige zu essen haben. Der Mohn wächst jedoch gut in der trockenen Steppe, und es gibt einen Absatzmarkt dafür. Das große Geld machen die Händler, doch die Bauern würden alles tun, um ihr schmales Einkommen, das sie durch das Opium erhalten, nicht zu verlieren.

Das war die Stunde der Taliban: Als sie noch regierten, hatten sie die Kultivierung von Mohn und den Verkauf von Opium streng verboten, auch wenn sie ihren Krieg gegen die Nordallianz durchaus mit Drogengeldern finanzierten. Nun offerierten sie den Opiumbauern sogar Schutz für ihre Felder und erhielten dafür im Gegenzug einen Teil der Ernte.

Die Rechtfertigung war einfach: Die Maßnahme diente schließlich einem höheren Zweck, dem Heiligen Krieg gegen die Ungläubigen und deren Marionetten in der Regierung von Präsident Hamid Karzai.

Inzwischen finanzieren Drogenerlöse jene Kämpfe, die den zaghaft begonnenen Wiederaufbau im Süden sabotieren. Die Taliban wissen genau, wenn die Menschen erst einmal ein besseres Leben führen, vielleicht gar einen Job haben, schwindet auch ihre Macht. Gelingt es ihnen dagegen, umgekehrt, die Bevölkerung in die Kämpfe hineinzuziehen und sie zur Zielscheibe der Bombenangriffe zu machen, werden sich die Afghanen bald auf ihre Seite schlagen.

Im Schritttempo fährt das Patrouillenfahrzeug der Kanadier durch die Straßen von Dand, einer Siedlung zwanzig Kilometer nordwestlich von Kandahar-Stadt. Ein junger Soldat sitzt am Maschinengewehr und überwacht auf einem Bildschirm die Außenwelt. Ein rotes Kreuz legt sich über jede Person, die ihm verdächtig erscheint – sie ist nur zwei Klicks vom Tod entfernt. Die Fensterscheiben sind aus Panzerglas, und wenn die Soldaten Kontakt aufnehmen wollen mit der Bevölkerung, wenn sie etwa eines ihrer Aufbauprojekte besuchen, öffnet der Beifahrer im Führerhäuschen ein kreisrundes Doppelwandauge, das nicht viel breiter ist als zwanzig Zentimeter, dann ruft er hinaus: »Ist hier einer, der Abdullah heißt?«

Seit dem Tod des Gefreiten Byers aus Espanola am 18. September 2006 sind noch über hundert Kanadier gestorben, durch verdeckte Straßenbomben, ferngezündete Sprengkörper und Selbstmordattentäter, die ihre Wagen in die Fahrzeuge der Militärs lenkten.

Mehr als tausend westliche Soldaten haben bis zum Frühjahr 2009 ihr Leben in Afghanistan verloren, und zweiundvierzig Nationen führen hier heute Krieg. Bis zum 7. Oktober 2001, als in Afghanistan die erste Bombe dieses Krieges fiel, waren die Taliban eine regionale Bewegung, heute ist die Koranschülerarmee eine weltweit vernetzte Terroristenvereinigung, die neueste Techniken aus dem Irak importiert und ihre blutigen Attentate gegen westliche Soldaten und afghanische Polizisten global über spezielle Webseiten verbreitet, aufgemacht wie Slapsticks oder Unterhaltungsfilme.

Der Gefreite David Byers war im Plan der Strategen in Washington eigentlich für Phase III vorgesehen. Er sollte den Wiederaufbau des Landes sichern, sobald sich Afghanistan stabilisiert hat. Doch nie war die Bedrohung für die Schutztruppe größer, und das Vertrauen zwischen den ausländischen Soldaten und der Bevölkerung schrumpfte zumindest im Süden ungefähr auf die Größe der zwanzig Zentimeter Durchmesser des Doppelwandfensters im gepanzerten Patrouillenfahrzeug.

Als Präsident Bush damals bei seiner entscheidenden Rede im Kongress den »Krieg gegen den Terror« erklärte, neun Tage nach dem Anschlag auf das World Trade Center und das Pentagon, wollte er den Amerikanern eigentlich die Sicherheit zurückgeben, die sie bei dem Anschlag so plötzlich verloren hatten. Er sagte, dass dieser Kampf »nicht zu Ende sein wird, bis jede weltweit tätige terroristische Gruppe gefunden, am weiteren Vorgehen gehindert und besiegt worden ist«. Nur wenige Kilometer vom Kongressgebäude entfernt, im War College, bläuen erfahrene Offiziere seit drei Jahrzehnten dem militärischen Führungsnachwuchs die bittere Lektion des Vietnamkrieges ein: Nämlich, dass ein Krieg nur zu gewinnen ist, wenn seine Ziele klar definiert und auch erreichbar sind und der Aufwand im Verhältnis zum nationalen Interesse der USA steht. Gut sieben Jahre nach dem Terrorakt in New York und Washington ist die Welt nicht sicherer geworden, die Zahl der Terroristen steigt täglich, und die Vereinigten Staaten und ihre Verbündeten haben mehr Feinde und weniger Freunde als je zuvor.

Als der Gefreite David Byers in Espanola in Kanada aufbrach, um in Afghanistan etwas für den Frieden zu tun, erwartete seine Verlobte gerade das erste Kind. Am 2. März 2007 kam es zur Welt. Es ist ein Mädchen und heißt Layla. Ob jemand Layla, wenn sie einmal zweiundzwanzig Jahre ist, so alt, wie ihr Vater wurde, erklären kann, warum genau David Byers sterben musste, ausgerechnet in Afghanistan im Dorf Kafir Band?

11
Die geheime Mission des »Kommandos Spezialkräfte«

Am 3. Oktober 2001, es war ein Donnerstag, der Tag der deutschen Einheit, trafen sich in Hermann Hesses Geburtsstadt, dem baden-württembergischen Calw, im Lage- und Planungszentrum der Graf-Zeppelin-Kaserne eine Handvoll Bundeswehroffiziere zu einer denkwürdigen Besprechung. Ein deutscher Oberst leitete die Sitzung. Der stellvertretende militärische Führer des »Kommando Spezialkräfte«, kurz KSK genannt, war ein Mann Mitte fünfzig mit einer knarzigen Stimme und dunkelbraunem Haar. Der gelernte Panzergrenadier machte ein ernstes Gesicht. Er verfügte über Erfahrung bei der Jagd auf gefährliche Kriegsverbrecher in Bosnien und im Kosovo. Doch diesmal lautete der Befehl für die stets im Geheimen operierende Sondereinheit, erstmals nach 1945 in einen Bodenkrieg zu ziehen: Die Deutschen sollten gemeinsam mit den Amerikanern nach Afghanistan an die Front.

An der Wand hingen Karten des Hindukusch-Gebirges, auf den Tischen standen Krypto-Telefone, abhörsichere Anlagen. »Wie viele Männer sind verfügbar?«, fragte einer der KSK-Offiziere. »Vierzig bis fünfzig Shooter pro Einsatzkontingent«, antwortete der Oberst. »Wie viele Aufklärungs- und Gefechtsfahrzeuge haben wir?« Ein paar könnten sofort auf den Hof gestellt werden, die aber würden nicht reichen, hieß es, den Rest müsste man nachliefern.

Drei Tage später begann der Krieg in Afghanistan. Achtundvierzig Stunden danach hatten sich acht Verbindungsoffiziere der Bundeswehr in einem der provisorischen Häuschen im Coalition-Village des Central Command in Tampa, Florida, eingerichtet, einem Container-Dorf, das die Amerikaner für die verbündeten Nationen aufgestellt hatten. Es lag direkt gegenüber dem von Palmen gesäumten Hauptquartier von Viersterne-General Tommy Franks. Von dort aus führte Franks die »Operation Enduring Freedom« (OEF).

Unter dem deutschen Liaisonpersonal befanden sich auch zwei Herren, die auffallend wenig sagten. Sie trugen dunkle Sonnenbrillen. Der eine war groß und lang und blond, der andere breit und kräftig. Sie gehörten dem hochgeheimen »Kommando Spezialkräfte« an. Ihr Auftrag war es, alle nötigen Vorbereitungen zu treffen, damit das deutsche KSK so schnell wie möglich die Terroristenjagd in Afghanistan aufnehmen kann.

US-Präsident George W. Bush hatte eine lange Wunschliste an das deutsche Militär geschickt, nachdem Kanzler Gerhard Schröder ihm im Zusammenhang mit den Attentaten vom 11. September 2001 »uneingeschränkte Solidarität« zusicherte. Die Amerikaner wollten Schiffe, Flugzeuge und als Bodentruppen die Spezialkräfte des KSK. Bald darauf konnten die Bundesbürger auf ihren Wohnzimmer-Fernsehbildschirmen die deutsche Marine am Horn von Afrika kreuzen sehen, die dort potenziellen Terroristen den Seeweg versperrten, und deutsche Aufklärungsflieger, die den Luftraum über dem Arabischen Meer überwachten. Was sie nicht sahen, waren deutsche Kommandosoldaten, die am Hindukusch Osama Bin Ladens Heilige Krieger jagten. Aus dem Einsatz ihrer Elitetruppe machte die Bundesregierung ein Staatsgeheimnis.

Die Amerikaner hingegen hatten von Anfang an Journalisten in ihre Kampftruppen integriert. Es waren die letzten Tage des Taliban-Regimes, es gab viele Tote, und ein Reporter der Nachrichtenagentur Associated Press (AP) berichtete in den ersten Dezembertagen aus einer US-Stellung südlich von Kandahar: Es sei kalt und windig in dieser feindseligen Steppe, es werde viel gekämpft. Aber außer den amerikanischen Soldaten seien inzwischen auch die ersten Verbündeten eingetroffen, britische und australische Offiziere – sogar ein paar deutsche.

Die Meldung schreckte die Bundesbürger auf. Solidarisch wollten die Deutschen sein, aber eigentlich nicht kämpfen.

1999 hatten sie sich erstmals nach vierundfünfzig Jahren wieder an einem Krieg beteiligt. Mit ihren Tornadobombern halfen sie als Teil einer US-geführten Allianz, den Mord serbischer Milizen an den Albanern im Kosovo zu stoppen. Das war damals eine schwere Entscheidung. Einen Angriffskrieg am Boden im über 6000 Kilometer entfernten Afghanistan zu führen, war für die Mehrheit der Bundesbürger jedoch unvorstellbar. Warum sollten deutsche Soldaten am Hindukusch ihr Leben lassen? Ein Sprecher des Verteidigungsministeriums in Bonn dementierte schließlich die Anwesenheit deutscher Militärs im Süden Afghanistans.

Anfangs waren an der »Operation Enduring Freedom« insgesamt überhaupt nur rund 1000 US-Soldaten beteiligt, alles Special Forces, ausgebildet in unkonventionellen Kampftechniken. Es war eine neue Art des Krieges, mit wenigen, aber hoch effizienten Kämpfern, um die eigenen Verluste möglichst gering zu halten.

Die Amerikaner trugen lange Bärte und Räuberzivil, sie sahen nicht wirklich aus wie Soldaten einer ordentlichen Armee, eher wie eine Mischung aus Blues Brothers und Old Shatterhand. Auf Pferden waren sie durch die Gebirgswüste geritten und hatten die Stellungen der Taliban mit Luftunterstützung ausgelöscht. Die »Ziele« markierten sie mit Lasergeräten, und ein zum Flugzeug reflektierter Strahl lenkte die Bomben dann exakt dorthin. Die Krieger aus Amerika nannten es nur: »Call the Grimm Reaper« – »Ruf den Sensenmann«.

Zusammen mit dem Usbeken-General Abdul Rashid Dostum und dessen Truppen hatte eine Spezialeinheit des amerikanischen Geheimdienstes CIA im November den Norden eingenommen. Erst waren sie nach Masar-i-Scharif vorgerückt, dann nach Herat im Westen, schließlich übernahmen sie Kabul.

Ende November 2001 eröffnete eine kleine Gruppe US-Marines mit einer riskanten Luftlandeoperation dann eine zweite Front im Süden. Mitten im Feindesland sprangen sie 150 Kilometer unterhalb von Kandahar aus großer Höhe ab, in der weiten Wüste von Rigestan. Dort okkupierten sie ein nur wenig gesichertes Fort. Ein arabischer Scheich hatte es sich als Refugium zur Falkenjagd errichten lassen.

Die erstaunlich luxuriöse Einrichtung verfügte über zahllose

Auf Terroristenjagd:
KSK-Elitesoldaten in Kandahar

Schlaf- und Badezimmer, das Anwesen war umgeben von hohen Mauern und Wachtürmchen, und davor war eine schmale Sandlandebahn angelegt. Hier sollte das neue militärische Hauptquartier der Amerikaner entstehen. Sie nannten es »Camp Rhino«.

Kurz danach, in der Nacht vom 29. November, erschien am Himmel plötzlich eine völlig abgedunkelte Herkules C-130-Maschine. Das Flugzeug war von einem US-Stützpunkt im Ölstaat Oman losgeflogen und landete nun nach einem halsbrecherischen Sturzflug auf der unbeleuchteten Sandbahn. Heraus kamen, etwas wacklig auf den Beinen, zehn Kommandosoldaten.

Niemand wagte auch nur eine Taschenlampe anzuknipsen. Das kleine Wüstenfort war umzingelt von Feinden.

Der erste Mann war ein amerikanischer Commodore der Navy Seals aus San Diego, er sollte in Camp Rhino den Gefechtsstand für die bald eintreffenden internationalen Spezialkräfte aufbauen. Ihm folgten zwei Deutsche, ein großer, langer Blonder und ein kleinerer

Starker. Es waren die beiden KSK-Offiziere, die ein paar Wochen zuvor in Tampa noch dunkle Sonnenbrillen trugen und auffallend wenig Worte machten. Nach einer wilden Odyssee über amerikanische Militärbasen in Katar und Oman waren sie schließlich hier im Niemandsland eingetroffen.

Zu Hause in Deutschland hätten die beiden für dieses riskante Manöver wohl kaum mehr als verständnisloses Kopfschütteln geerntet. Unter Soldaten wird dies dagegen eher als sportlicher Wettbewerb betrachtet: Die beiden Germans hätten es immerhin als Erste der sogenannten Coalition-Forces ins »Auge des Taifuns« geschafft, sagt einer der US-Marines aus Camp Rhino ein paar Monate später bei einer Tasse Kaffee auf der Air Base Kandahar – und es klingt irgendwie anerkennend.

Camp Rhino ist am Ende dann doch nicht das Hauptquartier im Süden geworden. Es lag zu weit abseits von Kandahar, und die Versorgung wäre nur aus der Luft möglich gewesen. Nach dem Fall der Taliban-Hochburg bauten die Amerikaner ihr Hauptlager schließlich am Flughafen der wichtigsten Stadt im Süden auf.

Dort traf Anfang Januar 2002 auch der Rest des KSK mit seinen »Shootern« ein. Die Deutschen blieben zunächst für eineinhalb Jahre bis Herbst 2003 in Afghanistan, mit wechselnden Einsatzorten und rotierendem Personal. Sie ließen sich nachts in den paschtunischen Grenzprovinzen von Paktika, Paktia und Khost in bis zu 3000 Meter Höhe von Helikoptern auf schmalen Bergplateaus absetzen und spähten mit Nachtsichtgeräten und hochauflösenden Kameras die Gehöfte Verdächtiger aus. Sie gruben sich in Erdlöcher ein und verharrten dort wochenlang, getarnt unter Stöcken und Steinen, um einen Schmuggelpfad für Waffenlieferungen oder Schleichwege der Taliban zu überwachen. Ab Frühjahr 2005 operierten sie für ein weiteres halbes Jahr sowohl im politisch heißen Osten, in Paktika, wie auch im Norden, in Kundus und Faizabad.

Bei einem dritten Einsatz ab Sommer 2006 hoben deutsche Kommandosoldaten im Oktober in Kabul bei einer spektakulären Zugriffsoperation im Polizeidistrikt VIII ein Safehouse für Selbstmordattentäter aus. Ein Mann hatte jahrelang »Märtyrer« beherbergt, die wenige Tage vor ihrem Einsatz bei ihm unterschlüpften. Zu den unrühmlichen Aktionen gehörte dagegen, dass die KSK-Soldaten am Anfang ihrer Mission auch jene Gefangenen bewachten, die auf der Kandahar Air Base gefesselt in Käfigen kauerten, bevor sie von dort nach Guantánamo ausgeflogen wurden, unter ihnen der »Bremer Taliban« Murat Kurnaz.

Immerhin haben deutsche Spezialkräfte in Afghanistan bisher nicht getötet und selbst auch keinen Mann verloren. Ein Kommandosoldat wurde bei einem Autounfall verletzt, ein anderer verlor den Unterschenkel, als er und sein Team in der südöstlichen Provinz Paktika mit einem Wagen auf eine Mine fuhren. Die dreißig deutschen Soldaten, die bis zum April 2009 in Afghanistan gestorben sind, gehörten der parallel geführten Friedensmission International Security Assistance Force (Isaf) an, die unter dem Mandat der Vereinten Nationen läuft.

Den Anteil der Bundeswehr an der US-geführten Kriegsmission »Operation Enduring Freedom« (OEF) in Afghanistan wollte die deutsche Regierung nie genauer beleuchten. Mit ihrem bewusst unaggressiven Auftreten hoffte sie, möglichst selbst nicht ins Visier der Terroristen zu geraten, gleichzeitig erfüllte Berlin mit dem Beitrag der Spezialkräfte die Wünsche des wichtigsten Bündnispartners, der USA.

Seit in Afghanistan der Widerstand gegen die westliche Militärallianz wächst und in den Kampfgebieten fast täglich auch Zivilisten im Bombenhagel sterben, würden sich viele deutsche Politiker am liebsten ganz aus dem inzwischen durchgängig US-geführten Kriegseinsatz zurückziehen. Sie wollen sich nicht mitschuldig machen an den sogenannten *collateral damages*, wie die zivilen Verluste in der Militärsprache heißen, vor allem wollen sie vermeiden, dass ihre Soldaten in einem Einsatz sterben, von dessen Sinn eine wachsende Zahl von Deutschen nicht überzeugt ist.

Die Bundeswehr hat ihr OEF-Engagement in Afghanistan derzeit beendet. Die Hoffnung, dass dadurch eine Beteiligung an Bodenkämpfen und Bombardements ausgeschlossen wird, geht jedoch an der militärischen Wirklichkeit vorbei: Seit November 2005 operierte das KSK zwar nicht mehr unter OEF-Flagge, trotzdem war es bis Dezember 2008 fast durchgehend in Afghanistan, nun eben unter Isaf-Mandat. Wie früher jagten sie Terroristen und potenzielle Attentäter. Regelmäßig erteilt der höchste amerikanische Kommandeur in Kabul auch den Deutschen Aufträge für sogenannte Capture-Or-Kill-Operationen. Danach sollen Terroristen »ausgeschaltet« werden, die von den Geheimdiensten als militante Gegner der afghanischen Regierung und der westlichen Truppen eingestuft werden.

Auch der sogenannte »Bomber von Baghlan« stand auf der geheimen »Joint Prioritized Effects List« der Nato. Der richtige Name des mutmaßlichen Terroristen ist Mullah Younus und er wird dringend verdächtigt, eines der verheerendsten Attentate in der Geschichte des Landes verübt zu haben. Bei einem Bombenanschlag in einer Zuckerfabrik in der Provinz Baghlan im deutschen Verantwortungsbereich waren am 6. November 2007, an einem Dienstagmorgen, 79 Menschen gestorben, darunter viele Kinder. Eine Wirtschaftsdelegation hatte die gerade mit deutscher Hilfe restaurierte Fabrik besucht. Die Kinder der Belegschaft sangen zur Begrüßung ein Lied, als die Sprengladung gezündet wurde.

Mullah Younus gilt als Regionalchef eines gefährlichen Netzwerks, das für eine ganze Reihe von Selbstmordattentaten und tödlichen Straßenbomben verantwortlich ist. Wochenlang suchten die deutschen Spezialkräfte den Terroristen und spürten ihn im März 2008 unweit der Provinzhauptstadt Pol-i-Khumri tatsächlich auf. Wenig später näherten sie sich an einem frühen Morgen in dunkler Kleidung und mit Nachtsichtgeräten gemeinsam mit afghanischen Sicherheitskräften einem Gehöft, in dem der Attentäter die Nacht verbrachte. Doch kurz vor dem Ziel wurden sie von Taliban entdeckt. Mullah Younus konnte fliehen.

Der Fall führte bei den Nato-Alliierten im Isaf-Hauptquartier in Kabul zu erheblichen Verstimmungen. »Die Krauts lassen die gefährlichsten Leute laufen und erhöhen damit noch die Bedrohung für die Afghanen und alle ausländischen Kräfte hier«, zürnte ein britischer Oberst. Der Offizier mochte nicht verstehen, warum die Deutschen bei ihren Vorbereitungen nicht auch die »Kill-Option«

eingeplant hatten. Briten oder Amerikaner hätten eine so bedeutsame »Zielperson« im Fall eines Fluchtversuchs mit einer lasergesteuerten Waffe »ausgeschaltet«, erklärte er. Nun wisse Mullah Younus, dass man ihm auf der Spur sei, weshalb er noch gefährlicher sei als zuvor.

Die Deutschen hegen tatsächlich grundsätzliche Bedenken gegen die sogenannten Kill-Missions, die für viele andere Nationen in Afghanistan selbstverständlich sind. Ein Drittel der Top-Talibanführung wurde bisher auf diese Weise eliminiert, berichtet ein westlicher Nachrichtendienstler im Sommer 2008 in Kabul. Schon frühzeitig hinterlegte die Bundesregierung jedoch bei der Nato einen geheimen Vermerk, der offensive Zugriffe mit Tötungsabsicht für ihre Soldaten quasi ausschließt. »Die Anwendung von tödlicher Gewalt ist verboten, solange nicht ein Angriff stattfindet oder unmittelbar bevorsteht«, hieß es darin. Das galt auch für die sogenannten Elite-Kämpfer des KSK. Erst Mitte April 2009 wurden die Einschränkungen klammheimlich aufgehoben. Internationale Nato-Offiziere stuften die deutschen Spezialkräfte wegen ihrer restriktiven Einsatzregeln als weitgehend harmlos ein, was unter Soldaten kein Kompliment ist. In Deutschland hingegen wird der Calwer Einsatzgruppe wegen ihrer notorischen Geheimniskrämerei schier alles zugetraut.

Die Kommandosoldaten dürfen über ihre Erfahrungen am Hindukusch nicht sprechen, wer es dennoch tut, riskiert disziplinarrechtliche Strafen: »Zu Spezialkräfteeinsätzen geben wir grundsätzlich keine Auskunft«, wiederholen die Sprecher des Verteidigungsministeriums unermüdlich.

Die Männer des KSK sehen sich inzwischen vielfach als »Spielball der Politik«, als Pfand, wenn die Regierung sich an einem Konflikt nicht wirklich mit Kampftruppen beteiligen möchte, den großen Bruder aber nicht verprellen will, sagt ein Hauptfeldwebel, der schon mehrere Einsätze in Afghanistan hinter sich hat: »Dann schicken sie uns.« Der Enddreißiger kommt gerade vom Dienst aus der Graf-Zeppelin-Kaserne in Calw. Jetzt sitzt er in einem kleinen Pizza-Imbiss des Fachwerkstädtchens im Schwarzwald und bestellt Nummer sieben, Quattro Stagioni.

Der Kommandosoldat ist schwarzhaarig, trägt Jeans und ein kariertes Baumwollhemd. Er ist seit ein paar Monaten aus dem Einsatz zurück, doch noch immer lässt er sich einen schmal nach unten gezogenen Schnauzbart stehen, der sich am Kinn zu einem Büschel verdichtet, wie er ihn auch im Einsatz trug. Spezialkräfte pflegen ihre Moden.

Ob das, was sie dort in den vergangenen Jahren in Afghanistan getan haben, militärisch erfolgreich gewesen sei, könne er nicht wirklich beurteilen: »Wir haben unseren Teil getan«, sagt er. »Meist klärten wir Orte auf oder beobachteten eine verdächtige Person.«

Der KSK-Mann lobt die Professionalität der amerikanischen Kameraden und wird nachdenklich, als es um grundsätzliche Einstellungen geht, die deutsche und amerikanische Soldaten in diesem Krieg womöglich trennen: »Für die GIs ist da oben im pakistanisch-afghanischen Grenzgebiet jeder fragwürdig; die erschießen lieber einen mehr, der später ein Taliban werden könnte, als einen zu wenig. Ich denke dagegen, besser einen davonkommen zu lassen, bevor ich einen unschuldigen Schafhirten töte, bloß weil er eine Kalaschnikow trägt.« Aber es sei eben etwas anderes für die Vereinigten Staaten, irgendwie auch ein »Heiliger Krieg«: »Sie sind angegriffen worden, nicht wir.«

12
Reformerkönig Amanullah

Halb Berlin war auf den Beinen, als es am 22. Februar des Jahres 1928 in der Reichshauptstadt einen Potentaten aus dem geheimnisvollen Morgenland zu bestaunen gab. Erstmals besuchte ein gekröntes Staatsoberhaupt die neun Jahre nach dem Versailler Vertrag international noch weitgehend geächtete Weimarer Republik. Angesagt hatte sich auf seiner Reise durch Europa der junge König Amanullah von Afghanistan, ungestümer Reformherrscher in einem noch dem islamischen Mittelalter verhafteten Land und erklärter Freund der Deutschen.

Die Berliner waren hingerissen, sie sehnten sich im tristen Nachkriegsdeutschland nach verlorenem Glanz. Mit prunkvollem Protokoll, wie zu Kaisers Zeiten, wurden der König und seine Frau Suraja am Lehrter Bahnhof von Reichspräsident Paul von Hindenburg empfangen. Zehntausende säumten die Straßen und jubelten dem orientalischen Gast zu bei dessen Fahrt in der offenen Autodroschke zur Wilhelmstraße. »Amanullah, Amanullah«, lautete der neueste Schlager. Und bei der Karnevalsmode dieser Saison waren nicht nur in den rheinischen Metropolen des Frohsinns, sondern auch zu den Berliner Kostümbällen in der Funkhalle oder dem Sportpalast Pluderhosen, Turban, Fes und Schleier gefragt. Die Schauspielerin Marga Bernard präsentierte sich in einem Reifrock als orientalische Sternenprinzessin.

Auf die Deutschen war der glühende Nationalist Amanullah, drittältester Sohn des Emirs Habibullah, zu Beginn des Ersten Weltkriegs aufmerksam geworden. In einem tollkühnen Kommandounternehmen hatten die Politplaner des Berliner Auswärtigen Amts

Besuch aus dem Morgenland:
König Amanullah (links) mit Reichspräsident
Paul von Hindenburg 1928 in Berlin

einen Expeditionstrupp von Diplomaten und Soldaten nach Kabul geschickt für den subversiven Auftrag, das Britannien als Protektorat verbundene Afghanistan zum Aufruhr zu ermuntern. Der Emir sollte seine paschtunischen Reiterstämme in Britisch-Indien einfallen lassen. Zwar scheiterte diese Niedermayer-Hentig-Mission politisch – benannt nach Oskar Niedermayer, Oberleutnant im 10. Bayerischen Feldartillerie-Regiment, und Werner Otto von Hentig, preußischer Legationssekretär und Leutnant –, weil der Emir, bestärkt durch die Gabe von 200 Millionen Rupien in Gold und Silber aus den Schatullen des Empires, lieber bei seinem Kurs der Neutralität blieb. Aber in dem damals dreiundzwanzigjährigen Amanullah, der sich zur anti-britischen Fraktion des Hofstaats rechnete, hatten sie einen Fan gefunden. Der Prinz bewunderte besonders die Artilleriefertigkeiten der Deutschen, die bei Übungen mit Krupp'schen Kanonen unsichtbare Ziele beschossen und trafen.

Der Krieg ging für das Kaiserreich verloren, die Visite am Hindukusch indes machte sich wenig später für die Deutschen doch noch bezahlt. Der Emir wurde im Februar 1919 bei einem Jagdausflug im Schlaf von einem anti-britischen Eiferer erdolcht, und nach kurzem Nachfolgegerangel kam Amanullah auf den Thron. »Jetzt ist die Zeit zum Handeln«, ermunterte ihn sein Berater und Schwiegervater Mahmud Beg Tarzi, Gegner Britanniens und leidenschaftlicher Befürworter der jungtürkischen Reformideen von Kemal Atatürk. Amanullah wartete nicht lange. Auf einem Durbar, einer zeremoniellen Versammlung, in Kabul erklärte er sein Land für »vollkommen frei, autonom und unabhängig« und startete im Mai den dritten Anglo-Afghanischen Krieg. »Tod oder Freiheit«, schrie die Menge begeistert vor der Idgah-Moschee.

Allerdings war es ein Schock, als plötzlich antiquierte Maschinen der Royal Air Force über Jalalabad und Kabul auftauchten, ein paar Bomben abwarfen und dabei das Grabmal des Emirs Abdur Rahman trafen – einer der Piloten war übrigens der spätere »Bomber Harris«, der Chef von Londons strategischem Bomberkommando im Zweiten Weltkrieg. Aber die Vorstöße der Reiterstämme über die Durand-Linie, Massendesertionen der Paschtunen bei den Frontier Scouts und eine allgemeine Kriegsmüdigkeit der Briten nach den schweren Kämpfen an vielen Fronten des Ersten Weltkriegs brachten den jungen Herrscher schon nach einem Monat an sein Ziel: Die Briten waren zu Verhandlungen bereit und mussten schließlich 1919 die Unabhängigkeit Afghanistans hinnehmen, die als Erster der Staat Lenins anerkannt hatte und bald darauf die Weimarer Republik. Allein der alte Afghanistangegner Lord Curzon, nunmehr Londons Außenminister, wollte die normative Kraft des Faktischen nicht akzeptieren und beharrte darauf, dass dieses Land weiterhin »zum britischen Bereich politischer Einflussnahme« gehöre.

Solcherart von fortdauernder Bevormundung hatte sich Amanullah zuvor schon mit einem demonstrativen Annäherungsmanöver an das neue Sowjetrussland verweigert, obwohl die Bolschewiken mit den islamischen Glaubensbrüdern jenseits des Grenzflusses Amu-Darja nicht gerade zimperlich umsprangen. Vergebens waren afghanische Regimenter dem Emir von Buchara gegen die Rote

Armee zu Hilfe geeilt, beschwor der zwischen Afghanistan und Sowjetrussland 1921 geschlossene Freundschaftsvertrag die Unabhängigkeit der Khanate Buchara und Chiwa. Beide wurden gleichwohl wenig später Bestandteil der Usbekischen Sozialistischen Sowjetrepublik, und Tausende von Widerstandskämpfern, Tadschiken, Usbeken und Turkmenen, die sogenannten antikommunistischen Basmatschen, flohen nach Afghanistan.

Amanullah, ganz Machiavellist, schluckte all dies. Er hatte die Nordgrenze seines Landes abgesichert, und der neue große Freund erwies sich überdies als recht spendabel: Denn nicht erst zu Beginn des Kalten Krieges zwischen Ost und West im Jahre 1950, schon 1919 fingen die Russen an, sich einzunisten am Hindukusch. Moskau schenkte Amanullah dreizehn Flugzeuge, stellte Piloten, Mechaniker und Transportspezialisten zur Verfügung; bald darauf installierten russische Techniker Telefonleitungen zwischen Kabul und Masar-i-Scharif sowie zwischen Herat und Kandahar. Und noch vor 1928 gab es eine Flugverbindung zwischen Moskau und Kabul über Taschkent.

Dass er die Muslime Zentralasiens im Stich ließ und auch die Sache der Paschtunen jenseits der Durand-Linie nicht mehr mit Leidenschaft vertrat, machte Amanullah bei der islamischen Geistlichkeit suspekt.

Der Argwohn der Mullahs wuchs und steigerte sich zur Todfeindschaft, als die ersten Reformen des neuen Herrschers bekannt wurden aus einem Modernisierungsprogramm, das den atavistischen Berg- und Wüstenstaat in das 20. Jahrhundert zu beamen versuchte. Erstmals erhielt das Land eine geschriebene Verfassung. Nach türkischem Vorbild wollte Amanullah mit ihr den säkularen Boden bereiten für die Gleichheit von Völkern und Religionen. Proklamiert wurden die Abschaffung der Sklaverei, die Freiheit der Persönlichkeit, das Briefgeheimnis und die Unantastbarkeit des Eigentums. Wütend schleuderte bei einer öffentlichen Versammlung der oberste Religionsgelehrte, der Hazarat Sahib vom Shor Basar, den Verfassungstext zu Boden und verdammte ihn als kommunistisches Pamphlet.

Widersprüchlich und abenteuerlich:
Die Hauptstadt Kabul im Jahr 2007

Der Tradition mehr verhaftet als der Moderne:
Brotverkäufer in Kabul

Das Selbstmordattentat als »Heilige Waffe« legitimiert: Taliban-Kämpfer

»Zar«, das Gold, und »Zamin«, das Land, gehören zum stolzen Besitz des Mannes wie »Zan«, die Frau: Spaziergängerinnen in Kundus

Sickern über die Dörfer ein und ziehen
die Bevölkerung gewaltsam auf ihre Seite:
Mullah Omars Gotteskrieger

Kampf um die Herzen der Menschen:
Britische Kommandosoldaten
in der Taliban-Hochburg Helmand

Zivilisten zwischen allen Fronten: US-Soldaten mit wütenden Dorfbewohnern nach einem Einsatz in der von Taliban und westlichen Soldaten gleichermaßen umkämpften Provinz Zabul

Beschützer oder Feind? Ein afghanischer Junge beobachtet einen britischen Soldaten

»Wir würden das nicht machen, wenn ihr im Westen die Drogen nicht wolltet«: Opiumbauer in der Provinz Badakhshan

Kämpfen bis in den Tod:
Taliban-Friedhof nahe Kandahar

Seit 2001 verdreißigfachte sich die Opiumproduktion: Tagelöhner auf einem Mohnfeld

Wildes Reiterspiel um eine geköpfte Ziege: Buzkashi – der Nationalsport der Afghanen

Von den Winterweidegebieten ins wärmere Tiefland: Kuchi-Nomaden am Fuß des Hindukusch bei Bagram

Friedlicher Augenblick in der Provinz: Hirtenjunge am Kundus-Fluss

Tiefe Schluchten und lichtdurchflutete Canyons:
Die Nordostprovinz Badakhshan

Weite Steppen und weiche Hügel:
Die Nordwestprovinz Faryab

Amanullah ließ sich jedoch nicht beirren, ein Reformdekret folgte dem anderen. Den Einfluss der Mullahs beschnitt eine Justizreform mit der Einführung eines Zivil- und Strafgesetzbuchs, die Stammesoberen empörten sich über den Eingriff in ihre Privilegien durch die Bodenreform sowie über Steuern auf Land- und Viehbesitz. Als der »Padischah«, der Großherr, wie er sich nun nannte, auch noch das Tragen europäischer Kleidung anordnete und sogar Koedukationsschulen einrichten ließ, ballte sich eine breite Ablehnungsfront von Traditionalisten gegen derartige Modernisierungsschübe zusammen. Zunächst blieb der Widerstand auf kleinere Revolten in entlegenen Provinzen beschränkt. Amanullah beeindruckte dies nicht sonderlich. Er spielte Tennis, während fromme Muslime beteten. Mit seinen ausländischen Beratern, nicht wenigen aus Deutschland, arbeitete er Pläne aus für eine Verwaltungsreform. Im Vorort Darulaman wurden für eine grandiose neue Hauptstadt nach europäischem Zuschnitt erste pompöse Bauten errichtet, darunter ein Palast und Parlamentsgebäude. Zugleich entstand im pittoresken Bergnest Paghman ein Sommerrefugium der Hautevolee, die hier der Hitze und dem Staub des zwanzig Kilometer entfernten Kessels von Kabul entfloh. Mit seinen schattigen Parks und Weingärten, luxuriösen Residenzen und Tennisplätzen sowie einem »Super Cinema« wurde Paghman gleichsam zum Symbol westlicher Lebensart.

Türkische Militärberater kamen zum Verdruss der Armeespitze ins Land, hochwohlgeborene Söhne wurden auf Kadettenanstalten in Frankreich und Deutschland geschickt. Und – für die Mullahs eine Ungeheuerlichkeit – eine Gruppe höherer Töchter fuhr zur Ausbildung als Krankenschwestern nach Konstantinopel. Denn nicht nur Männer hätten die Pflicht, ihrem Land zu dienen, agitierte die attraktive Königin Suraja in einer Rede zum Nationalfeiertag für die gesellschaftliche Emanzipation der Frauen und gegen deren weiteres Wegschließen im System der »Purdah«. Suraja verwies auf die frühen Zeiten des Islam, damals habe es keine Diskriminierung der Frauen gegeben.

Dann die große Tour des Königspaars nach Europa, die nahezu

ein halbes Jahr in Anspruch nahm: Indien, Ägypten, Italien, Frankreich, Deutschland, Großbritannien, die Sowjetunion, Türkei und Iran. Niemals hatte ein Emir Afghanistans das Land verlassen, es sei denn mit seinen Reitern zu Raubzügen über den Indus. Jetzt mussten die ohnehin frustrierten Mullahs und konservativen Stammesoberen mit ansehen, wie ihr Herrscher in die Länder der weißen Ungläubigen reiste. Dies mit der erklärten Absicht, weitere Gebräuche und Errungenschaften dieser Fremden bei Rückkehr einzuführen. Afghanistan habe »dem Stillstand Adieu gesagt«, verabschiedete sich der König in einer Botschaft von seinen Untertanen. Die feierten ihn enthusiastisch, als er beim Grenzübergang Chaman sein Reich verließ und mit seiner Entourage und 150 Koffern Begleitgepäck den prachtvoll herausgeputzten Sonderzug der Briten nach Bombay bestieg. Dort wartete der Dampfer »Rajputana« auf die Seereise durch den Indischen Ozean nach Aden und Suez.

Amanullah genoss die Reise, war empfänglich für jedes Kompliment, begeisterte sich für das, was er sah in dem vielfältigen, lebensfrohen Europa. Die Königin hatte den Schleier abgelegt und wurde bei ihren Auftritten umschwärmt. In Rom spendete der Monarch, wie auf all seinen weiteren Stationen, 1000 Pfund für die Armen. Der Papst erhielt eine Fotografie des Königspaars und zwei Kerzenständer aus kostbarem Lapislazuli. Über Mailand, mit dem Besuch der Scala wie der Lancia-Werke, ging es zur Riviera und weiter nach Paris. Auch hier grenzenlose Begeisterung des Publikums für die königliche Prozession aus Asien. Doch es gab offenbar einige störende, pikante Begleiterscheinungen. So vertraute Frankreichs Außenminister Aristide Briand kurz darauf bei einer Unterredung in Genf seinem deutschen Amtskollegen Gustav Stresemann an, er hoffe, dass ihn der König von Afghanistan künftig in Paris »in Ruhe lasse«. Und dann, so eine Notiz in Stresemanns Aufzeichnungen, erzählte Briand »einiges von der päderastischen Veranlagung der Afghanen, die sich beim Besuch in einer geradezu wilden Weise gezeigt habe«.

Schließlich Berlin. Die Technische Hochschule spendierte einen Doktorhut, die Reichswehr veranstaltete für Amanullah auf dem Truppenübungsplatz Döberitz ein Manöver, und auf dem Tempelhofer Feld durfte sich der Gast die neueste Junkers-Flugmaschine aussuchen, als Geschenk der Reichsregierung. Allein die Sozis hielten all diese Begeisterung für royalistischen Firlefanz und blieben einem Empfang im Rathaus fern.

Wenig ergiebig verliefen die politischen Konsultationen. Der Potentat trat als Bittsteller auf. Er brauche Geld, eröffnete der junge König dem greisen Reichspräsidenten, »Geld zur Entwicklung meines Landes«. Dort wolle er Eisenbahnen bauen, ob Deutschland dabei helfen könne mit Geld? Hindenburg riet zur Vorsicht. Eisenbahnen seien, mindestens im Anfang, ein wenig rentables Unternehmen. Leider verfüge Deutschland über keine besonderen Geldmittel, sagte der Reichspräsident, »wir sind aber gern bereit, Afghanistan tüchtige Leute für den Aufbau des Landes zur Verfügung zu stellen«.

Die Herren parlierten bei ihrer Begegnung auch »über Kriegsführung«. Der zum republikanischen Präsidenten mutierte Generalfeldmarschall des letzten Kaisers, so die Aufzeichnungen des Staatssekretärs Carl von Schubert vom Auswärtigen Amt, sagte dabei dem König, »was die strategische Vorbereitung eines eventuellen Krieges anlange, so müsse man hier sehr behutsam vorgehen. Es sei falsch, wenn man allzu weit in die Zukunft hinaus disponiere.« Die Zukunft der Weltpolitik, das machten dann bellizistische Minister aus Amanullahs Hofrat den Deutschen deutlich, müsse sich hauptsächlich auf die Zerschlagung des britischen Weltreichs konzentrieren. »Wir sollten doch Russland auf Indien hetzen«, empfahl einer der ranghöchsten Begleiter Amanullahs und Erzfeind des Empires, dann werde sehr bald Indien dem englischen Reiche verlorengehen und endlich »von England nur eine kleine Insel in Europa übrig bleiben«. Die richtige Politik müsse in einer Verbindung Deutschlands, Persiens und Afghanistans bestehen. Staatssekretär Schubert notiert immerhin, er habe die erstaunlichen Ausführungen des Ministers mit großer Zurückhaltung angehört und durch ein Kopfschütteln mehrfach zu verstehen gegeben, dass er an eine solche Entwicklung doch wohl kaum glauben könne.

Sein Ausflug in das Abendland war für Amanullah ein Triumph

gewesen, daheim jedoch führte er zum Desaster. Als der König aus Teheran im neu erworbenen Rolls-Royce wieder am Hindukusch eintraf, empfing ihn ein brodelndes Land. Man hatte die Zeitungsbilder von den Banketts mit der unverschleierten Königin gesehen und gelesen, dass Amanullah ausgerechnet bei den ungläubigen Farangi Unsummen an die Armen verschenkte. Die Traditionalisten schäumten. Aber der Reformer, der sich zunehmend mit Claqueuren umgab, hatte das Gespür für die wahre Stimmung offenbar verloren, war zum Selbstbestrahler geworden. Er hörte nicht mehr auf wohlmeinende Ratgeber. So empfahl ihm Kemal Atatürk, eine Reformpause von wenigstens zwei Jahren einzulegen, in der Zwischenzeit aber eine schlagkräftige Armee aufzubauen. Und sein Mentor Mahmud Tarzi räsonierte über die Zukunft des Modernisierungsprogramms ahnungsvoll: »Amanullah hat ein wunderschönes Gebäude ohne Fundament errichtet. Wird ein Stein herausgebrochen, fällt es in sich zusammen.«

Genau das passierte. Zum Stein des Anstoßes wurde am Unabhängigkeitstag im heißen August 1928 eine Große Ratsversammlung mit über 500 Provinznotablen und Stammesführern, auf der Amanullah von seiner Reise berichten und neue Reformprojekte ankündigen wollte. Die Geladenen hatten, so lautete die demütigende Anweisung, in schwarzen Anzügen, mit gestutzten Bärten und einem eleganten Homburg-Filzhut in den Gartenanlagen von Paghman zu erscheinen. Auf Weisung des Hofes waren von den Schneidern der Stadt die entsprechenden Kleidungsstücke angefertigt worden, Polizisten sorgten dafür, dass alle Delegierten sich das Passende anzogen. Amanullah erschien, einen deutschen Schäferhund an der Leine, und erklärte die Versammlung zur ersten Sitzung des neuen afghanischen Parlaments. »Euer König hat von den westlichen Nationen jede nur denkbare Ehrung erfahren«, schwärmte der Herrscher von seiner großen Tour in endlosen Sentenzen eitler Selbstpreisung. Abschließend versprach er seinen Zuhörern, die sich bei diesem Spektakel sichtbar unbehaglich fühlten: »Ihr werdet aus eurer Verbindung mit dem Westen Nutzen ziehen und euren Platz einnehmen unter den großen Nationen der Welt.« Die ausländischen Diplomaten applaudierten höflich, bei den frisch gekürten Parlamentariern rührte sich keine Hand.

Unbeirrt ließ der neununddreißigjährige Monarch in den folgenden Wochen weitere Reformdekrete verkünden: Staatsbeamte wurden zur Monogamie verpflichtet, allen Bürgern der Hauptstadt das Tragen westlicher Kleidung vorgeschrieben, ein Mindestalter für Eheschließungen festgesetzt, obligatorischer Schulbesuch von Jungen wie Mädchen eingeführt, der Frauenschleier verboten. Das ging nun wirklich an die Wurzeln des konservativen Islam. Die Mullahs riefen zum Dschihad auf gegen einen Herrscher, den offenkundig der Genuss von Alkohol und Schweinefleisch um den Verstand gebracht und zum Kafir gemacht hatte, zum Ungläubigen.

Die Revolte startete im Osten. Unter den Paschtunen-Stämmen dort stiegen zuerst die Schinwari von ihren Bergen herab. Sie griffen Jalalabad an, das einst vom Großmogul Babur gegründete Handelszentrum an der alten Route zum Khyber-Pass. Wegen des milden Klimas in dieser Oase lag hier auch in einem tropischen Park die Winterresidenz der afghanischen Regenten. Zwei Tage brannten die Schinwari in einer Orgie von Plünderungen und Gewalt die Stadt nieder, den Königspalast, das britische Konsulat. Über 800 Regierungssoldaten wurden abgeschlachtet. Dann schloss sich den Aufrührern beim Marsch auf Kabul von Norden her ein blutrünstiger Tadschike und Straßenräuber an: Bacha-i-Sakao, der »Sohn des Wasserträgers«, von seinen Anhängern verehrt wie ein Robin Hood der Berge. Amanullah kämpfte tapfer, konnte sich aber nicht lange halten, da seine Truppen in Massen desertierten. Der König entwischte im letzten Moment nach Kandahar. Trotz der Gefechte flogen die Briten in der ersten Massenevakuierung der Luftfahrtgeschichte mit kleinen Victoria-Maschinen im Pendelverkehr nach Peschawar fast 600 Ausländer aus.

Dann wurde es Nacht über Kabul. Der tadschikische Räuber und Usurpator proklamierte sich selbst zum Emir mit dem Namen Habibullah Ghazi, »der von Gott Geliebte und Verteidiger des Glaubens«. Über die Hauptstadt brach ein neunmonatiges Schreckensregime herein, mit viehischer Lust an Folterungen und Rache. Gefangene wurden gekreuzigt, in den Straßen stapelten sich die Toten, roch es nach verbrannten Leichen, an den Mauern steckten Hellebarden mit abgeschlagenen Köpfen, Menschen wurden lebend in Tonnen mit kochendem Öl geworfen. Amanullahs Aufbruch in die reformerische Moderne hatte Afghanistan einen Rückfall in das finsterste Mittelalter beschert. Die Mullahs aber waren ganz zufrieden mit diesem Banditenkönig, sie priesen ihn als Beschützer ihres Glaubens.

Der gescheiterte Reformer versuchte von Kandahar aus eine neue Streitmacht zu organisieren. Vergeblich. Wichtige Stämme verweigerten sich, und womöglich hatten auch die Briten da ihre Agenten mit im Spiel und andere Pläne. Das Empire stand dann dem General Nadir Khan bei, einem Vetter des Gestürzten, Kabul von Terror und Anarchie zu befreien und selber den Thron zu besteigen. Ebenso grausam wie er regiert hatte, endete der Banditenkönig: Er wurde von einem Mob gekreuzigt, sein Körper gevierteilt und in den Fluss geworfen.

Amanullah ging gebrochen ins italienische Exil. Zunächst nach Rom. Noch einmal stand er kurz im Mittelpunkt strategischer Planspiele, als Deutsche und Russen beim Intermezzo des Hitler-Stalin-Pakts erwogen, ihn wieder als Herrscher am Hindukusch zu installieren, um von dort aus Britisch-Indien unter Druck zu setzen. Mit Hitlers Überfall auf die Sowjetunion erledigten sich diese Überlegungen. Bis zu seinem Tod im April 1960 lebte Amanullah in einer von seinen Nachfolgern bezahlten Villa zurückgezogen in Locarno. Seine letzte Ruhestätte wurde das Mausoleum in Jalalabad, gleich neben dem ausgebrannten Winterpalast.

13
Revolutionskommandant Nadschibullah

Vielleicht war es doch nicht so klug, den Beteuerungen des Geheimdienstchefs zu glauben und ins westafghanische Herat zu fliegen. »Sie werden sehen, dort haben wir alles unter Kontrolle, die Konterrevolutionäre wurden verjagt«, hatte der wuchtige Mann, den sie »Dr. Nadschibullah« nennen, bei einer Begegnung in Kabul versichert. Das Angebot, zu den ersten westlichen Journalisten seit der Machtübernahme Babrak Karmals zu gehören, die das notorische Unruhezentrum Herat in Augenschein nehmen dürfen, war verlockend gewesen. Der Widerstand der aufständischen Glaubenskrieger gegen das Revolutionsregime, so die logische Schlussfolgerung, musste dort abgeflaut, das Leben weitgehend normalisiert sein. Das jedenfalls stand zu erwarteten bei Annahme der Offerte des obersten Sicherheitsmannes im Jahre drei der Sowjetintervention am Hindukusch. Man würde Fremden wohl kaum eine Stadt in Anarchie präsentieren.

Es wurde ein abenteuerlicher Trip. Denn Herat, in seiner mittelalterlichen Glanzzeit unter den Timuriden die Metropole Zentralasiens und nach dem Wort des großen Babur »in der bewohnten Welt ohnegleichen«, war eine revolutionäre Zitadelle. Und die kühnen Streiter Allahs, die Mudschahidin, demonstrierten gleich nach Ankunft ihre Macht.

Auf dem Flughafen, zwanzig Kilometer vor der Oasenstadt am Rande einer Steinwüste, erklärte der Dolmetscher, aus Sicherheitsgründen könne man nicht mit einem Bus oder im Taxi nach Herat hineinfahren: »Die Genossen schicken lieber einen Tank.« Dann war der achträdrige Panzerspähwagen, gefolgt von einem Schützenpanzer, auf der kieferngesäumten Chaussee losgerast, durch eine ausgedorrte Landschaft. Vorbei an Gehöften und Dörfern, die weitgehend in Schutt und Asche lagen. Nur selten war durch die Sehschlitze eine Menschengestalt auszumachen gewesen: ein Alter, der einen schwer bepackten Esel hinter sich herzog; drei Kinder, die beim Heranpreschen des Panzers in eine Hausruine flüchteten. Alle vier Kilometer stand ein sowjetischer Tank in Stellung, das Geschützrohr drohend auf die Obstplantagen gerichtet.

Kurz vor der Brücke, die den Fluss Harirud überspannt, Schlagader des fruchtbaren Herat-Tals, passierte es dann. Die Glaubenskrieger entboten ihren Willkommensgruß, nahmen das Gefährt aus einem Weingarten heraus unter Feuer. Zwei Kugeln klatschten mit immensem Gedröhn gegen die linke Panzerwand, ließen auch die Soldaten erschreckt zusammenzucken. Einen würgenden Moment lang dachten wohl alle daran, dass nicht wenige Guerillakommandos auch mit geschulterten Panzerabwehrraketen attackieren. Doch kein weiterer Beschuss erfolgte, und danach war der Spähwagen über die Brücke gefegt, hatte unbehelligt die Außenviertel Herats passiert und die Mitfahrenden im Hinterhof des Mowafaq-Hotels abgesetzt. In dem waren sie die einzigen Gäste und zwei Nächte lang Ziel heftiger Attacken der Mudschahidin. Ein fulminantes Spektakel.

Nach der Ausgangssperre um 21 Uhr ballerte und knallte es ununterbrochen in der stockfinsteren Stadt, gingen Leuchtraketen hoch, waren aus etwa drei Kilometern Entfernung die Detonationen von Panzerkanonen zu hören. »Ein paar Banditen, kein Grund zur Sorge«, wiegelte der Gouverneur Ali Aqa Radmar ab und goss die nächsten Gläser Wodka ein. »Na, dann Prost«, lachte er und sagte dies auf Deutsch. Denn wie viele Revolutionäre am Hindukusch mit westeuropäischem Bildungshintergrund beherrschte Ali Aqa Radmar die Sprache von Goethe und Karl Marx. Er hatte in den Sechzigerjahren Maschinenbau in Mannheim und Solingen studiert.

Grotesk dann am nächsten Morgen der Sicherheitsaufwand beim Besuch der prachtvollen Freitagsmoschee mit ihren blauen Reliefs und Kachelornamenten. Wegen der Gefahr von Heckenschützen wurde man von einem Trupp Soldaten mit schussbereiten Kalasch-

Letzter Joker der östlichen Supermacht:
Staatschef Nadschibullah (r.) und Autor
Olaf Ihlau im Juli 1989 in Kabul

nikows begleitet. Im Schritttempo folgte eine Limousine, in die man jederzeit springen konnte, und danach noch ein Lastwagen vollgepackt mit Militär. Ernste, bisweilen auch unverhohlen feindselige Blicke verfolgten die Journalisten beim Marsch durch den Basar. Trotz der weißen indischen Kleidung wurde man offenbar für »gottlose Teufel« gehalten, die mit den verhassten »Schurawi«, den Russen, im Bunde stehen mussten. »Feind ist Feind, und Krieg ist Krieg«, hatte schließlich der Gouverneur beim Abschied gesagt und bedauernd hinzugefügt: »So viele sterben jeden Tag, und sie sterben dumm, verführt.« Nein, von Normalität konnte in Herat schwerlich die Rede sein.

Der Dr. Nadschibullah zog es nach diesem propagandistischen Flop vor, die Journalisten bei der Rückkehr in Kabul lieber nicht zu empfangen. Erst Jahre später gab es ein neues Treffen, in einer nun für den schwergewichtigen Paschtunen recht heiklen Situation: Die Sowjets hatten die Pferde gewechselt unter ihren afghanischen Satrapen, sechseinhalb Jahre nach ihrer Militärintervention war der glücklose und kranke Generalssohn Babrak Karmal im Mai 1986 abgehalftert worden. Michail Gorbatschow, der neue Generalsekretär der KPdSU, brauchte in Kabul einen dynamischen Kraftmenschen als Revolutionsherrscher, der sich stark genug dünkte, auch einen Truppenabzug der Sowjets vom Hindukusch zu überleben, welcher nun auf der politischen Tagesordnung stand.

Dass Nadschibullah als Wunschkandidat Gorbatschows gelten musste, hatte sich schon ein halbes Jahr zuvor mit seinem Aufstieg zum Parteisekretär abgezeichnet. Er behielt dabei die Oberaufsicht über die Geheimpolizei Khad, die er unter Anleitung des sowjetischen KGB und des Ostberliner Staatssicherheitsdienstes zu einer schlagkräftigen, gefürchteten Prätorianertruppe des Revolutionsregimes aufgebaut hatte. Aus dieser Zeit haftete dem »Bullen«, so sein Parteispitzname, der üble Ruf an, im Umgang mit Gegnern rücksichtslos und unbarmherzig zu verfahren. Einen »sadistischen Tyrannen« nannte ihn sein in die USA abgesprungener Bruder Sidique. Fragen zu solchen Anschuldigungen pflegte Generalleutnant Nadschibullah als »Bosheit« abzutun und sibyllinisch mit der Feststellung zu parieren, er habe seine Verantwortung so wahrgenommen, »dass ich jedem Revolutionär und progressivem Menschen in diesem Land getrost ins Auge blicken kann«. Doch als Sicherheitschef hatte er auch andere Qualitäten gezeigt: Flexibilität und diplomatisches Gespür bei der Kampagne, wichtige Grenzstämme zu Stillhaltevereinbarungen mit Kabuls Revolutionären zu bewegen – durch das Zugeständnis autonomer Selbstverwaltung oder skrupelloses Kaufen. Dabei nutzte ihm zweifellos seine Herkunft als Paschtune der Ahmadzai, einem Unterstamm der mächtigen Ghilzai in der Provinz Paktia. Schon 1965, als achtzehnjähriger Medizinstudent, hatte der Sohn eines kleinen Landbesitzers sich in Kabul der neu gegründeten KP angeschlossen, die als Demokratische Volkspartei Afghanistans (DVPA) firmierte, und darin später die Partscham-Fraktion Karmals gewählt. Nadschibullah leitete Studentendemonstrationen gegen das Feudalsystem der Monarchie, verbrannte öffentlich amerikanische Fahnen, kam zweimal ins Gefängnis. »Die Geschichte hat uns kritische und demokratische Kräfte herausgefordert, eine klassenlose Gesellschaft in Afghanistan aufzubauen«, warb er unter seinen Kommilitonen um Gefolgschaft. Nach dem medizinischen Examen entschied er sich für die Karriere des Berufsrevolutionärs. Als Arzt war er nie tätig. Ausschlaggebend gewesen für seinen politischen Weg, so sagte er einmal, sei die Ungleichheit, Armut und Unwissenheit in seinem Lande, »dass die Massen litten, während eine kleine, reiche Schicht in Saus und Braus lebte«.

Nach dem Sturz des Despoten Mohammed Daud, der im April 1978 mitsamt seiner Familie im Argh-Palast niedergemetzelt wurde, leisteten sich die siegreichen Revolutionäre bald den selbstmörderischen Luxus einer Vendetta zwischen den seit langem rivalisierenden Flügeln der Partscham (»Banner«)-Fraktion des Generalssohns Babrak Karmal und der Chalk (»Volk«)-Partei des Politpoeten Nur Mohammed Taraki. Politische, persönliche und ethnische Gegensätze sowie das traditionelle Element afghanischer Clanfehden schürten diesen Konflikt zu einer blutigen Auseinandersetzung. Die internationalistisch eingestellten, meist aus der urbanen Oberschicht stammenden Partschami plädierten für einen moderaten Reformkurs, während unter den Chalki nationalistische Paschtunen des ländlichen Mittelstands dominierten vom autoritären Zuschnitt eines Hafizullah Amin. Der suchte als afghanischer Stalin der Revolution am Hindukusch mit Panzern und Bomben den Weg zu bahnen. Amin, von seinen Landsleuten »der Teuflische« genannt, setzte sich brutal durch, und die Schicksalslenker im Kreml arrangierten sich zunächst mit ihm. Die Partscham-Führer mussten das Land verlassen. Sie konnten indes, während viele ihrer Anhänger bereits in den Gefängnissen landeten, gefoltert oder exekutiert wurden, vorübergehend auf Botschafterposten ausharren: Babrak Karmal in Prag, dessen Vertraute Anahita Ratebzad, eine der ersten Ärztinnen Afghanistans, in Belgrad, Nadschibullah in Teheran. Als Amin dann seine Gegner unter der Beschuldigung, einen Coup gegen ihn vorbereitet zu haben, zu Abrechnungsprozessen nach Kabul zurückrief, tauchten die Partschami im Ostblock unter. Moskau hatte nun für den Fall, dass etwas in Kabul schiefging, ein komplettes Reserveteam in Bereitschaft.

Und es ging höllisch schief. Amins Schreckensregime mit seinem ultralinken Aktionismus und den überhasteten Reformen mobilisierte den Widerstand der Bauern und Städter, der Stammesangehörigen und vor allem der islamischen Geistlichkeit. In Herat kam es Mitte März 1979 zur Revolte der Bevölkerung unter dem populären Mudschahidin-Führer Ismail Khan. Hunderte russischer Berater oder deren Familienangehörige wurden viehisch umgebracht. Daraufhin rollten 300 sowjetische Panzer aus dem nahen Turkmenistan heran und schlugen den Aufstand erbarmungslos nieder. Weit über 10 000 Einwohner Herats starben dabei, Zehntausende flohen in den Iran. Die Oasenstadt, einst Wiege der afghanischen Zivilisation, war ein Trümmerhaufen.

Die Russen erkannten, dass sie umsatteln mussten, sollte das Herzland Asiens der Revolution nicht wieder entgleiten. Ein Anlauf, den »Teuflischen« für abgesetzt zu erklären, endete im September 1979 in einem Desaster. Amin hatte Wind von den Plänen bekommen, die Konfrontation kostete bei seinem Gegenschlag den »weisen Führer« Taraki das Leben. Er wurde bei einem Schusswechsel verletzt und später mit einem Sofakissen erstickt. Der Stellvertreter war nun alleiniger »Revolutionskommandant«.

Drei Monate benötigten die Sowjets, um ein besser vorbereitetes Überrumpelungsmanöver einzufädeln. Amin starb im Kugelhagel eines afghanisch-russischen Stoßtrupps. Moskaus Militärintervention brachte zu Weihnachten die Partschami-Riege wieder nach Kabul und im Gefolge des neuen Staatschefs Babrak Karmal auch den Dr. Nadschibullah zurück. Als Sicherheitschef und Politbüromitglied stand der massige Mann mit dem Schnauzbart und den breiten Schultern meist in der zweiten Reihe, gleich hinter Karmal. Eines freilich hatten die Russen nicht importieren können: Harmonie in der afghanischen Staatspartei, eine Aussöhnung zwischen den verfeindeten Flügeln. Jetzt waren die Partschami am Ruder. Sie suchten die Chalki, unter denen sich viele rechtzeitig von Amin abgesetzt hatten, aus den einflussreichsten Regierungs- und Parteiposten zu verdrängen. Die blutige Fehde lebte wieder auf. Mordanschläge und Vergeltungsaktionen forderten unter den Parteifunktionären Hunderte von Opfern, lähmten den Fortgang der »neuen Etappe« der Revolution, höhlten die ohnehin dünne Überlebensbasis des Regimes weiter aus. Schlichtungsversuche der Kreml-Berater fruchteten wenig.

Nadschibullah war der letzte Joker der östlichen Supermacht in dem kostspieligen Abenteuer Afghanistan, das Michail Gorbatschow eine »blutende Wunde« nannte, die es rasch zu schließen galt. »Suchen Sie Ihre politische Basis zu verbreitern«, riet der Kreml-Chef Anfang Dezember 1986 seinem Besucher Nadschibullah und eröffnete ihm, dass die sowjetischen Soldaten binnen zwei Jahren vollständig abgezogen würden. Spätestens nun dürfte der Bulle geahnt haben, dass seine Berufung für ihn fatal enden könnte. Wer damals Gelegenheit hatte, ihn zu sprechen, der spürte recht schnell, dass dieser Mann seine Gefühle des Zweifels zu verstecken suchte in einem Kokon zupackender, demonstrativer Willenskraft.

Zur Verbreiterung ihrer Basis entdeckten die Revolutionäre plötzlich den Glauben und umgarnten die Geistlichkeit. Nicht mehr von der Diktatur des Proletariats war jetzt die Rede, sondern von der Lehre des Propheten. Hammer, Sichel und roter Stern verschwanden aus dem Staatswappen, die Volkspartei taufte sich um in Vaterlandspartei (»Watan«), die Verfassung der Republik pries den Islam als »heilige Religion Afghanistans«. 20 000 Mullahs bezogen nun Staatsgehälter, neue Gotteshäuser wurden gebaut, Haj-Pilgerreisen nach Mekka subventioniert – und Nadschibullah ließ sich gar beim Vorlesen von Koranversen in einer Moschee ablichten. Machte man sich ein wenig lustig über diese taktische Wandlung zum frommen Moslem, dozierte er gestelzt: »Wir achten die nationalen und patriotischen Gefühle, unsere altehrwürdigen Traditionen und eben auch den Islam.« Allerdings nahmen nur wenige dem Revolutionsführer diesen Sinneswandel ab, und auch der proklamierte Kurs der »nationalen Versöhnung« stieß bei den Glaubenskriegern auf keinerlei Gegenliebe.

Mehr Resonanz fand hingegen bei einigen Grenzstämmen die neuerlich aktivierte Paschtunistan-Agitation gegen Pakistans Diktator Zia ul-Haq. Dessen Todfeinde im afghanischen Exil, Murtaza und Shahnawaz Bhutto, Söhne des von Zia nach einem dubiosen Mordprozess 1978 dem Galgen überantworteten einstigen Premiers Zulfikar Ali Bhutto, waren von Nadschibullah schon als Sicherheitschef betreut worden. Ihre Guerillatruppe Al-Zulfikar in Kabul hatte gleich gegenüber der Deutschen Botschaft das Hauptquartier. Dort wurden viele subversive Aktionen gegen das Militärregime in Pakistan geplant, womöglich der Anschlag vorbereitet, der dann zum Absturz der Präsidentenmaschine und zu Zias Tod im August 1988 führte. Doch auch die Bhutto-Sprösslinge waren Tote auf Abruf. Im südfranzösischen Exil erwischte der pakistanische Geheimdienst Shahnawaz, der in einem fein eingefädelten Eifersuchtskomplott von seiner afghanischen Frau vergiftet wurde. Und Murtaza starb 1996 in Karatschi bei einem Feuergefecht mit Polizisten der Regierung seiner Schwester Benazir.

Nicht einmal 20 Prozent des Landes außerhalb von Kabul standen unter Kontrolle des Revolutionsregimes, als nach neun Jahren und einundfünfzig Tagen die sowjetische Besatzung Afghanistans endete. Aus der Hauptstadt machten sich die Sowjets, die einmal mit 27 000 Mann in drei Sicherheitsringen um den Talkessel postiert waren, zum Schluss wie Zechpreller heimlich davon. Über Nacht waren ihre Konvois und auch die gut 2500 Zivilberater verschwunden – ohne Fanfarenklang, ohne Girlanden, ohne internationalistische Bruderküsse. Als Letzter der Sowjetsoldaten überquerte am Morgen des 15. Februar 1989 Generalleutnant Boris Gromow die »Brücke der Freundschaft« am Amu-Darja, auf usbekischer Seite begrüßt von seinem Sohn Maxim mit einem Strauß Nelken. Im CIA-Hauptquartier Langley schmiss der neu ernannte Direktor William Webster eine Champagner-Party: »Wir haben gewonnen.« In wenigen Monaten, nein Wochen werde die Revolutionsfeste unter dem Ansturm der Glaubensstreiter zusammenbrechen, lautete die Voraussage der meisten Großstrategen, vor allem der amerikanischen. Vom Geschäftsträger der westlichen Supermacht, John D. Glassman, stammte die höhnische Prognose, durch einen Kollaps der Ordnung von innen heraus werde Nadschibullahs Regime spätestens bis Oktober fallen, »weil es ein Gebäude ohne Tragbalken ist«.

Auch die Sowjets waren in Sorge um ihren Vasallen. Außenminister Eduard Schewardnadse und KGB-Chef Wladimir Krjutschkow flogen nach Kabul und boten bei einem Abendessen dem Ehepaar Nadschibullah das Exil in Moskau an. Doch Paschtunen setzen sich nicht ab, sie tragen ihre Streitigkeiten aus. »Wir würden lieber hier vor unserer Haustür umgebracht werden als in den Augen unseres Volkes durch unsere Flucht zu sterben«, wies die Frau des Staatschefs das Angebot stolz zurück. »Wir alle werden hier bleiben bis zum glücklichen oder bitteren Ende.«

Das Ende ließ noch auf sich warten, zunächst behauptete sich der Herrscher von Kabulistan souverän. Die Sowjets hatten ihm vollgestopfte Waffendepots, Scud-Raketen, Hunderte Panzer und Kampfjets überlassen. Sie flogen überdies für gut 300 Millionen Dollar pro Monat weiterhin Nachschub an Munition und Lebensmitteln ein. Die riesigen Iljuschin-76-Transporter mussten bei ihren komplizierten Start- und Landemanövern über dem Talkessel von Kabul weißglühende Magnesiumfackeln abwerfen. Damit lenkten sie die hitzesuchenden Stinger-Raketen der auf den umliegenden Bergen hockenden Mudschahidin ab. Bei der Armee konnte sich Nadschibullah auf zuverlässige Verbände von etwa 55 000 Mann stützen, außerdem auf die 10 000 Angehörigen seiner Präsidentengarde. Rund 40 000 Mitglieder zählten die paramilitärischen Einheiten des Geheimdienstes Khad und des Innenministeriums. Auch die 30 000 Parteimitglieder wurden bewaffnet, eigene Frauenmilizen gebildet. Gerade unter den jungen, selbstbewussten Frauen Kabuls hatte das Revolutionsregime eine starke Anhängerschaft. Diese Frauen wussten, dass sie ihre mühsam errungenen Freiheiten, die Jobs in Schulen, Ministerien, Krankenhäusern verlieren würden und sich unter der Burka verstecken müssten, sollten die Moslemfundis und Mullahs wieder das Sagen haben.

Statt eine gemeinsame Strategie für den schnellen Vorstoß auf die Revolutionszitadellen abzusprechen, boten die Glaubensstreiter jedoch zunächst das Schaustück ihrer heillosen Zerstrittenheit. Eifersüchtig belauerten die Führer der Widerstandsgruppen im pakistanischen Peschawar sich gegenseitig, jeder operierte auf eigene Faust mit dem Ziel, als Erster siegreich in Kabul einzuziehen. Diesen Anspruch erhob insbesondere der radikale und militärisch erfolgreichste Fundamentalist Gulbuddin Hekmatjar. Der Paschtune mit seiner Truppe Hisb-i-Islami wurde gleichermaßen vom pakistanischen Militärgeheimdienst ISI, der CIA wie dem saudischen Geheimdienstchef Prinz Turki gepäppelt und reichlich mit Waffen versorgt. Die Saudis setzten zur Verbreitung ihrer wahhabitischen Lehre indes auch auf den Theologen Abdurrab Rassul Sayyaf mit der Ittihad-i-Islami (Islamische Union); und sie förderten überdies die Jamiat-i-Islami (Islamische Partei) des in Kairo ausgebildeten tadschikischen Religionsprofessors Burhanuddin Rabbani, die mit dem Offizierssohn Ahmed Schah Massud, dem »Löwen des Pandschir-Tals«, ebenfalls Tadschike, eine der Heroengestalten des Feldzugs gegen die Sowjets vorzuweisen hatte.

Nur mit Mühe gelang es den westlichen Sponsoren der Mudschahidin, eine Schura zur Wahl einer Interimsregierung einzuberufen. Die Saudis hätten, so hieß es seinerzeit unwidersprochen, jeden der Delegierten mit wenigstens 25 000 Dollar geschmiert. Zum Präsidenten gewählt wurde mit hauchdünner Mehrheit Sibghatullah Mujadeddi, ein gemäßigter Traditionalist von der Jabha-i-Nejat-i-Melli (Nationale Rettungsfront), der Posten des Premiers ging an den Fundamentalisten Sayyaf. Mujadeddi wie der erklärte Royalist Pir Sayyid Ahmed Gailani träumten vom alten Afghanistan und einer Rückkehr des im römischen Exil dahindämmernden Königs Zahir, sie wurden deshalb von den Fundis mit Steinen beworfen. Allerdings hatte diese Interimsregierung noch kein Territorium in Afghanistan, von dem aus sie agieren konnte, um auch internationale Anerkennung zu erlangen.

Dieses Manko sollte mit der Eroberung der Stadt Jalalabad unweit des Khyber-Passes beseitigt werden. Eingefädelt wurde die Aktion vom pakistanischen Militärgeheimdienst ISI. Dessen Chef Hamid Gul hatte sich die Zustimmung dazu von der jungen, gerade erst ins Amt getretenen Premierministerin Benazir Bhutto mit dem Versprechen eingehandelt, das Ganze werde »mit einem gewissen Maß an Blutverlust« binnen einer Woche erledigt sein. Benazir Bhutto war skeptisch, fürchtete aber eine Konfrontation mit dem mächtigen ISI. »Es darf keine Feuerpause im Dschihad gegen die marxistischen Ungläubigen geben«, insistierte Gul mit islamistischem Zungenschlag. »Wir müssen weitermachen, bis das Haus des Krieges gesäubert und in ein Haus des Friedens verwandelt worden ist.« 15 000 Glaubenskrieger griffen die Provinzstadt an, stießen aber auf hartnäckigen Widerstand, denn Nadschibullah hatte das Gros seiner Eliteeinheiten nach Jalalabad geworfen. Da die Streiter Allahs im Ruf standen, keinerlei Gefangene zu machen, gab es kaum Überläufer. Die Regierungsstreitkräfte hielten ihre Positionen. Nach sechs Wochen hatte die Moslemguerilla weit über 1000 Tote und das Dreifache an Verwundeten. Ähnliche Verluste musste das Revolutionsregime verkraften, vermochte jedoch mit einer Gegenattacke die Angreifer in Richtung Pakistan zurückzutreiben. Es war ein Fiasko für die Freischärler, die den besser gerüsteten Regierungstruppen in offener Feldschlacht nicht gewachsen schienen.

Wer in diesem Sommer des Jahres 1989, fünf Monate nach Abzug der Sowjets, Nadschibullah in den Granithallen seines Kabuler Argh-Palastes traf, dem begegnete ein Mann, der im afghanischen Machtspiel an Gewicht gewonnen hatte, der an seine historische Mission glaubte und mit beinahe frivol anmutender Gelassenheit auftrat. »Es ist leicht zu zerstören, aber schwierig aufzubauen, soll doch die Geschichte darüber entscheiden, welche Seite von uns die verantwortungsbewusste war«, hielt er der »bewaffneten Opposition« vor, wie er die Moslemstreiter nun nannte. »Habt ihr je daran gedacht, was von Afghanistan übrig bleiben wird, wenn dieses gegenseitige Abschlachten fortdauert?«, wandte er sich mit pathetischem Tremolo in Radioansprachen direkt an die Frontkommandanten des Widerstands. Und in der Pose des Landesvaters warb der Vorsteher der Revolutionszitadelle, siegessicher noch mitten im Eisenhagel der auf Kabul niedergehenden Raketengeschosse, für einen »friedlichen Ausgleich«, wie er nach den Genfer Verhandlungen von der Uno unbeirrt angestrebt wurde, denn »die Alternative dazu wäre ein weiterer Krieg, und das würde Afghanistans vollständige Zerstörung bedeuten«.

Putschgerüchte schwirrten damals durch Kabul, als Drohung oder Hoffnung, meist mit wenig Substanz. Verteidigungsminister Shahnawaz Tanai schmunzelte tiefsinnig, sprach man ihn auf solche Spekulationen an. Schließlich inszenierte der kommunistische General in Absprache mit dem Fundamentalisten Hekmatjar tatsächlich einen Coup. Bomben fielen auf den Präsidentenpalast, aber der Staatschef blieb unversehrt, und Tanai flüchtete im Hubschrauber nach Pakistan. Zudem schweißte eine Horrorvision die Revolutionäre zusammen: Nach dem Einzug der Glaubenskrieger in Kabul, so verbreiteten Sprecher der Guerilla aus Peschawar Schrecken, werde es unter den »Russensöhnchen« geschwind eine Nacht der »30 000 durchschnittenen Kehlen geben«. Trotzdem suchte aus der Führungsgarde des Regimes kaum jemand Zuflucht im Ausland. »Wenn wir von anderen fordern, für unsere Ideen zu sterben, müssen wir auch bereit sein, ihr Schicksal zu teilen«, sagte die vorübergehend in Ungnade gefallene vormalige Gesundheitsministerin und Ärztin Anahita Ratebzad und vertauschte das Stethoskop mit der Kalaschnikow. »Da werden noch Tausende sterben, wir sind eben Afghanen.«

Eine historische Zeitenwende besiegelte dann Nadschibullahs Schicksal. Das Sowjetreich implodierte. Mit seinem Verschwinden verloren die Revolutionäre am Hindukusch den materiellen Rückhalt und ihre geopolitische Bedeutung. Gorbatschow stoppte 1991 die Hilfslieferungen für den bedrängten Satrapen. Massud rückte vom Norden, Hekmatjar nach der Einnahme von Khost aus dem Osten an Kabul heran. Die von den Kriegswirren bis dahin weitgehend verschont gebliebene Hauptstadt mit ihren zwei Millionen Bewohnern geriet nun laufend unter Raketenbeschuss. Das zermürbte die Moral der Eingeschlossenen. Den Rest besorgten politischer Opportunismus und Verrat. Der Usbeken-General Abdul Rashid Dostum, im Norden kommunistischer Kommandant einer 40 000 Mann starken Miliz mit Panzern, Artillerie und Kampfjets, wechselte die

Seiten und lief zu Massud über. Damit waren sämtliche Verbindungsrouten für die Versorgung Kabuls abgeschnitten, die Stadt stand vor dem Fall. Vergeblich suchte Nadschibullah sich in Reden und Interviews bis zuletzt als Bollwerk der zivilisierten Welt gegen die Islamisten zu präsentieren: »Wenn der Fundamentalismus Afghanistan übernimmt, wird der Krieg hier noch viele Jahre dauern«, warnte er. »Afghanistan wird dann in das Weltzentrum des Drogenschmuggels und in ein Zentrum des Terrorismus verwandelt werden.«

Genauso das geschah, nur auf seine Mahnungen hörte niemand mehr. Dem Rat des Uno-Beauftragten Benon Sevan folgend, trat der Staatschef am 18. März 1992 zurück, um der Bildung einer Übergangsregierung nicht länger im Wege zu stehen. Dieser Schritt löste eine Kettenreaktion aus im Zerbrechen von Loyalitäten. Militärs und Minister suchten ihre Köpfe zu retten durch eilends getroffene Arrangements mit den bisherigen Todfeinden. Die einen verhandelten mit Massud, die anderen mit Hekmatjar. Nadschibullah, dem von der Uno freies Geleit versprochen worden war, versuchte nach Indien auszureisen, wohin er seine Frau und drei Töchter vorausgeschickt hatte. Doch den Weg zum Flughafen versperrten ihm Usbeken-Milizen, er fand Zuflucht im Compound mit den Verwaltungsgebäuden der Vereinten Nationen – in Sichtweite seines vormaligen Palais, in dem er sich nach Abmarsch der Russen immerhin drei Jahre behauptet hatte.

Als schließlich im September 1996 die Taliban vor den Toren der Stadt standen und Massud sich mit der Regierung Rabbani nach Norden absetzte, bot er Nadschibullah einen Platz in seinem Konvoi an. Aber der stolze, nun fünfzig Jahre alte Paschtune misstraute wohl dem Tadschiken und blieb in seinem Zwangsaufenthalt, dabei weiter auf den exterritorialen Schutzstatus der Uno-Mission bauend. Vielleicht dachte er auch, er werde noch gebraucht.

Das war ein Fehler. Schon in der ersten Nacht nach ihrem Einmarsch in der Hauptstadt schickten die Taliban einen Trupp, der den Uno-Sitz stürmte, um Nadschibullah und dessen Bruder Schapur Ahmadzai, zuletzt sein Geheimdienstchef, kurzerhand zu liquidieren. Dem ehemaligen Präsidenten wurden mit einem Gewehrkolben der Schädel eingeschlagen und mit einem Messer die Hoden abgeschnitten. Dann hängten sie den geschändeten, blutüberströmten Leichnam zwei Tage lang am Zementpfosten eines Verkehrsrondells auf. »Wir haben ihn getötet, weil er der Mörder unseres Volkes war«, rechtfertigte Mullah Omar diese Hinrichtung.

In Kabul ist heute vielfach zu hören, der pakistanische ISI habe diesen grauenvollen Tod arrangiert wegen der Paschtunistan-Agitation Nadschibullahs. Mag sein. Auf den Basaren jedenfalls werden inzwischen Plakate und Kalender feilgeboten mit dem Konterfei des letzten Revolutionskommandanten. Sein Grab an einem Hügel unweit von Gardez in der Provinz Paktia ist eine Pilgerstätte.

14
Der Ingenieur Sahib

»Dieses Schriftstück wird euch beschützen«, verspricht der Anführer der Glaubenskrieger und überreicht mit gönnerhafter Miene einen Papierfetzen, auf den er zwei Sätze in Paschtu gekritzelt hat. Über das asketische Gesicht mit den flackernden, dunklen Augen huscht ein Lächeln, offenbar als Ermunterung gedacht von Gulbuddin Hekmatjar für den westdeutschen Journalisten vor einer waghalsigen Tour. Das Papier soll ein Geleitbrief sein für die Fahrt von der pakistanischen Grenze nach Kabul auf einer Route durch Bergschluchten, die einen Monat nach dem sowjetischen Einmarsch in Afghanistan von antikommunistischen Freischärlern kontrolliert werden. Das Problem ist bloß, bei solch einer Begegnung der unerwünschten Art noch die Zeit zu haben, das schöne Schriftstück zu zeigen und dann auch den richtigen Mann zu finden, der es lesen und honorieren würde.

Peschawar, Ende Januar 1980. Gerade erst ist auf der Transitstrecke zwischen Kabul und dem Khyber-Pass der Bonner Fuhrunternehmer Wolfgang Hartge mit seinen beiden Lastzügen überfallen worden. Die Wagen wurden in Brand gesetzt, Hartge und ein Begleiter in die Berge verschleppt, ein österreichischer Beifahrer erschossen, weil er sich weigerte mitzugehen. Es waren Männer aus Hekmatjars Widerstandsgruppe Hisb-i-Islami, die den Transporter stoppten, weil sie in dem »SU«-Kennzeichen für Siegburg das Kürzel für Sowjetunion zu erkennen glaubten. Jahrelang hatte Hartge auf der Route Deutschland-Indien für die Botschaften riskante Möbeltransporte besorgt. Solange seine Wagen die Bonner Nummer »BN« trugen, gab es keine Probleme, geriet er in eine Straßenblockade der Freischärler. Sie ließen ihn passieren, nachdem sie sich davon überzeugt hatten, dass ihnen ein Westdeutscher in die Falle geraten war. Aber nach dem Umzug des Unternehmens in den Siegkreis verweigerten bürokratische Sesselpupser Hartge eine Sondergenehmigung. Er musste seine BN-Schilder abgeben und die SU-Kennzeichen anschrauben lassen, die ihm zum Verhängnis wurden. Wer die Stelle des Überfalls zwei Tage danach passiert, sieht noch kokelnde Reste der Lastzüge in einer Felsenbarriere, von Hartge weit und breit keine Spur. Zum Glück gibt es auch keine Streiter Allahs oder Heckenschützen, Hekmatjars Schutzbrief wird nicht gebraucht. »Die können echt nur beten, schießen und hassen«, fasst der Bonner Spediteur seine Eindrücke von den Rebellen zusammen, als er nach einer Woche freigelassen wird und aus den Bergen in Kabul ankommt.

Keiner, der damals in Peschawar den jungen Hekmatjar traf, konnte ahnen, dass aus diesem hageren Paschtunen mit dem dunklen Krausbart und einem stets schwarzen Turban einmal der gefürchtetste Kriegsherr Afghanistans werden würde und es bis heute ist: Ein skrupelloser, ja ruchloser Islamist, der nach Belieben die Seiten und Allianzen wechselte, wenn das seinem Machtstreben diente. Mit seiner Truppe habe er mehr Afghanen getötet als Russen und Amerikaner gemeinsam, werfen ihm Menschenrechtsgruppen vor. Dass er jede Regierung in Kabul bekämpft hat, zuletzt die von Hamid Karzai, und vor allem im Bürgerkrieg als einer der schlimmsten Akteure wütete, steht außer Zweifel. Hekmatjar ist ein Opportunist ohnegleichen. Doch seine Politkarriere, die ihn nach dem Eingreifen Washingtons ein Terrorbündnis mit Mullah Omar und Osama Bin Laden eingehen ließ, wäre nicht denkbar gewesen ohne Mitspieler und ausländische Protektoren, die genauso wenig Skrupel kannten. Das gilt für die Amerikaner wie für die Pakistaner oder Saudis und auch Iran. Sie alle haben mit ihm einmal paktiert, und er nutzte ihre Gelder und Waffenlieferungen bedenkenlos für sich, was auch immer er von seinen Sponsoren hielt. Gulbuddin Hekmatjar ist gleichsam der Prototyp des afghanischen Warlords, dessen Lebensweg wie bei keinem anderen die Wirrnisse und Grauen von dreißig Jahren Kriegsgeschehen am Hindukusch widerspiegelt.

Ruchloser Islamist und gefürchteter Kriegsherr:
Gulbuddin Hekmatjar

Er lässt sich gern als »Ingenieur Sahib« ansprechen, das schmeichelt ihm. Hekmatjar hatte, unterbrochen von Gefängnisaufenthalten, zwei Jahre am Polytechnikum in Kabul verbracht, aber keinen Abschluss geschafft. Der sunnitische Paschtune stammte nicht aus dem Herzland der stärksten Volksgruppe im Süden und Osten Afghanistans, sondern aus einer Enklave paschtunischer Neusiedler in der nördlichen Provinz Kundus, umringt von Tadschiken und Usbeken. Die Charuti-Paschtunen, zu denen Hekmatjar gehört, sind ein weniger angesehener Unterstamm der mächtigen Ghilzai.

Die Sechzigerjahre unter König Zahir waren in Afghanistan ein kurzes Intervall demokratischer Zugluft, welches die junge Intelligenz nutzte, um sich politisch zu organisieren. Noch als Schüler in Kundus flirtete Hekmatjar mit der Partscham-Fraktion der Kommunisten, wechselte nach dem Besuch einer Militärakademie dann aber an der Technischen Fakultät der Kabuler Universität ins Lager der muslimischen Jugendbewegung, deren Sprecher er wurde. Ein ziemlich fanatischer, der unverschleierten Kommilitoninnen Säure ins Gesicht schüttete und wegen der Ermordung eines Maoisten eineinhalb Jahre ins Gefängnis musste.

Spätere Gegner und Todfeinde studierten damals zur gleichen Zeit in Kabul und engagierten sich in radikalen Gruppierungen: Hekmatjar, Nadschibullah, Massud, und an der Scharia-Fakultät dozierten die religiösen Eiferer Mujadeddi, Rabbani und Sayyaf. Als dann im Juli 1973 der »rote Prinz« Mohammed Daud seinen königlichen Schwager wegputschte, war nach diesem Staatsstreich bald Schluss mit der vielfältigen Politisiererei. Seine kommunistischen Coupgefährten duldete der Despot noch einige Zeit, die Islamisten aber mussten ins Ausland fliehen, um der Festnahme zu entkommen. Die meisten gingen in das benachbarte Pakistan und waren bei dem Premier Zulfikar Ali Bhutto willkommene Gäste, wenn sie sich vom Militärgeheimdienst zu Guerillakämpfern gegen die Regierung Daud schulen ließen. Denn die forcierte Paschtunistan-Agitation des afghanischen Alleinherrschers bereitete Islamabad Sorgen, sie erforderte subversive Gegenmaßnahmen. Hekmatjar und Massud starteten im Juli 1975 einen islamistischen Aufstand im Pandschir-Tal, den Kabuls Armee jedoch schnell niederschlug. Danach gründete der Ingenieur Sahib in Peschawar mit der Hisb-i-Islami eine eigene Partei, bekam aber erst unter Pakistans neuem Militärmachthaber Zia ul-Haq Auftrieb, als die Sowjets bei ihrer Intervention in Afghanistan bis zum Khyber-Pass vorrückten.

Unter den Führern der sieben großen Parteien der Widerstandsallianz in Peschawar, vier fundamentalistischen und drei konservativtraditionellen, war Hekmatjar mit dreiunddreißig Jahren der jüngste. Ein Charismatiker, machthungrig und radikal, auch vergleichsweise gebildet. Er beherrschte mehrere Sprachen, neben Paschtu und Persisch auch Arabisch und Urdu, außerdem ein passables Englisch.

Ideologische und religiöse Gegensätze, persönliche Rivalitäten und Eitelkeiten blockierten ein gemeinsames Vorgehen der Exilgruppen, von denen Hekmatjars straff zentralisierte Partei des Islam die lauteste war, aber im Guerillakampf auch die größte Schlagkraft entwickelte. Sie reklamierte einen harten Kern von 10 000 Heiligen Kriegern in Afghanistan für sich und behauptete, dies seien 70 Prozent aller Freiheitskämpfer. »Wir haben in jeder afghanischen Provinz unsere eigene Kampffront«, sagte Hekmatjar, besuchte man ihn zwei Monate nach der Sowjetintervention in seinem Hauptquartier, einem von schwerbewaffneten Getreuen abgeschirmten und von vielen afghanischen Flüchtlingen umlagerten Gebäude gegenüber der städtischen Mädchenschule. Das wirkte ziemlich großsprecherisch. Aber im Gegensatz zu den meisten anderen Mudschahidin-Granden, die in luxuriösen Villen Hof hielten und selber dem Kampfgeschehen fernblieben, marschierte Hekmatjar des Öfteren über die verschneiten Pässe ins Kunar-Tal oder nach Paktia hinüber, um seine Glaubensstreiter anzufeuern.

Der junge Paschtunen-Fundi verschwieg nicht, was das von den Ungläubigen befreite Afghanistan unter seiner Führung erwarten würde: einen Staat mit »einer rein islamischen Regierung und der Gültigkeit der Gesetze des Korans und der Sunna, der Tradition des Propheten Mohammed«. Die Frauen sollten wieder in strengster Abgeschlossenheit (Purdah) leben, Beamte keine westliche Kleidung tragen dürfen und nur »Männer von Respekt und orthodoxem Glauben« das Wahlrecht erhalten. Während andere Widerstandsgruppen wie die Nationale Islamische Front von Pir Sayyid Ahmed Gailani für die Rückkehr von König Zahir aus dem römischen Exil warben, lehnte Hekmatjar ein Comeback des betagten Monarchen entschieden ab: »Ich würde diese dumme Person und ihre korrupten Anhänger vor islamische Gerichte stellen.«

Für Pakistans frömmelnden Diktator Zia ul-Haq war der Sowjetvorstoß am Hindukusch politisch der Jackpot. Er verschaffte dem General den Beistand Washingtons, rettete sein Militärregime und erlaubte ihm zudem, die Islamisierung der Gesellschaft voranzutreiben. Die Spitze des Geheimdienstes ISI war dabei ein williger Gehilfe. Hatte es noch 1971 im gesamten Land nur 900 Religionsschulen gegeben, stieg bis zum Sommer 1988 die Zahl dieser offiziell registrierten Madrassen auf 8000 an, hinzu kamen schätzungsweise 25 000 unregistrierte Koranschulen vor allem in der Grenzregion zu Afghanistan. Die meisten davon finanzierten Geldgeber aus Saudi-Arabien und den Golfstaaten. Eine ganze Generation afghanischer Flüchtlingskinder und junger Pakistaner wurde in diesen Schulen indoktriniert und für den Dschihad gedrillt.

Von allen Mudschahidin-Führern verstand Hekmatjar es am besten, auf der islamistischen Welle zu reiten und seinen Glaubensstreitern Unmengen an Waffennachschub zu verschaffen. Er war der Favorit des ISI und der Saudis. Die schickten den jungen Scheich Osama Bin Laden zu ihm, »ein guter Kumpel und Finanzier unserer gerechten Sache«, wie er später rühmte. Und Hekmatjar war zunächst auch Lieblingspartner der CIA, der allein mehrere hundert Millionen Dollar in seine Kassen pumpte, weil dessen Krieger besonders erfolgreich die Sowjets bekämpften, auch für die ersten Abschüsse der gefürchteten MI-24-Hubschrauber mit den von Washington gelieferten Stinger-Raketen sorgten. Den Ingenieur Sahib scherte es wenig, woher sein Rüstungsmaterial stammte. Als ihn der demokratische Kongressabgeordnete Charlie Wilson, ein dem Leben schwer zugetaner Texaner, bei einer Begegnung im Interconti-Hotel von Peschawar fragte, ob er denn auch sowjetische Waffen akzeptieren würde, welche Israel von den Palästinensern erbeutet hatte, gab Hekmatjar den Pragmatiker und antwortete: »Wir nehmen Waffen von getöteten Russen, um sie gegen Russen zu verwenden. Warum sollten wir keine von den Israelis nehmen? Es gibt viele geheimnisvolle Wege, über die Allah seine Getreuen versorgt.«

Hekmatjar liebte es, Interviews zu geben. Bedenkenlos wechselte er je nach Gesprächspartner seine Positionen. Stammte der Frager aus Westeuropa, versprach er freundlich das Wahlrecht für Frauen, um sich dann umzudrehen und vor der Kamera eines arabischen TV-Senders streng die weitestgehende Verbannung aller weiblichen Wesen aus dem öffentlichen Leben zu propagieren. Dass seine Guerilleros gefangene Sowjetsoldaten häuteten, amüsierte ihn, da war er so grausam wie sein usbekischer Gegenspieler General Dostum.

Nur mühsam verbergen konnte Hekmatjar seinen virulenten Anti-Amerikanismus, der wie bei Osama Bin Laden in der westlichen Supermacht nach den Kommunisten den größten Feind des Islam und nächsten Gegner sah. Schon früh warnte der Traditionalist Sibghatullah Mujaddedi die Amerikaner vor Hekmatjar als »einem wahren Monster«. Der Mann, der von Willy Brandt und Franz Josef Strauß als afghanischer Freiheitsheld empfangen wurde, weigerte sich, bei einem USA-Besuch 1985 Präsident Ronald Reagan, immerhin sein wichtigster Sponsor, die Hand zu schütteln. Er verteidigte diesen Affront mit dem Argument, es würde dem Dschihad schaden, könnte die Sowjetpropaganda mit Fotos aufwarten, die ihn als Lakaien der Amerikaner erscheinen ließen. Es war offenbar demütigend für Hekmatjar, als Muslim auf die Unterstützung Ungläubiger angewiesen zu sein. In seinem iranischen Exil erklärte er dem *Spiegel*-Reporter Erich Follath später: »Ich habe nie ein Hehl daraus gemacht, dass ich die USA für genauso gottlos und verwerflich halte wie Russland – in Washington wollte das nur keiner hören.«

Als 1986 deutlich wurde, dass die Sowjetunion Gorbatschows ihre Soldaten aus dem Herzland Asiens abziehen würde, dämmerte bei einigen der amerikanischen Afghanistanexperten die Erkenntnis, auf welch fragwürdige Partner man sich in der Widerstandsallianz eingelassen hatte. Edmund McWilliams, Sondergesandter des Außenministeriums, war einer der ersten Diplomaten, welche die Überzeugung vertraten, gefährlicher für die Zukunft der USA als die Kommunisten seien Islamisten vom Zuschnitt Hekmatjars. Der sorgte sich damals, seine Gönner könnten versuchen, ihn aus dem Weg zu räumen. »Warum sollten wir dich umlegen?«, fragte Milton Bearden, CIA-Chef in Islamabad, bei einem seiner Treffen den Mudschahidin-Führer. Die unverfrorene Antwort des Ingenieur Sahib lautete: »Die Vereinigten Staaten können sich nicht sicher fühlen, solange ich am Leben bin.«

Nach dem Abzug der Sowjets ging es um die Eroberung Kabuls, wo sich der letzte Revolutionskommandant Nadschibullah erfolgreich verschanzte. Hekmatjar blockierte sämtliche Versuche, Absprachen über ein gemeinsames Vorgehen der Glaubensstreiter herbeizuführen. Er wollte als Erster in die Hauptstadt einziehen und zur stärksten politischen Kraft werden im neuen Afghanistan. Systematisch begann er deshalb, seine Rivalen auszuschalten, es kam zu einer Serie von Anschlägen und Morden. Gemäßigte Mudschahidin wurden umgebracht, auch westliche Journalisten. Gleichwohl standen Geheimdienstoffiziere des ISI und der Saudis, dazu Aktivisten der Muslimbruderschaft weiter zum Fundamentalisten Hekmatjar, dessen Truppe beim Vorrücken in Afghanistans Ostprovinzen über ein enormes Waffenarsenal verfügte. Dort lagen auch die Ausbildungslager, in denen Pakistan Untergrundkämpfer zur Schlacht im indischen Teil von Kaschmir schulte und sich Hundertschaften arabischer, tschetschenischer oder usbekischer Dschihadis unter Obhut von al-Qaida sammelten. Aus einem dieser Camps stammten die Attentäter, die 1993 den ersten Anschlag auf das New Yorker World Trade Center mit einer Bombe in der Tiefgarage durchführten. Das Monster Hekmatjar, einst von der CIA gehätschelt, begann nun seinen Schöpfer heimzusuchen.

Wie andere Kriegsherren bediente sich auch Hekmatjar des Drogenhandels als Finanzquelle. Außerdem verscherbelte er Dutzende amerikanischer Stinger-Raketen, die er in Höhlendepots versteckt hatte, zum Stückpreis von 100 000 Dollar an tschetschenische Rebellen und iranische Revolutionäre. Diese Gelder sicherten ihm noch mehr Zulauf, obwohl er es nie schaffte, die Schuras der maßgebenden Paschtunen-Stämme hinter sich zu bringen. Und er überschätzte leichtfertig seine Kräfte, musste mehrere militärische Schlappen hinnehmen. Ein mit dem ISI koordinierter Sturmlauf auf die revolutionäre Zitadelle Jalalabad endete im Frühjahr 1989 mit einem Desaster, auch Kabul hielt den Attacken stand. Von seinem neuen Hauptquartier in Charasyab, dreißig Kilometer südöstlich von Kabul, nahm Hekmatjar die Hauptstadt mit Raketen nun massiv unter Beschuss. Doch er schaltete zu spät, als Nadschibullahs Feste im April 1992 fiel und sich dessen Regime auflöste. Die Tadschiken Massud und Rabbani kamen mit ihren Panzereinheiten dem Paschtunen zuvor und bunkerten sich im Zentrum von Kabul als Übergangsregierung ein. Hekmatjar blieb verbittert in Charasyab. In dem nun losbrechenden Bürgerkrieg feuerten seine Kämpfer gnadenlos auf die Stadt, in der noch immer zwei Millionen Zivilisten lebten. Zehntausende Menschen, vor allem im Süden und Westen, starben. Kabul hatte die Zeit der sowjetischen Besetzung weitgehend unversehrt überstanden, jetzt wurden ganze Wohnviertel in ein Trümmerfeld verwandelt. Dass Hekmatjar daran den größten Anteil hatte, ist unbestritten, Verantwortung dafür empfand er indes nicht. »Verdammt sei die Person, die diesen Krieg provoziert hat«, verkündete er scheinheilig. »Verflucht sollen jene sein, die sich von fremden Mächten nutzen ließen.«

Mehrere Anläufe für eine Vermittlung mit internationaler Hilfe scheiterten. Der damalige saudische König Fahd rief die Kombattanten nach Mekka und ließ sie vor der heiligen Kaaba Eintracht schwören. Vergebens. Hekmatjar wurde der Posten des Premierministers zugesprochen, aber er trat dieses Amt in Kabul zunächst nicht an. Erst als die Gotteskrieger der Taliban, von Pakistans Geheimdienst aufgezogene Radikalislamisten, von Kandahar aus in einem Siegeszug die afghanischen Provinzen aufzurollen begannen, rauften sich die Streiter um Kabul zu einem Notbündnis zusammen. Nun arrangierte sich Hekmatjar mit seinen gestrigen Todfeinden Massud und Rabbani und selbst mit dem vormals kommunistischen Usbeken-General Dostum, dessen Frontwechsel Nadschibullahs Sturz bedeutet hatte. Ende Juni 1996 zog der islamistische Kriegsherr in Kabul ein. Mit seinen ersten Verordnungen nahm er vorweg, was drei Monate darauf die nachfolgende Regierung der Taliban dann noch härter praktizierte: die Einführung der Scharia mit Schließung der Kinos und Musikverbot in Rundfunk und Fernsehen.

Die aus Kabul vertriebenen Ur-Mudschahidin flohen gemeinsam in den Norden Afghanistans, Hekmatjars Karriere als Warlord schien zu Ende zu sein. Er hatte seine ausländischen Sponsoren verloren, und das Gros seiner paschtunischen Milizen war zu den Taliban übergelaufen. Doch der Ingenieur Sahib fand ein neues Spielfeld mit seinem Exil im Iran. Den Schiiten-Revolutionären dort gefiel dieser Sunnit, weil er gegen den Satan Amerika agiert hatte und womöglich gegen die Taliban instrumentalisiert werden konnte. Hekmatjar lebte mit seinen beiden Frauen und acht Kindern in einer prächtigen Villa im Norden Teherans, pflegte seine transnationalen islamistischen Verbindungen, hielt Kontakt zur russischen Drogenmafia, spekulierte an der Börse von Mailand. In den Ortszeitungen stand, dieser afghanische Flüchtling sei ein Multimillionär. Der hielt sich mit Interviews ausnahmsweise zurück.

Das änderte sich schlagartig nach den Terroranschlägen des 11. September 2001 und dem Beginn der US-Bombardements in Afghanistan. Nun bot Hekmatjar dem Taliban-Führer Mullah Omar, Ghilzai-Paschtune wie er selber, eine »strategische Partnerschaft« an und wetterte in Statements und Interviews gegen die Amerikaner. Getreu seinem Kurs, dreißig Jahre lang noch jede Regierung in Kabul bekämpft zu haben, verdammte er nach dem Verschwinden der Taliban die Interimsregierung von Hamid Karzai als »Lakaien Washingtons« und kündigte Widerstand von 18 000 Mann seiner alten Garde an. Das war nicht bloßes Geschwafel. In Kandahar starteten Hizb-Guerilleros erste Attacken gegen die US-Militärbasis. Der Kriegsherr war zurück in seinem alten Milieu, nun mit der Parole: »Die Schlacht geht gegen die Amerikaner. Beenden wir deren Präsenz, brechen auch ihre Helfer zusammen.«

Offiziell wurde Hekmatjar von Teheran ausgewiesen, als er im Frühjahr 2002 in seine Heimat zurückkehrte, sich bis in die Ostprovinzen an die pakistanische Grenze durchschmuggelte und dort angeblich Osama Bin Laden wie Mullah Omar traf. Gerade Iran, von amerikanischen Militärbasen ohnehin weitgehend umzingelt, dürfte ein Interesse daran haben, dass nicht auch der östliche Nachbar zu einer Domäne Washingtons wird und sich dagegen Widerstand erhebt. Das US-Außenministerium erklärte Hekmatjar dann auch zum Terroristen, *»wanted dead or alive«*, mit einem Kopfgeld von 25 Millionen Dollar. »Ich bin Gott, dem Allmächtigen, dankbar, und ich bin stolz darauf, dass mich ein so starkes Land wie die Vereinigten Staaten von Amerika zum Terroristen stempelt und mich wegen meiner islamischen Religion bestrafen will«, höhnte der Ingenieur Sahib. »Ich rufe die Muslime in aller Welt zum Guerillakrieg mit

Selbstmordanschlägen auf.« Die haben sich in Afghanistan seit Hekmatjars Rückkehr vervielfacht.

Westliche Sicherheitsexperten in Kabul glauben, dass inzwischen die Untergrundkämpfer der Hisb für die meisten Attentate und Sprengfallen verantwortlich sind, nicht al-Qaida oder die Neo-Taliban. Mehrmals versuchten die Amerikaner den reinkarnierten Kriegsherrn mit Predator-Raketen zu erwischen, doch er hatte Glück. Wahrscheinlich ist Hekmatjar mit seiner Leibwache ständig unterwegs in den Grenzprovinzen und schlüpft bei Gefahr hinüber nach Waziristan. Dass er im pakistanischen Geheimdienst immer noch Sympathisanten hat, darf unterstellt werden. Einer davon ist der einstige ISI-Chef Hamid Gul, der seit 2003 die muslimische Welt zum gemeinsamen Widerstand gegen die USA aufruft unter dem Motto »Vernichtet Amerika!«. Gul traut Hekmatjar einen neuerlichen Auftrieb zu, wenn die Repressionen der fremden Soldaten und der vornehmlich von Tadschiken bemannten neuen afghanischen Armee in den Stammesgebieten der Paschtunen überhandnehmen: »Dann werden sie der Regierung den Rücken kehren und sich einem paschtunischen Hardliner zuwenden, das ist Hekmatjar«, glaubt der General Hamid Gul.

Von den fast zwei Millionen Afghanen, die in den vergangenen dreißig Jahren nach Peschawar flüchteten, lebt die Gefolgschaft Hekmatjars in Camps wie dem berüchtigten Shamshatu, etwas verborgen am Rande der Grenzstadt: eine Siedlung mit Lehmhäuschen, Gassen und Marktplätzen. Die eigene Miliz sorgt innerhalb der Tore für Sicherheit, Fremde werden sofort aufgegriffen. Solche Flüchtlingslager gelten als Brutstätten des Widerstands. 16 000 Anhänger des Terrorfürsten leben im vergleichsweise kleinen Shamshatu-Camp, das Hekmatjar bis heute als zuverlässige Unterstützer-Basis nutzt. Regelmäßig veranstalten die Amerikaner hier mit pakistanischen Sicherheitskräften Razzien, denn sie glauben, dass Drahtzieher der von Hekmatjar georderten Selbstmordattentate in Camp Shamshatu unterschlüpfen oder in diesem sogar ihre Attentäter rekrutieren.

Der Paschtune Haji Esanullah, ein beeindruckend aussehender

Mann mit dunklem Vollbart und einem asiatischen Gesicht, ist einer der Chefs des Camps. Er empfängt in seinem schmucklosen Büro, in dem es außer zwei Schreibtischen und acht Stühlen nicht mal einen Wandkalender gibt. Dafür offeriert er Tee und frisch gebackene Plätzchen. Er berichtet von Hisb-i-Islami-Mitgliedern, die in Guantánamo oder der US-Basis Bagram bei Kabul gefoltert worden sind und nun wieder zurückgekehrt seien. Er erzählt von den Bombenangriffen gegen die Taliban, bei denen jedoch auch jeden Tag Unschuldige sterben. Das alles rechtfertige den bewaffneten Widerstand. Und wie sind die Selbstmordangriffe zu vereinbaren mit dem Islam? Esanullah antwortet kühl: »Was würden Sie tun, wenn Deutschland von fremden Mächten besetzt wäre? Würden Sie Ihre jungen Leute davon zurückhalten, sich zu wehren und aufzubegehren?«

Wann er seinen im Untergrund lebenden Parteichef das letzte Mal getroffen hat, will Esanullah nicht näher präzisieren, es sei aber schon eine ganze Weile her.

Aufsehen erregten im Frühjahr 2007 Meldungen, der gesuchte Warlord sei an einem Eintritt in die Regierung Karzai interessiert. Solche politischen Verwirrspiele inszeniert der Ingenieur Sahib mit Vorliebe, und es gab deswegen Unruhe unter Kabuls Regenten. Spöttisch macht er auch in Video-Interviews wieder von sich reden. »Ich lebe auf der Erde und schlafe unter dem Himmel, ich bin mal hier, mal dort«, sagte er in einer seiner Botschaften. Und er habe Zeit gefunden, ein neues Buch zu schreiben: *Die Bibel im Lichte des Koran.*

15
Ewiger Krieger

Die kleine Stadt Shiberghan im Norden Afghanistans ist ein staubiger Marktplatz mit zahllosen Verkaufsbuden im Grenzgebiet zu Usbekistan. Die Gesichter der meisten Einwohner sind rund und ihre Augen oval geformt wie Mandeln. Ein Gesicht ist allgegenwärtig: das des Generals Abdul Rashid Dostum.

Schon am Stadttor hängt überlebensgroß sein Konterfei. Auf einer Tafel vor der »Afghanisch-Türkischen Highschool« mimt der Mann mit den breiten Wangenknochen, dem grauen Bürstenhaarschnitt und dem Bärtchen den gütigen Patron. Ein paar hundert Meter weiter, am Universitätsgebäude, ist er der visionäre Denker, dessen Blick bewegt in die Ferne geht. Dahinter, an einer Fabrikpforte, lässt er sich, wie die Autokraten in der untergegangenen Ära der Sowjetunion, als Arbeiterführer in einfacher Jacke abbilden.

Dostum heißt übersetzt »Freund aller«, und ironischerweise ist dieser Name für einen der gefürchtetsten Kriegsherren am Hindukusch nicht ganz falsch. Seine Freundschaften sind jedoch meist von kurzer Dauer und schlagen fast immer grausam ins Gegenteil um. Niemand wechselte in den dreißig Jahren des Krieges in Afghanistan so häufig die Seiten wie der inzwischen dreiundfünfzigjährige Aufsteigersohn von Kleinbauern aus Khodja Doko, einem Dorf in der Provinz Jowzjan, unweit von Shiberghan.

Dostum bekleidet hier im Norden keine offizielle Position in diesem neuen Staat. In der von ihm dominierten Einflusssphäre, die sich je nach Gefechtslage über zwei bis vier Provinzen erstreckt, Jowzjan, Sar-i-Pol und Teile von Balkh und dem von Sanddünen und

Verehrt, gefürchtet, gehasst:
Kriegsfürst Abdul Rashid Dostum

sanften Wiesenhügeln beherrschten Faryab, scheint der selbst ernannte Machthaber dennoch fast allmächtig zu sein.

Dreißig Jahre Krieg haben in Afghanistan den Typus des Warlords hervorgebracht. Denn als die Ordnung zerfiel und Terror und Not das Land beherrschten, wurden die meisten Würdenträger verdrängt oder getötet, viele flüchteten ins Exil. Männer wie Dostum füllten das Vakuum, und kaum einer verkörpert den zwiespältigen Charakter des Kriegsfürsten besser als er.

Damals wurde die Stabilität, wo sie überhaupt vorhanden war, nur noch durch die Milizchefs aufrechterhalten. Der Grausamste unter ihnen garantierte mitunter den besten Schutz gegen Feinde. Deshalb verehren und fürchten die afghanischen Nordvölker den Usbeken-General gleichermaßen, der ihnen über all die Jahre Richter und Rächer, Gönner und Unterdrücker gewesen ist, alles in einer Person.

Die militärische Karriere des ehemaligen Wachmanns einer Gasfabrik hatte als kleiner Kommandeur der sowjetischen Besatzer 1979 begonnen. Der rücksichtslose Haudegen diente sich rasch zum Divisionschef hoch. Nach dem Abzug der Russen und ihrer Alliierten focht Dostum dann im Bürgerkrieg sechs Jahre lang abwechselnd mit und gegen sämtliche Mudschahidin, inklusive dem Islamisten und heutigen Terrorfürsten Gulbuddin Hekmatjar. Schließlich kam der Kampf gegen die Taliban.

Die Lust an der tödlichen Gefahr ist Dostum schon seit seiner frühen Jugend zu eigen. Übermütig stürzte sich der kleine Abdul Rashid bei einer gewaltigen Überschwemmung nahe seinem Heimatdorf Khodja Doko in die Fluten, bis man den Jungen bewusstlos irgendwo am Ufer fand. Später kam er fast täglich mit zerrissenem Hemd nach Hause, weil er sich in der Nachbarschaft geprügelt hatte. Seine Mutter konstruierte ihm eine Weste aus leichtem Maschendraht, die wie eine Ritterrüstung war und ihn fast unverwundbar machte. Im Krieg entfaltete der Bauernsohn seine Talente dann am erfolgreichsten.

In den Neunzigerjahren eroberte der General sieben afghanische Provinzen, nahezu den ganzen Norden. Er regierte den Landstrich zwischen Faryab und Badakhshan mit harter Hand und fast so, als wäre die Region ein autarkes Land. Er führte seine eigene Währung ein, den »Dostum-Dollar«, gründete eine eigene Fluggesellschaft und entsandte Botschafter in die Anrainerstaaten. Im Vergleich zum armen, rückständigen Süden war das Handelszentrum Masar-i-Scharif eine liberale Großstadt mit einer einigermaßen funktionierenden Verwaltung. Es gab ein Gesundheitssystem, die Mädchen gingen zur Schule, und fast 2000 junge Frauen besuchten die Universität.

Bevor es dann zum Konflikt mit den Taliban kam, machte Dostum den Koranschülern sogar noch ein Angebot zur friedlichen Koexistenz: Mullah Omar sollte den paschtunischen Süden führen, er den mehrheitlich usbekisch-tadschikischen Norden. Eine Delegation sittenstrenger Emissäre der Taliban war zur Verhandlung ins nördliche Shiberghan gereist, doch die schwarzen Turbanträger zeigten sich schockiert von Dostums Lotterpalast mit dem Swimmingpool und den Breitwandleinwänden, auf denen Filme mit leichtgeschürzten Damen flackerten.

Uneins ging man auseinander. Schließlich fand auch Dostum: »Eine Regierung, die Whisky und Musik verbietet, können wir nicht unterstützen.«

Ein ehemaliger Unterkommandeur, Abdul Malik Pahlawan, verriet ihn schließlich 1997 aus Rache für den angeblich von Dostums Leibwächter verübten Mord an seinem Bruder. Der General verlor die Kontrolle über sein Machtzentrum Masar-i-Scharif an die militanten Koranschüler und floh in die Türkei, die bis heute seine Schutzmacht ist. Dort betrieb er ein paar Jahre ein Spielcasino.

In der neuen Ära Afghanistans war Dostum für kurze Zeit dann wieder ganz oben. Damals, Ende September 2001, heuerten die Amerikaner den skrupellosen Feldherrn gegen harte Dollars für ihren Krieg gegen den Terrorismus an. Beim Siegeszug nach Kabul spielte Dostum eine Schlüsselrolle. Auf Pferden führte er eine kleine Einheit US-Spezialkräfte von kaum mehr als hundert Mann durch die Bergwüsten des Hindukusch. Mit ihnen und einer Menge US-Luftunterstützung eroberten Dostums berüchtigte Bataillone als Teil der Nordallianz das Land von den Taliban zurück.

Der Triumph hielt jedoch nicht lange an. Wenige Monate später beschuldigte der irische Dokumentarfilmer Jamie Doran den General des Massenmords an Taliban-Kämpfern, die sich seinen Truppen im November 2001 in der Stadt Kundus ergeben hatten. In der Dokumentation, die weltweit Aufmerksamkeit erregte, wird behauptet, Dostums Milizen hätten die Koranschüler in der Wüste von Laili hinter Shiberghan in geschlossene Container gepresst und in der Hitze verdursten und ersticken lassen. Überlebende Verletzte seien erschossen und die Leichen in Massengräbern in der Wüste verscharrt worden.

»Tod durch Container« ist in Afghanistan eine altbewährte Tötungsart für Kriegsgefangene, der sich schon die Kommunisten nach ihrer Machtübernahme und auch die Taliban bedienten.

Der Mord an Hunderten Menschen, die zufällig gerade auf der falschen Seite der Geschichte standen, war nicht wirklich etwas Besonderes in diesem Land, in dem in den vergangenen drei Dekaden rund 1,5 Millionen Frauen, Männer und Kinder ihr Leben im Krieg verloren. Neu war nur, dass internationale Medien und Menschenrechtsgruppen einen öffentlichen Fall daraus machten.

Die Skelette in der Laili-Wüste wurden gefunden, die Umstände des Massakers nie ganz aufgeklärt. Doch auch ohne Verurteilung vor einem Kriegsverbrechertribunal gilt Dostum seither in der internationalen Gemeinschaft als Persona non grata.

Der tiefe Sturz des berüchtigten Feldherrn mag manchem westlichen Anzugträger in Kabul sogar gerade recht gekommen sein. Als Mann fürs Grobe schien Dostum nützlich, doch im Scheinwerferlicht der neuen Demokratie in Kabul wollten sie dann doch lieber nicht neben dem Despoten stehen.

Schließlich gibt es kaum ein Verbrechen, das Menschenrechtsorganisationen dem usbekischstämmigen Regionalherrscher und seinen Milizen nicht vorwerfen – Mord an Kriegsgefangenen und Zivilisten gehört dazu und die willkürliche Zerstörung der Hauptstadt Kabul im Bürgerkrieg, Plünderungen und Vergewaltigung.

Wo Dostums sogenannte Glamdjam-Truppen auftauchten, rührte sich danach nichts mehr. Glamdjam ist Dari, der im Norden gesprochene Dialekt des Persischen, und heißt so viel wie »den Teppich aufrollen«. Dostums Soldaten galten schon immer als die »Plattmacher«.

Das Gästehaus des Generals liegt direkt an der Hauptstraße von Shiberghan. Einheimische nennen den luxuriösen Phantasiebau mit den bauchigen Türmchen und den verglasten Erkern, der wie eine moderne Variante des russischen Zuckerbäckerstils aussieht, nur den »Palast«. Der General fährt im schwarzen Mercedes vor, umringt von schnauzbärtigen Leibwächtern, jeder eine Kalaschnikow im Arm. Über sein graues Perahan wa Tonban hat er einen Chapan-Mantel aus blau-grüner Seide gelegt, wie er im Norden üblich ist und wie man ihn von den eleganten Auftritten des Präsidenten Hamid Karzai kennt.

Die Wangen des usbekischen Kriegers glühen rosarot. Dostum kommt gerade aus der Sauna, eine Gewohnheit, die seine kulturelle Affinität zu den nördlichen Nachbarn unterstreicht. Seine Einflusssphäre grenzt gleich an drei ehemalige Sowjetstaaten – Turkmenistan, Usbekistan und Tadschikistan. An deren Sitten orientiert sich der General deutlich mehr als am prüden Süden des Landes.

Dostums »Palast« ist berüchtigt für ausschweifende Feiern, bei denen es trotz islamischer Regeln an Alkohol und Mädchen nie mangelt. Seine beiden Ehefrauen, eine Usbekin und eine Tadschikin, mit denen er zusammen neun Kinder hat, wurden dagegen noch nie hier gesehen.

Im Rosengarten plätschern Springbrunnen, dahinter ist eine kleine Moschee errichtet. Der ganze Stolz des Hausherrn ist das große Schwimmbad mit dem Whirlpool und die mit Kronleuchtern verzierten Ballsäle: »Hier gibt es keine Mullahs«, grinst er zur Begrüßung.

Der General ist ein kompakter Mann, seine dunklen Pupillen sitzen unter geschwollenen Lidern. Es heißt, seine Leber begehre gegen die Alkoholexzesse auf.

Wie auf einem Thron sitzt Dostum auf einem voluminösen Veloursessel, umrahmt von einem gewaltigen Gladiolenbouquet und einem goldenen Spiegel. Es ist Frühsommer im Jahr 2006, und der Gebieter von Shiberghan ist schlechter Stimmung. Hier oben verteidigt der General sein Territorium zwar mehr oder weniger erfolgreich gegen die Konkurrenz, etwa den inzwischen von Präsident Karzai zum Gouverneur geadelten Ex-Milizchef Mohammed Atta in Balkh im Osten von Shiberghan und im Westen gegen seinen Rivalen Abdul Malik Pahlawan. Immer wieder kommt es zwischen den Kommandeuren zu Scharmützeln. Doch im Machtpoker in Kabul sieht er sich nicht angemessen berücksichtigt. Das nagt an ihm.

Dostum war mal Vizeverteidigungsminister, doch das ist lange her. Inzwischen vertröstet ihn der Präsident mit wohlklingenden Titeln ohne wirkliche Befugnisse, als »Beauftragter für die nördlichen Provinzen« oder als »Stabschef der Streitkräfte«.

Seinen legitimen Platz sieht der ausgebuffte Krieger jedoch mindestens an der Spitze des Verteidigungsministeriums, das der Staatschef lieber dem in den USA ausgebildeten Paschtunen Abdul Rahim Wardak anvertraute: »Ist es eine Schande, Usbeke zu sein?«, schimpft Dostum beleidigt. »Ich kann zwar kein Englisch, dafür spreche ich die Sprache meines Volkes.«

Jetzt sitzt der Riese aus dem Norden in seinem Sessel wie ein zusammengefallener Koloss.

Der General weiß, dass der schreckliche Tod der Taliban-Gefangenen sein Schicksal bis auf Weiteres besiegelt hat. Er verteidigt sich: »Niemand hat sie mit Absicht getötet. Wir hatten nichts anderes als Container. Es war Krieg. Wären sie nicht dort hineinverfrachtet worden, hätten sie eine zweite Front eröffnet.« Trotzig schiebt er nach: »Wir haben sie nicht eingeschlossen, sie bekamen Luft.«

Er will weiter mitspielen in dieser neuen Runde auf dem großen Schachbrett Afghanistan. Aus seiner Sicht hat er alles getan, was dafür erforderlich war. Er zog die Uniform nach dem Krieg aus und erschien in den politischen Kreisen von Kabul plötzlich modisch angepasst mit Schlips und Kragen. Er ließ sich ordentlich als Präsidentschaftskandidat aufstellen und führte sogar einen passablen Wahlkampf mit zahllosen Plakaten und Reden: »Es ist Zeit, die Gewehre niederzulegen und den politischen Prozess zu gestalten«, sagte er.

Am Stichtag der Präsidentschaftswahl holte der General im September 2005 glatt 10 Prozent, das waren fast 800 000 Stimmen, und Vertreter der Djumbesch, seine in eine Partei umgewandelte Miliz, gewannen bei den Kabinettsverhandlungen immerhin vier Ministersitze, wenn auch nicht sehr bedeutende.

Die Gefängnisse, die er anfangs noch mangels staatlicher Einrichtungen weiter unterhielt, führte Dostum fortan vorbildlich. Beim Entwaffnungsprogramm der Vereinten Nationen gab er als einer der Ersten seine Schießeisen und schweren Waffen ab. Die deutschen Isaf-Offiziere, in deren Schutzzone Dostums Revier fällt, registrierten allerdings genau, dass er vor allem altes Gerät entsorgte.

Dennoch, es half alles nichts. Niemand bot ihm eine interessante Position. Mitleid mag man mit diesem Mann nicht haben, Dostums Logik lässt sich jedoch nachvollziehen: Warum hatten es so viele Schlächter und Folterknechte auf die Regierungsbank oder ins Parlament geschafft, er aber gerade nicht?

Auf einmal wird der General ganz staatsmännisch. Er hat jetzt einen Kameramann des von ihm kontrollierten regionalen Fernsehsenders mit zum Gespräch gebeten und richtet sich in dem Sessel gerade auf. Offenbar will er über TV eine Botschaft an die Herrschenden in Kabul schicken, also an Präsident Hamid Karzai und die Amerikaner: »Ich bin kein Lehrer, ich bin kein Ingenieur, aber ich kann sehr nützlich sein«, schmeichelt er. »Ich weiß, wie man die Taliban und al-Qaida im Süden effektiv bekämpft. Diese Aufgabe würde ich gern übernehmen.«

Doch bis heute verpuffen seine Offerten ohne Widerhall.

Am liebsten hätte Regierungschef Karzai die Ära der Warlords einfach geräuschlos beendet. Doch diese Transformation erweist sich als einer der schwierigsten Prozesse überhaupt. Die Zeit der Kriegsfürsten ist eigentlich vorbei, der neue Staat aber noch nicht da. Auch deshalb schwankt der Präsident beim Umgang mit den regionalen Machthabern stets zwischen Drohung und Umarmung.

Er machte den vielleicht gefährlichsten Kriegsfürsten, den Antidemokraten und radikalen Islamisten Abdurrab Rassul Sayyaf, zu einem seiner engsten Verbündeten. Den Herrscher von Westafghanistan, den »Löwen von Herat«, Ismail Khan, zwang er als Energieminister in sein Kabinett nach Kabul. Zuvor hatte Ismail Khan die Zentralregierung jahrelang ignoriert und kassierte weiterhin Zölle in Multimillionenhöhe, obgleich diese eigentlich dem Staat zustehen.

Die Macht der Kriegsfürsten währt natürlich nur so lange, wie sie ihre Milizen auch bezahlen können. Ihre Haupteinnahmequelle sind eben diese Zölle, 10 bis 20 Prozent des Frachtwerts aller Waren, die über ihr Territorium transportiert werden. Als besonders lukrativ erweisen sich dabei die Drogen.

Der Herrscher des Nordens konnte sich zwar, wenn er Geld oder Waffen benötigte, stets auf die benachbarten Usbeken verlassen. Doch abgesehen vom Drogenhandel wird Dostum auch der illegale Verkauf von staatlichem Öl aus der ressourcenreichen und von ihm beanspruchten Provinz Sar-i-Pol nachgesagt.

»Alles Verleumdungen«, schimpft der General nun. Demonstrativ stellt er ein Foto auf den Tisch, das ihn zusammen mit Präsident Karzai zeigt. Das negative Bild des Warlords treffe auf ihn nicht zu. »Ich habe nicht für mich, sondern für Afghanistan gekämpft und gegen den Terror.« Der General ist jetzt ärgerlich: »Warum sagen alle nur Schlechtes über mich? Niemand spricht über die guten Dinge, die ich tue.« Zum Beispiel davon, dass in seinem Bereich weitgehend Stabilität und Sicherheit herrschen.

Bisher scheiterten jedenfalls alle Versuche, die Bastion des Usbeken zu brechen. Die Installation eines paschtunischen Gouverneurs in Dostums Hochburg Shiberghan Ende 2006 war eine gewollte Provokation. Der General schäumte vor Wut, hielt jedoch noch eine Weile still. Erst als der Konkurrent sein Waffenlager aushob, das größte, das jemals in Afghanistan gefunden wurde mit achtzig Tonnen TNT-Sprengstoff und Zehntausenden von Sprengkapseln und Minen, war seine Geduld am Ende.

Gemeinsam mit dem ehemaligen afghanischen Staatschef, dem Islamisten und Kriegsfürsten Burhanuddin Rabbani, schmiedete er Anfang 2007 ein überraschendes Oppositionsbündnis. Zur Gründungsfeier der »Nationalen Front« im alten Luxushotel Interconti in Kabul traf sich eine wilde Mischung aller Zurückgesetzten und Zukurzgekommenen, darunter ehemalige Kommunisten, Putschisten, auch der »Löwe von Herat«, Ismail Khan, und der geschasste Ex-Verteidigungsminister Marschall Mohammed Qasim Fahim, dem eine Schlüsselrolle in der organisierten Kriminalität nachgesagt wird. Eigentlich verbindet sie nicht viel mehr, als dass sie sich nicht aus ihren alten Positionen verdrängen lassen wollen. Gemeinsam forderten sie in einem feierlichen Manifest das Ende der Präsidialdemokratie, mit anderen Worten den Sturz Karzais und die Wiederherstellung ihrer Macht.

Wer glaubte, dass der Krieger Dostum nach all den Demütigungen lautlos im Sonnenuntergang von Shiberghan verschwinden würde, hatte sich getäuscht. Mit seinem Anti-Regierungsclub arbeitet er energisch an einem Comeback.

Einer wie Dostum wird immer wieder gebraucht in einer Gegend, die so instabil ist. Zurzeit fürchten die benachbarten Usbeken, dass die Grenzregion am Amu-Darja-Strom von Taliban infiltriert werden könnte. Auf der anderen Seite haben sie einen Mann, den sie auf dem großen Schachbrett Afghanistan jederzeit als zuverlässigen Springer einsetzen können: General Abdul Rashid Dostum.

16
Relikt der Revolution

Er ist der geborene Putschist, ein Draufgänger, der meistens auch Glück hatte bei seiner Teilnahme an Umstürzen in der blutrünstigen Geschichte Afghanistans. Mohammed Gulabzoi setzt ein spitzbübisches Lächeln auf, mit den Fingern der rechten Hand massiert er seinen schwarzen Stalin-Schnauzer, und die Augen funkeln im fleischigen Gesicht des stämmigen Paschtunen, wird er nach seiner einzigartigen Karriere als ständiger Rebell befragt. »Es ging mir letztlich stets darum, unserem Volk zu helfen; dass dabei viele Menschen starben, bedauere ich«, sagt der General außer Diensten und lehnt sich lässig zurück im geblümten Plüschsessel, der zur wuchtigen Sitzgarnitur seines Empfangszimmers gehört. In diesem Apartment, oberster Stock von Block 42 des Kabuler Plattenbauviertels Mikrorayon, hatte Gulabzoi schon gewohnt, als er den Revolutionskommandanten Babrak Karmal und Nadschibullah neun Jahre als Innenminister diente. Dann folgten siebzehn Jahre im Moskauer Exil. Als Einziger aus der Spitzengarde der in alle Winde verstreuten Kommunisten wagte sich Gulabzoi vor drei Jahren nach Kabul zurück. Er wurde bei der nationalen Parlamentswahl mit einem Rekordergebnis in seiner Heimatprovinz Khost zum Abgeordneten gekürt.

Doch was für eine Putschkarriere! Schon im Juli 1973 war er bei dem Staatsstreich mit von der Partie, als der »rote Prinz« Mohammed Daud seinen in Italien ein Augenleiden kurierenden Schwager, König Mohammed Zahir, entmachtete und die Republik ausrief. Gulabzoi, damals siebenundzwanzig Jahre alt, gehörte zur Gruppe jener Obersten, die in der Sowjetunion ausgebildet worden waren, er selber auf einer Akademie der Luftwaffe. Daud hatte sich mit diesen jungen

Offizieren zusammengetan, die für den Coup Panzer und Fallschirmjäger mobilisierten. Der Monarch zeigte keinerlei Neigung, um seinen Thron zu kämpfen. Er blieb lieber als Emigrant in Rom.

Umstürzler Daud entwickelte sich sehr bald zum Despoten, der mit Gegnern nicht zimperlich umging, sie verhaften und notfalls liquidieren ließ. Mit bundesdeutscher Hilfe entstand fünfundzwanzig Kilometer außerhalb von Kabul in Pol-i-Charkhi ein Riesengefängnis mit fünf schmutziggrauen Betonklötzen. »Himmelreich der Königin« hieß es im Volksmund wegen der vielen dort eingekerkerten Royalisten, zu denen sich mehr und mehr Anhänger der religiös-reaktionären Moslembrüder gesellten, die viermal vergeblich versucht hatten, Daud zu stürzen. Das Gefängnis wurde berüchtigt für sadistische Foltermethoden.

In den Fünfzigerjahren waren von Daud, damals noch als Regierungschef, 2500 russische Zivilberater und über 1000 Militärexperten in das bitterarme Land gerufen worden. Gleichzeitig gingen Hunderte junger Afghanen zum Studium in die Sowjetunion. Jetzt aber überwarf sich der Putschpräsident auch mit seinen Vasallen von der moskautreuen Linken, die in der 1965 gegründeten Demokratischen Volkspartei Afghanistans (DVPA) ihre politische Heimstatt hatten. Allerdings eine recht unruhige, denn in dieser Partei gab es mehrere Fraktionen, die sich vehement befehdeten, nach afghanischer Art bisweilen recht grobschlächtig. Luftwaffenoffizier Gulabzoi schloss sich der stärksten Gruppe an, die den Namen der Parteizeitung »Chalk« trug. Hier führten paschtunische Nationalkommunisten das Wort. Der vormalige Diplomat und sozialkritische Schriftsteller Nur Mohammed Taraki vor allem, ein gemütlicher Patriarch; oder der in den USA zum Magister ausgebildete umtriebige Lehrer Hafizullah Amin, der den Charme eines Raubtiers besaß und vor seiner marxistischen Bekehrung dem Glaubensbrevier vom »paschtunischen Herrenmenschen« angehangen hatte. Das Gegengewicht zu den Paschtu sprechenden Chalki bildete der kosmopolitischere Parteiflügel von »Partscham«. Dessen Aktivisten um den Gouverneurssohn Babrak mit dem Kampfnamen »Karmal« (»Freund der Arbeiter«) rekrutierten sich hauptsächlich aus Kabuls westlich orientierter

Oberschicht, auch der königstreuen, und sie sprachen Dari, die mit dem Persischen verwandte Hof- und Hochsprache am Hindukusch.

Nicht nur Dauds autokratisches, zunehmend repressiveres Regime stieß in Kabul, zumal bei der Linken, auf Widerspruch. Auch sein Versuch einer außenpolitischen Umorientierung verprellte viele, vor allem jedoch den bisherigen Gönner Moskau. Die Zahl der russischen Militärberater wurde drastisch reduziert, Kadetten gingen nunmehr zur Schulung nach Delhi und Kairo. Daud startete gar ein Techtelmechtel mit dem amerikanischen Alliierten Reza Pahlevi und war bereit, vom Schah von Persien Milliardenkredite für infrastrukturelle Projekte anzunehmen, zu denen der Bau einer Eisenbahnlinie gehören sollte. Zum Eklat mit der Sowjetführung kam es bei einem Moskau-Besuch 1977, als Parteichef Leonid Breschnew seinem Besucher Vorhaltungen machte über den zunehmenden Einfluss des Westens im blockfreien Afghanistan. Seine Regierung lasse sich von niemandem vorschreiben, wen sie beschäftige und mit wem sie zu tun habe, erwiderte Daud aufgebracht und schlug mit den Fäusten auf den Tisch. Dann brach er das Gespräch ab und verließ den Raum. Für die Sowjets war nun klar: Dieser Mann musste in Kabul abserviert werden.

Die Volkspartei inszenierte Demonstrationen gegen den Alleinherrscher, und Gulabzoi, seinerzeit Oberleutnant, war einer der Akteure, die in ständigem Kontakt zur sowjetischen Botschaft standen. Der Despot reagierte mit Massenverhaftungen, suchte das Militär von prosowjetischen Offizieren zu säubern. Als dann am 17. April 1978 mit Mir Akbar Khyber ein prominenter Partscham-Funktionär ermordet wurde, quollen Kabuls Straßen über von trauernden Demonstranten bei dessen Beisetzung. Daud ließ die Spitze der Volkspartei mit Taraki, Karmal und Amin festnehmen. »Er hätte sie alle umbringen lassen«, rechtfertigt Gulabzoi noch heute seine Mitwirkung an der folgenden Bluttat, deren Impresario er in Absprache mit russischen Beratern war.

Daud beriet am Morgen des 28. April gerade mit seinem Kabinett über das Schicksal der Verhafteten, als seine einstigen Mitverschwörer gegen den König nun in einem Militärcoup gegen ihn losschlugen. Hauptakteure in dieser später nach dem Monat April benannten »Saur«-Revolution waren neben Gulabzoi der sowjetgeschulte Panzermajor Mohammed Aslan Watanjar und Luftwaffenoberst Abdul Qadir, ebenfalls ein professioneller Putschist. MiG-21-Jets bombardierten den Argh-Palast, der unter dem Dauerfeuer von vierzig Tanks lag. Der Despot und seine Leibwache leisteten Widerstand bis tief in die Nacht. Daud starb mit etwa dreißig Familienmitgliedern, darunter Frauen und Kindern, und in der Stadt forderte der Staatsstreich wenigstens 2000 Tote. Gulabzoi war dabei, als seine Parteiführer aus dem Gefängnis befreit wurden. Mit Taraki als Präsident bildeten sie einen Revolutionsrat, der als Regierung der neuen Demokratischen Republik Afghanistan sogleich von der Sowjetunion anerkannt wurde.

Jetzt waren die Kommunisten in Kabul am Ruder, und sie sahen sich als Pioniere des Marxismus in der Dritten Welt. Mit einem Gewaltschritt, so schwärmte der Chalki-Aktivist Amin, werde man den Übergang vom Feudalsystem zur klassenlosen Gesellschaft schaffen. Vergeblich mahnten die Sowjets, die aus eigenen Erfahrungen in ihren mittelasiatischen Republiken wussten, wie schwierig und langwierig ein solcher Transformationsprozess war, die afghanischen Schützlinge zur Mäßigung. Die ungestümen Chalki setzten sich durch. Sie schoben sechs Top-Partschami auf Botschafterposten ins Ausland ab und sorgten im eigenen Land mit harschen Revolutionsdekreten für Aufruhr unter den Stammesführern, Landbesitzern und Mullahs.

Schließlich beschloss Breschnews Politbüro Anfang Dezember die Invasion Afghanistans und die Installation einer neuen Führungsriege mit dem Partschami-Team unter Babrak Karmal. In der Weihnachtsnacht landeten Spetsnaz-Eliteeinheiten in Kabul, Gulabzoi führte sie hinaus in den Vorort Darulaman. Dort hatte sich Amin mit seinen Getreuen im Lustschlösschen Tapai Tajbeg verschanzt. Der »Teuflische« ahnte, was ihn erwartete. Er hatte soeben erst einen Giftanschlag seines russischen Kochs überstanden, der ihn außer Gefecht setzen sollte. Nun griffen die Soldaten des russischen Spezialkommandos an, die afghanische Uniformen und Gewänder trugen.

Gulabzoi hatte mit Amin noch eine persönliche Rechnung zu begleichen, und bis heute heißt es in Kabul, er habe den Revolutionsherrscher eigenhändig erschossen. »Ich war als Einziger von uns dabei«, weicht der Brigadegeneral an diesem Punkt präziseren Angaben aus. Während des vierstündigen, bis Mitternacht anhaltenden Feuergefechts sei die Hälfte der Leibgarde zu ihm übergelaufen, berichtet Gulabzoi, »und am Ende konnte man nicht sagen, von welcher Kugel er schließlich starb«. Mit Amin kamen seine drei Frauen und achtzehn Kinder um.

Karmal machte Gulabzoi zu seinem Innenminister. Diesen Schlüsselposten mit dem Kommando über 30 000 Bereitschaftspolizisten, den Tsarondoi, behielt er auch unter Karmals Nachfolger Nadschibullah, der mehrmals versuchte, ihn als Galionsfigur der Chalki politisch kaltzustellen und physisch zu beseitigen. Doch die Sowjets schützten ihn. Sie wussten um Gulabzois Verdienste und fürchteten überdies, ein neuerlicher offener Bruch würde Kabuls Revolutionären das Chaos bescheren. Als sich in der Endphase des Revolutionsregimes aber die Putschgerüchte überschlugen, gelang es Nadschibullah doch, zwei gefährliche Widersacher auszumanövrieren: Gulabzoi wurde als Botschafter nach Moskau bugsiert, sein Kompagnon Qadir nach Warschau. Den Putsch probierte dann Verteidigungsminister Shahnawaz Tanai, ein Freund von Gulabzoi, was diesen wohl nicht grundlos in den Verdacht brachte, heimlicher Mitverschwörer gewesen zu sein. Jedenfalls zog es Gulabzoi vor, nach Abzug der Sowjettruppen in Moskau zu bleiben.

Das KGB verbot ihm, die Stadt zu verlassen, »obwohl ich doch einen Diplomatenpass besaß«. Babrak Karmal, der ebenfalls in Moskau lebte, dem Alkohol verfallen war und 1996 an Leberkrebs starb, hat er dort nie getroffen, sich aber »um afghanische Flüchtlinge gekümmert«. Dann tat er, was andere Emigranten seines Kalibers nicht wagten, er kehrte nach Kabul zurück. »Ich habe keine Feinde«, sagt Gulabzoi, »auch die Mudschahidin wissen, dass ich viele von ihnen, die von den Russen geschnappt worden waren, wieder auf freien Fuß setzen ließ.« Schwer zu glauben von einem, der über Jahrzehnte an fast jedem Komplott und mancher Gewalttat beteiligt war.

»Ich habe keine Angst«: Zurückgekehrter Kommunist Mohammed Gulabzoi

Afghanistan ist kein Land von philanthropischer Moral, Blutrache zählt zum Ehrenkodex seiner paschtunischen Mehrheitsbevölkerung. Muss da nicht irgendwann jemand kommen mit der Pistole in der Hand, um Rache zu üben? »Warte nur ab, wir kriegen dich noch«, droht schon mal ein anonymer Anrufer am Telefon. Dahinter stecke wohl der pakistanische Militärgeheimdienst ISI, glaubt Gulabzoi und beteuert: »Ich habe keine Angst.« Er hat keine Wache vor dem Haus, keine Bodyguards. Einmal im Monat fährt er mit dem Auto alleine in die Provinz Khost zu den Dörfern seines Zadran-Stammes, wo er vom Vater ein Häuschen geerbt hat, sein einziger Besitz.

Mit der höchsten Stimmenzahl von einundneunzig Kandidaten wählten sie ihn daheim zum Abgeordneten im afghanischen Unterhaus, der Wolesi Jirga. Er ist der einzige Minister aus dem Kabinett Nadschibullahs im neuen Parlament, ein Relikt der Revolution. Ein Comeback der Taliban fürchtet Gulabzoi nicht, die Schwarzturbane seien bei zu vielen verhasst. »Die Taliban sind nicht so stark, wie sie tun, nur leider ist unsere Polizei und Armee recht schwach.« Auch sonst fallen die Noten für die Regierung Karzai nicht gut aus: Sicherheit, Stabilität, Korruption, Gleichberechtigung – bei all dem »ging es uns unter Dr. Nadschibullah besser«. Und zudem ist da noch die Idiotie, wie im Irak vormalige Offiziere, Soldaten und Polizisten, alles in allem über 50 000 Mann, nicht weiter zu beschäftigen und mit ihren Familien »eine Viertelmillion Afghanen ins Elend zu treiben«.

Deswegen schloss sich Gulabzoi im Frühjahr 2007 einem neuen politischen Bündnis an, das zu einer ernsten Herausforderung für den vom Westen favorisierten Präsidenten werden könnte: der Vereinigten Nationalen Front Afghanistans, die behauptet, 40 Prozent der Parlamentsmitglieder hinter sich zu haben. Es ist ein seltsames Gemisch aus Heroen, Feinden und Hasardeuren von gestern, das da quer durch alle Volksgruppen zusammengefunden hat und mit der Forderung nach Abschaffung des Präsidialsystems gegen die vom Ausland installierte Führung aufbegehrt – Islamisten und Kommunisten, Warlords, Republikaner und Royalisten. »Mit militärischer Gewalt und einer von außen herbeigeschafften Regierungsmannschaft, die keinen Rückhalt in unserer Gesellschaft besitzt, sind die Taliban nicht zu besiegen«, warnt als Sprecher dieses schillernden Bündnisses Burhanuddin Rabbani, vor der Taliban-Zeit weltweit anerkannter Staatschef in Kabul. Um die Afghanen besser zu motivieren, solle der Westen sich nur beim Wiederaufbau engagieren, fordert der tadschikische Theologieprofessor: »Unser Land muss selbst Verantwortung für die Sicherheit tragen.«

Verschreckt haben Karzais Leute die neu gegründete Nationale Front als das Trojanische Pferd von Iran und Russland hinzustellen versucht. Dass diese beiden Länder nach Möglichkeiten trachten, in Afghanistan wieder kräftig mitzumischen und Amerikas Einfluss zurückzudrängen, dürfte kaum verwundern. Wäre demnach Mohammed Gulabzoi, der erfahrene Komplotteur, in diesem Spiel dann Moskaus Joker? Für einen Moment huscht erneut das spitzbübische Lächeln über sein Gesicht, dann erwidert er vieldeutig: »Ich habe immer auf eigene Rechnung gearbeitet, aber für mein Land, und das wird so bleiben.«

17
Baburs Stadt: Kabul

Die Fahrt durch Afghanistans Hauptstadt heute ist eine Tortur für Auge, Lunge und Seele, sie ist die Begegnung mit einem keuchenden Moloch. Kabul droht zu krepieren in den Smogschwaden des täglichen Verkehrschaos, im Dauerstau Zehntausender Autos, die sich durch den Talkessel zwängen. Die meiste Zeit stehen sie in endlosen vierspurigen Kolonnen, und dazwischen suchen staubgepuderte Krüppel und Straßenkinder von den Wartenden ein paar Münzen oder Afghani-Scheine zu ergattern. Sie pochen gegen die Fensterscheiben, bieten Zeitschriften an, eingeschweißte Telefonkarten und Teigtaschen mit Kartoffelfüllung. Oder sie hocken einfach apathisch auf einem niedrigen Wägelchen mit Eisenrädern, ein Torso nur, die rechte Hand demütig für eine Gabe erhoben, Gesicht und Haar überzogen von einer gelbbraunen Maske aus Dreck.

Der Staub ist unerträglich in Kabul, den Sommer über und auch an trockenen Wintertagen. Mit ihm wabern Bakterien und Viren herum, die von den Fäkalien und Müllbergen aus den Seitenstraßen stammen. Diese starren vor Schmutz, an den Abfallhaufen kauern Frauengestalten, verhüllt von blauen Burkas aus billigem Kunststoff. Nach wie vor gibt es keine Kanalisation in Kabul, sondern nur stinkende Abwässerrinnen an den Straßenseiten. Das mochte an minimaler Infrastruktur genügen für eine Stadt, die Anfang der Siebzigerjahre unter Zahir Schah mit 600 000 Einwohnern ihre schönste Zeit hatte, relativ sauber war und in einigen Vierteln gar elegant. Doch dreißig Jahre Krieg und Bürgerkrieg mit hemmungslosen Zerstörungen haben davon wenig übrig gelassen. Stattdessen hat der Zuzug von Flüchtlingen aus den Provinzen die Stadt aufgebläht zu nunmehr über vier Millionen Bewohnern, hat Kabul orientalischer gemacht. Die Slums mit den Lehmkaten der Ärmsten kriechen an den Drachenrücken der beiden Berge im Zentrum hinauf, wuchern hinaus auf die umliegenden Hügel und Ebenen.

Nicht einmal die Hälfte dieser Stadt verfügt über Wasseranschlüsse und Elektrizität, doch oft fällt der Strom auch tagsüber aus, und während der Nacht ist er ohnehin nicht verfügbar. Behörden und Militär, ausländische Botschaften und internationale Hilfsorganisationen, Restaurants und gutgehende Läden haben deswegen eigene Dieselgeneratoren. Wer sich die nicht leisten kann, nämlich das Gros der Bevölkerung, hockt im Dunkeln und friert im Winter erbärmlich. Schlimmer indes, weil gesundheits- und seuchengefährdend, sind die Berge von Müll. »Die Stadt wächst dynamisch, aber die Kapazitäten zu ihrer Versorgung halten nicht mit, und entsprechend wachsen die Probleme«, stöhnt Qiamuddin Djallalzada, diplomierter Ingenieur und Vizeminister für urbane Entwicklung. Der weißbärtige Mittfünfziger, Absolvent der deutschen Amani-Oberrealschule in Kabul, hat an der Technischen Hochschule in Aachen studiert und dort zehn Jahre lang als Dozent für Stadtbauwesen in Entwicklungsländern gewirkt. Im November 2002, ein Jahr nach Vertreibung der Taliban, kehrte er nach Kabul als Berater der Regierung Karzai zurück. »Damals gab es eine Verwaltung für gerade mal 700 000 Einwohner, und die Grundinfrastruktur war gleich null«, erinnert sich der Tadschike. Er wird wütend, wenn Ausländer den inzwischen bewältigten Neuaufbau leichthin bekritteln. Bei der Wasserversorgung etwa. Sie sei von 18 000 Kubikmetern zur Zeit der Wende auf inzwischen 80 000 Kubikmetern gestiegen, das ganze Netz repariert, zusätzlich 30 Prozent neuer Leitungen verlegt worden. Eine Katastrophe allerdings, dies räumt der Vizeminister in seinem Büro an der Mikrorayon-Straße betrübt ein, sei das Versagen der Stadtverwaltung bei der Müllentsorgung. Jeden Tag würden 1700 Tonnen anfallen, es werden aber bestenfalls nur 400 Tonnen zur Deponie abtransportiert. Angeblich fehlen Fahrzeuge und Fahrer. Der übrige Dreck bleibt liegen und türmt sich zu Müllgebirgen auf.

Djallalzada hat ein Konzept erarbeiten lassen für die Mitwirkung der Bevölkerung bei der Abfallbeseitigung: »Das ist eben auch die Frage einer gesellschaftlichen Umerziehung.« Doch sein Vorschlag an den Präsidenten für eine groß aufgezogene Müllentsorgungskampagne blieb ohne Antwort, Karzai plagen andere Probleme. Deswegen schmollt Djallalzada schon mal, »dass Leute wie ich hier sehr nützlich sind, aber wenig Anerkennung finden«.

Kabul, das ist die Stadt von Mohammed Zahir al-Din Babur, des »Löwen« und Stammvaters der indo-islamischen Moguldynastie. In den Adern dieses mittelasiatischen Reiterführers und Zeitgenossen Luthers floss das Blut zweier Schreckensgestalten. Mütterlicherseits das des mongolischen Weltenzerstörers Dschingis Khan und väterlicherseits das von »Timur dem Lahmen«, im Westen Tamerlan genannt, eines der größten Mordbrenner der Weltgeschichte. Als »Gottes Schatten auf Erden« empfand sich der Gewaltmensch selber, und seine wirkungsvollste Waffe war der Terror. Von Samarkand aus vernichteten Timurs Heere Ende des 14. Jahrhunderts sämtliche Zivilisationen zwischen Delhi, Bagdad und Kairo, sie rotteten mit sieben Millionen Menschen ein Drittel der dortigen Bevölkerung aus. Markenzeichen Timurs war die Errichtung von Türmen aus menschlichen Schädeln als Siegessymbol, über die er genau Buch führen ließ: 45 000 Schädel waren es in Schiras, 53 000 in Täbris, 70 000 in Isfahan.

Timurs Ururenkel Babur konnte sich in Samarkand nicht halten. Begleitet von einigen hundert Getreuen zog er als Abenteurer und Räuber durch die Lande und schnappte sich im Oktober 1504 Kabul, damals die bedeutendste Handelsstation zwischen Persien, Indien und China. Hier wurden Gewürze, Baumwolle, Edelsteine, Zucker und Sklaven verkauft, auf dem Basar herrschte ein Sprachengewirr. Es gab viele Gartenanlagen und prächtige Pferdeweiden, im Sommer wölbte sich über dem in 1800 Meter Höhe gelegenen Talkessel ein azurblauer Himmel, die Luft war wie Seide, es duftete nach Rosen und Jasmin. »Das Klima von Kabul ist ungewöhnlich angenehm, es gibt keinen besseren Platz auf dieser Erde«, pries Babur die Vorzüge dieses Fleckens, von dem aus er dann den halben indischen Subkontinent eroberte. Doch er hasste die fiebrige Hitze der Ebenen Hindustans, »dieses sehr reizlosen Landes«.

Am Eingang der Zitadelle, die für Babur auf dem Zwei-Adler-Berg errichtet wurde, ließ der Timuride den Spruch einmeißeln: »Trink Wein im Schloss von Kabul und lass den Becher kreisen, denn Kabul ist Bergland, ist Fluss, ist Stadt und Garten zugleich.« Der Soldatenpoet genoss das Leben sehr, da störte ihn nie sein islamischer Glaube. Mit den Hofschranzen veranstaltete Babur in seinem Lieblingsgarten schwere Zechgelage. Getrunken wurde, oft schon am Morgen, jeder verfügbare Alkohol: Wein, Apfelwein, Arrak, Palmenschnaps oder Rum. Drei Tage in der Woche waren für andere Rauschmittel reserviert, für das Kiffen von Haschisch, das mit Dörrobst und Honig verkocht auch als Konfekt Maschoun genossen wurde. In den von ihm diktierten Memoiren schildert er schwärmerisch: »Als es zu wirken begann, setzten wir uns auf eine Wiese und gaben uns dem Anblick der Blumen hin. Ich fühlte mich sehr weich und leicht, fast in Musik aufgelöst, dachte in Farben, und der Lauf der Zeit schien aufgehoben. Ich glaube, unsere Gespräche waren philosophisch.« Nur Opium mochte Babur nicht. Doch dass seine Rauschmittelsucht bei ihm, wie dann auch bei den meisten nachfolgenden Großmoguln, dämpfend wirkte auf das Sexualbegehren, darf aus der verhältnismäßig geringen Zahl der Kinder geschlossen werden, die er zeugte: Bei einem Harem von mehr als dreißig Frauen brachte er es nur auf vier Söhne und sechs Töchter.

Baburs Vorliebe für Hasch zelebrierten 450 Jahre nach ihm auch die Hippies, die seine Stadt heimsuchten. Es waren sorglose Zeiten, als sich in den Sechziger- und Siebzigerjahren die Blumenkinder aus Europa und Amerika auf den Weg nach Indien machten. Der Landweg dieses Hippie-Trails führte über Kabul, für die zivilisationsmüden Westler ein Haschparadies. Die Chicken Street im zentralen Stadtteil Shar-i-Naw war ihr Revier. Sie kifften im »Sigis« oder »Marco Polo«, aßen im »Khyber-Restaurant«, das auf seiner Speisekarte »mit dem einzigen Steak zwischen Bangkok und Istanbul« lockte. Alle möglichen Gestalten zog es nach Kabul, das im weiten Umkreis der islamischen Welt die liberalste Stadt war. Die Einheimi-

Kabuls schönste Oase:
Baburs restaurierter Rosengarten

schen scherte diese bunte Invasion aus der Fremde wenig, selbst junge Afghaninnen trugen statt der Burka nun den Minirock. Bob Dylan kreuzte mit seiner Gitarre auf, Uschi Obermaier schaute vorbei, auch der aus der Berliner Terrorszene ausgestiegene Globetrotter Bommi Baumann blieb auf der Flucht vor dem BKA und Interpol hier eine Zeit lang hängen. »Die Stadt war voll von Langhaarigen, die Dope geraucht haben«, schilderte er später in seinem Buch *Hi Ho* das fröhliche Highlife des Hippietums, das mehrere Straßenzüge um den Hühnerbasar okkupiert hatte. »Diese kosmopolitische Runde mitten in Asien war ganz interessant.« Es wurde viel mit Heroin herumexperimentiert, mit Mischungen aus Opium und »Schwarzem Afghanen«, dem »Kabul Special«. Einige Junkies, auch Deutsche, endeten auf dem Ausländerfriedhof. Dort liegen sie neben englischen Kolonialoffizieren, russischen Spionen oder deutschen Landsern, die sich bei Kriegsende von der Russlandfront ins neutrale Afghanistan durchgeschlagen hatten.

Hippie-Ahne Babur starb im Alter von sechsundvierzig Jahren

Ende Dezember 1530 an Paratyphus in Agra. Testamentarisch hatte er verfügt, in einem Schrein unter offenem Himmel beigesetzt zu werden. Einige Jahre später wurden seine Gebeine nach Kabul überführt, und auf einer der oberen Terrassen seines Lieblingsgartens, »dem schönsten Platz unter Allahs Himmel«, fand der Löwe ein schlichtes Grab aus weißem Maidan-Marmor neben Jasminbüschen. »Hier ruht das Licht Gottes«, trägt der Stein eine schwarze Inschrift, »Babur Padschah, der hofft, dass Gott ihm gnädig sei. Gefällt dir mein Garten, bete für mich.«

Sie haben wohl nicht immer für ihn gebetet, aber seinen Garten geliebt, die Bürger Kabuls. Der Berghang mit der größten Oase der Stadt, ihren mächtigen Platanen, Walnuss- und Maulbeerbäumen, Plantagen mit Granatäpfeln, Mandeln und Aprikosen sowie auf den unteren Terrassen mit einer verwilderten Parklandschaft war noch in der Endphase des Revolutionsregimes Anfang der Neunzigerjahre ein gern besuchter Platz der Ruhe und Selbstvergessenheit. Zwischen Flieder- und Judasbüschen turtelten Liebespaare, von irgendwoher tönte melancholisch eine Panflöte. Familien breiteten an dem von einer Quelle gespeisten Bach, der in Kaskaden den Hang hinunterfiel, ihre Teppiche aus zum Picknick. Und auf der Terrasse des Holzpavillons der Karawanserei, die dem Emir Abdur Rahman als königliche Sommervilla gedient hatte, saßen schon am Mittag einige Lebenskünstler. Sie tranken Tee und genossen den Blick auf das prachtvolle Panorama der rotbraunen, verkarsteten Bergzüge bis nach Paghman hinüber, einst Baburs bevorzugtes Jagdrevier. Noch war der Artilleriedonner der näher rückenden Glaubenskrieger nur schwach vernehmbar, dagegen das Gebrüll eines echten Löwen stets zu hören: Marjan, »Juwel«, hieß der vom Kölner Zoo überlassene Prachtbursche drunten am Kabul-Fluss in seinem Tiergarten, der als der gepflegteste galt zwischen Wien und Neu-Delhi.

»Tötet nicht eure Brüder, sondern wachet liebevoll über ihnen«, sollen die letzten Worte des sterbenden Babur gewesen sein. An diesen Rat des Großmoguls haben sich die Verteidiger und Eroberer Kabuls nie gehalten, schon gar nicht im grauenvollen Bürgerkrieg nach dem Kollaps des Revolutionsregimes im Frühjahr 1992. Die

»Hier ruht das Licht Gottes«: Grabmal des Mogul-Kaisers Mohammed Zahir al-Din Babur

Mudschahidin fielen über die Hauptstadt her wie die Reiter beim Buzkashi-Spiel über den Kadaver einer Ziege. Jeder wollte sich seinen Anteil sichern. Als der Versuch, eine Koalitionsregierung aus den verschiedenen Fraktionen der Glaubenskrieger zu bilden, kläglich scheiterte, meuchelten sie sich mit Raketen und Panzerfäusten gegenseitig. Auf die Zivilbevölkerung wurde keinerlei Rücksicht genommen, ganze Viertel löschten die Kriegsherren, die die Stadt in sechs Einflusszonen aufgeteilt hatten, bei ihren Kämpfen aus und hinterließen Ruinenlandschaften. Kabul wurde zum Gräberfeld, vorsichtige Schätzungen sprechen von wenigstens 60 000 Toten.

Plünderungen, Hinrichtungen und Vergewaltigungen gehörten zum Alltag – Afghanistan, dunkles Land.

Bei einigen Kombattanten brachen die barbarischen Urinstinkte mit Gewalttaten von timuridischer Grausamkeit wieder durch. Besonders tat sich dabei die Truppe der mongolenstämmigen Hazara unter ihrem Guerillaführer Abdul Ali Mazari hervor, Chef der vom

Iran unterstützten Schiiten-Partei Hisb-i-Wahdat (Partei der Einheit). Gegner, die ihr auf dem Platz unterhalb des zerschossenen Interconti-Hotels in die Hände fielen, erlitten einen schrecklichen Tod. »Wie alt bist du?«, fragten die Freischärler und schlugen dann dem Armseligen die entsprechende Zahl von Nägeln in den Kopf. Danach ergötzte die Soldateska sich an ihrem Lieblingsspiel der *dancing bodies*: Der Kopf wurde dabei abgehackt und in den Rumpf heißes Öl gegossen, sodass der kopflose Körper noch eine Weile zuckend herumtorkelte. Als die Taliban dem blutigen Spuk in Kabul schließlich ein Ende bereiteten, warfen sie den Überläufer Mazari aus einem Hubschrauber.

Am schlimmsten trafen die Verwüstungen den Westen und Süden der Frontstadt. Die lagen ständig unter dem Artilleriefeuer des Paschtunen Gulbuddin Hekmatjar, weil sie zur Region des 1992 von einer »Großen Schura« zum Staatsoberhaupt gewählten Tadschiken Burhanuddin Rabbani gehörten. Aus der Oase von Baburs Garten wurde eine Ödnis. Was der Raketenhagel nicht zerstörte, vernichteten im bitterkalten Winter die Tadschiken des oberhalb gelegenen Armenviertels Gozargah, in dem allein es über 1500 Tote gab. »Unsere Familien brauchten Brennholz zum Überleben«, erinnert sich Oandagha Khaja, Besitzer eines Krämerlädchens am Steilhang gleich neben der einzigen Wasserstelle, an die Monate schreiender Not. Sämtliche Bäume in Baburs Garten wurden gefällt, auch die jahrhundertealten Platanen bis auf ein paar glatte Strünke.

Nicht besser erging es Kabuls Zoo, einem Vorzeigeprojekt bundesdeutscher Entwicklungshilfe. Die meisten der Tiere, die in ihren Gehegen die Granateneinschläge überstanden hatten, wurden von den vorrückenden Mudschahidin lustvoll abgeknallt, der indische Elefant, Staatsgeschenk Indira Gandhis, mit einer Panzerfaust erledigt. Nur Marjan behauptete sich. Der Löwe aus Köln tötete einen Heiligen Krieger, der in törichter Mutprobe zu ihm ins Freigehege gestiegen war, und er überstand den Handgranatenwurf, mit dem sich der Bruder des Getöteten rächte. Auf einem Auge blind und ziemlich abgemagert, schleppte sich Marjan auch durch das fundamentalistische Interregnum der Taliban. Er verstarb, der junge Zoodirektor Azis Gul Saqib sagt dies voller Hochachtung, »sechsundzwanzig Jahre alt nach dem ersten Jahr der Regierung Karzai«. Das üppige Fleisch, das britische Soldaten ihm gaben, mag wohl zum Herzinfarkt beigetragen haben.

»Die haben von Nadschibullah eine intakte Stadt übernommen und sie dann zerlegt.« Georg Dechentreiter findet nur Worte der Verachtung für Gewalt und Gemetzel der zerstrittenen Mudschahidin, die von den Taliban gerade vertrieben worden waren, als er 1995 Kabul zu seinem ständigen Wohnsitz machte und bizarre Trümmerfelder vorfand. Mit seiner Frau Helma, einer Krankenschwester, gründete der Augsburger Kaufmann eine eigene Hilfsorganisation. Diese »Wohlfahrts-Stiftung«, unterstützt von Caritas, Misereor und Privatfirmen, baute am Rande der Altstadt ein Kinderhospital für Orthopädie und Chirurgie. Das Krankenhaus hat fünfzig Betten, fünf Ärzte, und es ist wegen der vielen Minenopfer voll belegt. Als Verbeugung vor dem Mut jener Bonner Botschaftsmitarbeiterin, die während der Kriegswirren alleine in der Deutschen Vertretung ausharrte, trägt es den Namen »Irene Salimi«.

Gut 350 000 Euro kostet der Unterhalt des Hospitals im Jahr, und regelmäßig muss Dechentreiter nach Deutschland auf Betteltour gehen. Seine Chirurgen verdienen 600 Dollar im Monat. Das ist für Kabuler Verhältnisse viel, denn die Ärzte im staatlichen Bereich erhalten lediglich 40 bis 60 Dollar. Aber es ist ein Pappenstiel, wenn man weiß, dass Minister in der Regierung es auf 20 000 Dollar und mehr bringen. Des Öfteren beschleichen den Wohlfahrts-Mann Zweifel, ob das alles sinnvoll ist, was er in Kabul tut, zumal er wenig Fortschritt zu erkennen vermag. Da ist die Sicherheitslage, die sich alarmierend verschlechtert. Erst unlängst detonierte drei Blocks weiter an der Maiwand-Straße bei einem Dynamitdepot frühmorgens eine Bombe. Die gewaltige Explosion sprengte eine halbe Ladenzeile weg und ließ ganz Kabul erbeben. Aus den Trümmern wurden sieben Tote und fünfundzwanzig Schwerverletzte gezogen.

Und da ist das Krebsübel der Korruption. »Wenn Sie aufs Amt müssen, bewegt sich wenig ohne Schmiergeld«, zürnt Dechentreiter. Es kursieren Namen von Ministern, die angeblich von großen Projekten mit Auslandsinvestitionen zehn Prozent kassieren. Der Polizist an der Kreuzung, der unter irgendeinem Vorwand dem Autofahrer einige Geldscheine abnimmt, muss davon die Hälfte an seinen Vorgesetzten abgeben. Hohe Positionen in der Administration werden meistbietend verschachert. So soll der Chef der Passbehörde seinen Posten für 20 000 Dollar ergattert haben, aber das hole er schnell wieder herein. Selbst die Deutsche Botschaft kriege ihre Visa-Abteilung nicht in den Griff, ätzt Dechentreiter, »die sind alle korrupt«. Genugtuung verschafft dem Bayern allein das Gefühl, »dass jedes Kind, das krank in unser Hospital reinkommt und dann gesund wieder weggeht, ein Stück Zukunft ist für dieses Land«. Es werde indes noch drei bis vier Generationen brauchen, fürchtet Dechentreiter, »bis in Afghanistan wieder eine Zivilgesellschaft funktioniert«.

Gewiss, von einer friedlich funktionierenden Zivilgesellschaft ist Afghanistan noch weit entfernt. Nicht nur in den Süd- und Ostprovinzen, auch in Kabul herrscht Kriegsatmosphäre. Am Stadtrand werden alle ankommenden Fahrzeuge nach Bomben durchsucht. Viertel wie Wazir Akbar Khan oder Shar-i-Naw im Zentrum mit den Regierungsgebäuden sowie den Compounds ausländischer Vertretungen und Hilfsorganisationen sind Ansammlungen kleiner Festungen. Überall gibt es Barrieren aus Spezialbeton, Panzersperren, Sandsäcken, Splitter- und Sichtschutzmauern, Stacheldraht. Bagdad lässt grüßen. Das US-Hauptquartier hat sich hinter einem fünffachen Wall aus Betonplatten verschanzt. Präsident und Minister bewegen sich nur in waffenstarrenden Konvois. Ausländische Diplomaten und Berater fahren aus Furcht vor Selbstmordattentätern in gepanzerten Landcruisern durch die Stadt. Geraten sie in Schwierigkeiten, ergeht der Notruf über Funk nicht mit dem Nennen von Ort und Klarnamen, sondern nach einem Code-System. »Route Violett« etwa steht für die gefährliche Jalalabad Road, an der die Unterkunft der deutschen Polizeiausbilder liegt und auch das Lager »Camp Warehouse« der deutschen Isaf-Schutztruppe. Auf dieser Ausfallstraße starben im Juni 2003 bei dem Selbstmordanschlag auf einen Bundeswehrbus vier deutsche Soldaten, neunundzwanzig wurden zum Teil schwer verletzt.

Mit der Zunahme der Selbstmordanschläge wächst auch die Gefahr, zur falschen Zeit am falschen Ort zu sein. Man überlegt sich zweimal, ob es notwendig ist, ausgerechnet die Straße bei der amerikanischen Botschaft, das symbolträchtigste Ziel, schwitzend zu benutzen oder unweit einer Polizeistation zu halten. »Die Stimmung hier ist deutlich negativer geworden«, so empfindet es Gisela Hayfa, seit Ende 2004 Kabuler Leiterin der Deutschen Gesellschaft für Technische Zusammenarbeit (GTZ), welche fünf Jahre nach Kriegsende vor allem in den Nordprovinzen mit Mut und Augenmaß entwicklungsorientierte Nothilfe leistet. Seinerzeit habe noch Aufbruchstimmung überwogen, »das war schon damals viel zu rosig, aber jetzt geht der Pendelschlag zur anderen Seite«. Und Lichtjahre zurück liegen die Zeiten, Gisela Hayfa erinnert sich daran mit ungläubigem Kopfschütteln, »als ich Ende der Sechzigerjahre noch als Studentin in T-Shirt und Minirock unbehelligt durch Kabul radeln konnte«. Das dürfte heute in Kabul keine Frau mehr wagen wollen.

»Fast jedes Gebäude in Afghanistan trägt Spuren irgendeiner Gewalttat«, ließ der amerikanische Schriftsteller James A. Michener in seinem Afghanistanroman *Karawanen der Nacht* einen Notablen tiefsinnig sagen. Für das, was dreißig Jahre Kriegsgeschehen aus Baburs Stadt machten, stimmt das allemal. Draußen im Vorort Darulaman sind die Fassaden des schwer beschädigten Palastes, den einst der Reformerkönig Amanullah für ein künftiges Parlament hatte bauen lassen, überzogen von den Einschlägen der Granatsplitter wie Pockennarben. Am Hang dahinter steht das ausgebrannte Lustschlösschen Tapai Tajbeg, in dem der teuflische Revolutionskommandant Hafizullah Amin liquidiert wurde. Ringsherum warnen Totenkopf-Schilder vor dem Betreten abgesperrten Geländes, das noch immer voller Minen steckt. Wenigstens 200 Tote und unzählige Verkrüppelte fordern diese Minen nach wie vor jedes Jahr, und es gibt im gesamten Land noch über zehn Millionen davon, die geräumt werden müssen.

Kabul ist eine Stadt krasser Gegensätze. Unterhalb der Festung Bala Hissar bilden die Basare rund um das Rinnsal des lehmfarbenen Kabul-Flusses, der sowohl als Trinkwasserlieferant wie als Wasch-

Jeansläden und Shopping Malls im Dubai-Schick: Das moderne Kabul sieben Jahre nach dem Sturz der Taliban

platz und Abfallkanal dient, weiterhin das pulsierende Herz der Stadt. Ein Herz, eingehüllt in Staub und Dreck, in die Rauchschwaden der Kebab-Buden und überquellend von Menschen. Angehörige sämtlicher Volksgruppen finden sich in diesem Gewusel. Aus Lautsprechern plärrt schwülstige indische Schlagermusik, Frauen in bunten Schleierumhängen drängen durch das Gewoge in den schmalen Gassen, Kinder lassen Eisenreifen an einem Stück Draht laufen oder Papierdrachen aufsteigen.

Es gibt den großen Obst- und Gemüsemarkt unweit der Pul-e-Keshti-Brücke bei der großen Moschee, den Silberbasar mit seinen Werkstätten, die Straßen der Kürschner und Teppichverkäufer; es gibt den Vogelmarkt, der in geflochtenen Körben auch Kampftrappen anbietet, die teuersten für das halbe Jahresgehalt eines Lehrers. Es gibt den von Sikhs kontrollierten Schasada-Devisenbasar, in dessen 300 Läden die Wechsler kofferweise Afghani-Scheine umsetzen.

Hier decken sich auch jene Geschäftemacher mit Bündeln von Euro und Dollar ein, die sie dann in Leinentüchern gewickelt am Bauch tragen, wenn sie über Istanbul nach Deutschland fliegen, um irgendwo gebrauchte Mercedes-Busse und Lastwagen zu kaufen. Ganz Kabul ist vollgestopft mit deutschen Karossen, die auch nach vierzig Jahren Gebrauch den Härtetest am Hindukusch bestehen. Viele haben noch die alten Werbeaufschriften, »Lindemann Lemförde« zum Beispiel, »Der Wiesenthaler« oder »Wiesbaden Reisebüro« und »Eisersdorf Tourist Hamburg«.

Es gibt nichts, was sich nicht innerhalb von vierundzwanzig Stunden besorgen ließe in Kabul, von der Panzerfaust bis zum Jahrgangs-Champagner. Seit dem Abgang der Taliban wurden in der Innenstadt gleich mehrere Shopping Malls hochgezogen, die Fensterscheiben glitzern in Grün und Blau, im Dubai-Schick. Über fünf Rolltreppen fahren die Kunden im teuren City-Center in die Verkaufsetagen. Es sind Jeansläden zu finden, Reisebüros und Schmuckverkäufer, die jüngste Version des iPod ist dort erhältlich und Chanel No. 5 aus Paris. Im Untergeschoss des Edelkaufhauses bietet ein Café Hamburger mit Pommes an und, als kleine Sensation, Cappuccino mit aufgeschäumter Milch. Wein und Schnaps sind im Supermarkt Supreme, einem britischen Caterer, der das internationale Militär versorgt, in großer Auswahl vorhanden.

Am Straßenrand stehen neue Toyota-Jeeps zum Verkauf. Gegenüber liegt der Filmpalast, gespielt wird ein Schmachtfetzen aus Bollywood. Die meisten Frauen tragen heute einen losen Schleier über dem Kopf, aber vor allem ältere Damen bedecken sich noch mit der alles verhüllenden, bodenlangen Burka. Auf den Gehsteigen und in den Parks verkaufen Händler Secondhand-Mode aus dem Westen: abgelegte Jeans, Pullover und Blusen von Gap und C&A. Wie selbstverständlich bewegen sich die Kabulis mittlerweile zwischen ihrer traditionellen und der modernen Welt des 21. Jahrhunderts. Zu Hause tragen sie weite Pluderhosen und das lose Hemd. Haben sie in der Stadt jedoch einen Job gefunden, bei einer Hilfsorganisation oder als Fahrer eines Diplomaten, kleiden sie sich im westlichen Stil. Die Internetcafés sind gut besucht, wobei internationale Chat-Seiten mit kontaktfreudigen Mädchen aus Indien oder dem Iran zu den favorisierten Zugängen gehören. Wer ein Mobilfunktelefon besitzt, zeigt an, dass er dazugehört: Er ist mit der Zukunft verbunden.

Wie ein Ufo steht das Fünfsterne-Hotel Serena an der Stelle des früheren Hotel Kabul im Zentrum der Stadt. Um die 200 Dollar kostet die Übernachtung, mehr als halb so viel wie das Jahreseinkommen eines durchschnittlichen Afghanen. Die Bäder sind aus Marmor und Glas, Teppiche und Stoffe elegant im Ethno-Design der Region gehalten. Die Wäsche kommt duftend und gebügelt in einem gefalteten Damasttuch zurück. In der Cafeteria gibt es Croissants und Schwarzwälder Kirschtorte. Kürzlich eröffnete hier auch das erste Spitzen-Spa Afghanistans, in dem gestresste Geschäftsleute und Delegierte sich nach einem Tag Konferenzen und Stau von multinationalem Personal massieren und verschönern lassen können. Gebaut hat das vornehme Hotel der Ismailitenführer Agha Khan, der die Regierung Karzai seit Beginn kräftig unterstützte. Keine andere Hotelkette wollte das Wagnis eines so hohen Investments eingehen.

In Wazir Akbar Khan, dem ehemaligen Villenviertel der afghanischen Bourgeoisie, haben sich neben den neuen Reichen auch die Ausländer niedergelassen. Der Sondergesandte der Vereinten Nationen residiert hier neben der pakistanischen Botschaft, zwei Straßen von der Great Massud Road, in einem renovierten Gebäude im Bauhausstil, mit viel Marmor und dunklem Holz, eingerahmt von einem weitläufigen Rosengarten. Früher hatte die Tochter des Königs Mohammed Zahir hier gelebt, danach ein kommunistischer Minister, dann der Geheimdienstchef von Rabbanis Nordallianz. Der Hausherr Tom Koenigs, Ex-Sponti und ehemaliger Frankfurter Stadtkämmerer, hat gehört, dass sogar Osama Bin Laden in diesen Räumen übernachtet haben soll. Abends sitzt Koenigs mit seinem italienischen Assistenten im Salon. Ein Diener reicht gebackenen Fisch, Bohnensalat und Karottengemüse, dazu gibt es Cola. Tischgespräch sind die zunehmenden Anschläge von Selbstmordattentätern auf Militärs und die afghanische Armee.

Einen Steinwurf weiter ragt ein auffallend exklusiver Bau empor, weiß und elegant. Ein westlicher Botschafter wollte ihn für einen fünfstelligen Dollarbetrag im Monat mieten. Doch der Besitzer, ein großkalibriger Drogenschmuggler, lehnte ab. Der Mann hat schon genug Geld. Er gehört zur neuen Aufsteigerklasse der afghanischen Gesellschaft, in der Politik und Mafia ähnlich wie im Amerika der Zwanzigerjahre nahtlos ineinandergreifen. Der Drogenpate nutzte die Jahre nach dem Sturz der Taliban systematisch für seinen Aufstieg, er besitzt zwei Frauen, hat fünfzehn Töchter und zwei Söhne, also weit mehr Kinder als Babur. 1000 Gäste erschienen zur Hochzeit eines seiner Mädchen, erzählen die Nachbarn mit ehrfurchtsvoller Stimme.

In diesem Stadtbezirk residieren auch die Abzocker, die ihre Geschäfte zu machen verstehen mit dem Abzapfen internationaler Hilfsgelder. Und die ihre Gewinne sogleich außer Landes schaffen, auf Konten in Dubai oder Hamburg. Nicht wenige dieser Finanzjongleure sind vorübergehend aus Amerika und Europa zurückgekehrte Exilanten, misstrauisch beäugt von den Einheimischen, die sich wundern, wo die Milliarden an ausländischer Hilfe denn bleiben, von denen sie ständig hören. Freilich gibt es auch Afghanen, die weiterhin in der Fremde bleiben, etwa in Deutschland Sozialhilfe beziehen und ihre Kabuler Villa an Ausländer für 4000 Dollar vermietet haben.

Mit den internationalen Militärs, den ausländischen Beratern und Hilfsorganisationen kamen auch die Prostituierten nach Afghanistan. Chinesinnen und Russinnen stehen in Kabul fast automatisch im Verdacht, dem Liebesgewerbe nachzugehen. Asiatinnen eröffneten reihenweise Restaurants, in denen oft schlecht und teuer gekocht wurde. Die Kunden, ausschließlich internationales Publikum, zahlten dennoch gern. Rote Lampions an der Fassade wiesen den Weg. Weil dies jedoch den Zorn der Vorbeter in den Moscheen erregte, wird das Geschäft mit der Liebe inzwischen sehr diskret abgewickelt.

Die Preise für Prostituierte in Kabul schwanken erheblich. Für Afghanen dürften rund 50 Dollar pro Stunde gelten, Ausländer zahlen bis zu 200 Dollar die Nacht. Nicht immer ist die Verfügbarkeit der Liebesdienerinnen gewährleistet. Regelmäßig werden Ausländerinnen wegen unmoralischen Verhaltens des Landes verwiesen. Die Abschiebung der jungen Frauen wird zuweilen in einem der sechs Fernsehkanäle gezeigt, dann laufen die Sünderinnen im Gänsemarsch über das Rollfeld des Kabul International Airport zum Flieger.

Drogen hatten die Afghanen, prüder als zu Zeiten des großen Babur, fast ausschließlich für den Export produziert. Der Eigenkonsum von Substanzen, die die Sinne benebeln, gilt im Koran als Frevel. Ausgenommen waren indes schon immer Herrenabende in guten Häusern, bei denen der Gastgeber Vertraute und Geschäftsfreunde auf ein Opiumpfeifchen einlud, dann jedoch als Gesellschaftsspiel mit Genuss und Maß. Aber nun erfasst die Sucht die Afghanen. Arbeiter und Arme sind ebenso betroffen wie wirtschaftlich Bessergestellte, auch der Nachbar Iran wird mit tödlichen Drogen aus Afghanistan überschwemmt. Die erste Abteilung zur Behandlung von Aidskranken eröffnete mit fünfzig Betten im September 2006 in Kabul. Die dort eingesetzten italienischen Ärzte des Roten Kreuzes und das britische Senlis Council, eine Hilfsorganisation mit guten Kontakten zur afghanischen Bevölkerung, fürchten jedoch bald eine Epidemie. Viele der Heroinsüchtigen teilen sich das Spritzbesteck.

Wesentlich mehr Afghanen leiden als Folge der Kriegsjahre und einem Leben in Extremverhältnissen an posttraumatischen Belastungsstörungen, Ängsten und Depressionen. Die deutsche Ärztin Renate Bothur hat jeden Tag solche Patienten, »die über Ganzkörperschmerz klagen, von oben bis unten, auch Männer«. Sie bräuchten eigentlich eine psychologische Betreuung, aber die gibt es nicht in Kabul. Auch Pillen nutzen wenig. Sind die Patienten noch relativ jung, versucht es die Ärztin mit Zuspruch: »Fühlen Sie sich gesund, genießen Sie das Leben, hadern Sie nicht mehr.« Renate Bothur arbeitet in der ersten privatbetriebenen Klinik Kabuls, dem German Medical Diagnostic Center, nur ein paar Schritte entfernt von der einst prächtigen Anlage des Deutschen Clubs, der inzwischen zum Gästehaus »Maple Leaf Inn« verfremdet wurde. Das kleine Hospital mit seiner modernen Ausstattung ist ein Renner, obwohl jeder Besucher für eine Behandlung zuvor ein Deposit von 100 Dollar hinterlegen muss und größere Operationen hier nicht durchgeführt werden können. Dafür fliegt man immer noch lieber nach Delhi oder Dubai. Zu behandeln gibt es gleichwohl genug: Parasiten, Würmer, Malaria im Sommer, Typhus und Tuberkulose. Ein traditionelles Vertrauen der Afghanen in das medizinische Grundwissen der Deutschen lässt nicht nur Regierungsmitglieder und Angehörige des Königshauses beim Ärzteteam um Renate Bothur erscheinen, sondern auch Patienten aus der Provinz, aus Masar-i-Scharif oder Kandahar.

Irgendwie den Bürgerkrieg überlebt, wenn auch schwer mitgenommen, hat am Fuße des Berges Aliabad der Campus von Kabuls Universität. Durch die internationale Hilfe sieht es dort wieder aus wie in einer richtigen Lehranstalt. Die Gebäude haben einen neuen Anstrich, die Flure sind gefegt, die Hörsäle notdürftig mit Stühlen, Tafeln und Versuchstischen ausgestattet. Studenten schlendern durch die weitläufige Gartenanlage, junge Frauen mit Lippenstift und Kajal um die Augen haben die Burka lässig nach hinten über den Kopf geworfen und zeigen ihre Gesichter. Männer und Frauen sitzen gleichberechtigt nebeneinander in den Hörsälen. Die Kabul University war immer auch ein Ort des politischen Streits. An ihr haben in den Sechzigerjahren spätere Islamisten wie Revolutionäre studiert. Heute ist die Hochschule wieder ein Biotop für die freie Debatte. Die zweite weibliche Botschafterin Afghanistans, die Soziologieprofessorin aus Kalifornien, Maliha Zulfacar, lehrte an der Kabul University, bevor sie Ende 2006 Botschafterin in Berlin wurde. Auch der Politikwissenschaftler Dadfar Rangin Spanta, Sohn des großen Khan von Herat und kämpferischer Säkularist, hielt hier Vorlesungen, bis ihn Karzai zu seinem Außenminister ernannte. Mit Schaudern erinnern sich die älteren Semester an die Zeit der Taliban. Alle wissen, dass die Gefahr ihrer Rückkehr nicht gebannt ist.

Erholt von den Verwüstungen hat sich im Westen der Hauptstadt inzwischen auch der Bagh-e-Babur, der von gelben Lehmmauern umgebene Garten mit der Grabstätte des Mogulkaisers. Mithilfe des Aga-Khan-Fonds und mit Mitteln des Auswärtigen Amts wurden das schwer ramponierte Mausoleum und die anderen historischen Gebäude restauriert, die Terrassen hergerichtet, Büsche und Bäume für den neuen Park angepflanzt. Erste Hochzeitsgesellschaften lassen sich sehen, und vom Tiergarten am Kabul-Fluss dringt wieder das Gebrüll von Löwen herauf. Die Chinesen haben den Deutschen den Rang als Sponsoren abgelaufen und dem Zoo ein Raubtierpärchen gestiftet. Baburs Garten, so scheint es, ist wieder auf dem Wege, Kabuls schönste Oase zu sein. Die Aussicht unter dem azurblauen Himmel auf die Dreitausender ringsum mit ihren Schneehauben bis zum Frühsommer ist ohnegleichen, der Smog nur als Dunstwolke auszumachen drunten im Tal. Und man glaubt sogar den alten Duft zu verspüren, den nach Rosen und Jasmin.

18
Die fremden Helfer

Neustadt ist ein malerischer Ort an der deutschen Ostseeküste und die Heimat von Hans Delerć. Der vierundsechzigjährige Straßenbauingenieur könnte dort gemütlich im Café Wallburg auf der Terrasse sitzen, Käsekuchen essen und aufs Wasser schauen. Aber er ist lieber in Kandahar, im umkämpften Süden von Afghanistan. Seit drei Monaten haust er hier in einem Nato-Camp in einer fensterlosen Koje, 2,5 × 2,5 Meter groß. Die Kanadier gewähren dem Deutschen Schutz und Unterkunft auf ihrem militärischen Stützpunkt.

Bei Wind und Wetter geht Delerć morgens raus zum Waschcontainer, danach steht er in der Kantine fürs Frühstück an. Er ist der einzige Deutsche hier, in diesem Isaf-Wiederaufbauteam, groß und dunkelblond, im karierten Hemd und einem haselnussbraunen Fleece gegen die Kälte. In der Luft hängt feiner Staub, Delerć hat sich einen Dauerhusten eingefangen, leicht ist es nicht an diesem Ort. Doch er will gerade diese besondere Straße bauen im Panjwai-Distrikt, in dem sich Nato-Truppen und die Taliban seit Monaten tödliche Scharmützel liefern. Die Straße des Deutschen ist mit 4,3 Kilometern nicht sehr lang. Aber sie verbindet den Panjwai-Distrikt mit der Ring Road, die nach Westen an die iranische Grenze und nach Osten zur Hauptstadt Kabul führt. Panjwai gilt als strategisch wichtige Region und ist auch eine der fruchtbarsten Gegenden Afghanistans.

Die Straße verbindet nicht nur Panjwai mit den Hauptverkehrslinien des Landes, sie hat auch viel mit Delerćs Biografie zu tun. Bis zu seinem vierzehnten Geburtstag lebte er in Kabul, sechs Jahre lang.

»Willst du in die Schule, oder sollen wir Wasserhühner jagen?«:
Der siebenjährige Hans Deleré 1957 in Kabul

Sein Vater Josef Deleré war in den Fünfzigerjahren Straßenbauer wie sein Sohn Hans heute und zuständig für den Ausbau des gesamten afghanischen Straßennetzes. Die Gebirgsstraße von Tang-i-Gharu Maipar, ursprünglich ein verschlungener Karawanenweg durch die Berge im Osten und heute eine der wichtigsten Handelsverbindungen nach Pakistan, ist sein Werk.

Der beste Freund des kleinen Hans war damals ein großgewachsener Tadschike aus dem Pandschir-Tal mit langem Bart, Turban und Chapan-Mantel. Der Hausdiener Faiz Mohammed passte auf den blonden Jungen in den kurzen Lederhosen auf wie ein Schneeleopard, der seine Beute verteidigt: »Willst du in die Schule, oder sollen wir Wasserhühner jagen?«, fragte er den Buben morgens. Später am Tag radelte der oft noch zum Bazar in der Chicken Street, wo er für die Kollegen seines Vaters Alkohol besorgte – angebrochene Whisky- und Weinflaschen, die bei internationalen Botschaftsempfängen abgezweigt worden waren.

Ziemlich genau fünfzig Jahre später steht Hans Deleré nun in

»Ich habe ein afghanisches Herz«:
Hans Deleré 2007 im Isaf-Camp in Kandahar

der Steppe von Kandahar, am Horizont steigen blass die Berge auf. Der Mann von der Ostsee besichtigt den Baufortschritt seiner Straße. Er ist der oberste Aufseher hier. Deleré drückt den afghanischen Arbeitern die Hand. Der Bauleiter ist ein Pakistaner, Auftraggeber die Deutsche Gesellschaft für Technische Zusammenarbeit (GTZ). Die Bundesregierung kommt für die Kosten auf.

Der deutsche Ingenieur staunt über die guten Baumaschinen und den perfekt aufgetragenen Asphalt auf der Sechsmeterspur. Noch immer spricht er ein bisschen Dari. Er sagt: »*Allemoni astom, Rafiq Afghanistan astom* – ich bin Deutscher, ich bin ein Freund Afghanistans.« Dann lächeln die Afghanen. Wenn es um fachliche Details geht, etwa Wasserdurchlässe unter der Fahrbahn, bleibt Deleré jedoch unnachgiebig deutsch. Dafür liefern ihm die Afghanen dann »echte Wertarbeit«.

»Ich habe ein afghanisches Herz«, sagt der Sohn des ehemaligen Straßenbauers von Afghanistan und klopft sich dabei an der Splitterschutzweste auf die Brust. Auf dem Kopf trägt Hans Deleré einen

Stahlhelm, auch wenn er kein Freund des Militärischen ist. Hier draußen muss er sich den Regeln des kanadischen Schutzkommandos beugen.

Das Land hat sich sehr verändert, seit er als Junge Wasserhühner jagte mit Faiz Mohammed. Nur wenige Ausländer trauen sich überhaupt noch in den wilden, gefahrenreichen Paschtunen-Gürtel im Süden und Südosten des Landes, und Deleré ist einer der wenigen Wagemutigen. Eine Welle der Entführungen und Morde an internationalen Unternehmern, Helfern und Journalisten geht seit 2006 durch das Land, und der so wichtige Wiederaufbau scheint vielerorts praktisch unmöglich geworden.

Genau dies wollen die Taliban erreichen: Kein internationaler Helfer soll sich mehr nach Afghanistan wagen. Gezielt lancieren sie ihre Schocknachrichten in den westlichen Medien, um den Angehörigen von Soldaten, Entwicklungsexperten und den Regierungsvertretern das Blut in den Adern gefrieren zu lassen. Dafür schlachten sie sogar Fälle aus, an denen die Koranschüler ursprünglich nicht beteiligt waren, wie im Sommer 2007.

Damals wurden zwei deutsche Ingenieure verschleppt. Sie wollten ihr technisches Know-how anbieten, genau das, was das Land am dringendsten benötigt, und deshalb begleiteten sie einen paschtunischen Unternehmer zur Besichtigung eines Staudammprojekts in der zentralafghanischen Provinz Wardak. Eher zufällig wurden sie dabei zu Entführungsopfern, eigentliches Ziel war der örtliche Geschäftspartner. Der Paschtune ist Mitglied einer einflussreichen Familie, die Präsident Hamid Karzai unterstützt, und die Entführer gehören zu einem gegnerischen Stamm. Einer der beiden Deutschen, ein dreiundvierzigjähriger Diabetiker aus Mecklenburg-Vorpommern, brach unter den Strapazen mit einem Kreislaufkollaps zusammen und wurde daraufhin erschossen, um die Freilassung der zweiten Geisel rangen deutsche Unterhändler monatelang – nach 84 Tagen wurde der zweiundsechzigjährige Münchner endlich auf freien Fuß gesetzt.

»Geiselnahmen sind eine sehr erfolgreiche Politik, ich befehle meinen Mudschahidin, Ausländer zu entführen, wo immer sie ihnen in die Hände fallen«, kommentierte der selbst ernannte Heilige Krieger Mansur Dadullah, nach eigenem Bekunden neuer Militärchef der Taliban und Bruder des getöteten Kommandeurs Mullah Dadullah, den Fall. Seine Nachricht bannte er auf ein Propagandavideo, das dem britischen TV-Sender Channel 4 zugespielt wurde. Im Anschluss war ein Sechsjähriger zu sehen, der von den Taliban zum Selbstmordattentäter ausgebildet wird. »Wir wollen Kinder dazu nutzen, Ungläubige und Spione zu enthaupten, damit sie tapfer werden«, erklärte Dadullah.

Ist den Afghanen noch zu helfen?, fragten sich da die Zuschauer an den Bildschirmen in Europa und Amerika.

Es ist schwierig, aber es geht. Während der Bauphase der kleinen Straße von Hans Deleré fiel jedenfalls kein einziger Schuss, und niemand hat versucht, sie seither wieder zu zerstören. Mitarbeiter der deutschen GTZ sprachen offenbar mit den richtigen Leuten, auch mit den Taliban. Die gaben angeblich ihr Einverständnis und versicherten, dem deutschen Ingenieur kein Haar zu krümmen. Doch nur wenige Ausländer verstehen es, sich in dem komplizierten Geflecht der Stammesgesellschaft zu bewegen.

Irgendwann, es war etwa vier Jahre nach der Vertreibung der Taliban, wurden die Afghanen ungeduldig. »Wo sind die Milliarden für die Afghanen?«, fragte der Chefredakteur der *Kabul Times*, Abdul H. Waleh im Frühjahr 2005. Das Traditionsblatt *Anis* bohrte nach: »Wo geht das ganze Geld der internationalen Gemeinschaft hin?«

Den Afghanen schien es, als wenn die westlichen Ausländer stets das am wenigsten Wichtigste zuerst machten: Anstatt in Kabul Wasserleitungen und die Kanalisation zu reparieren, auf dem Land Elektrizitätswerke wieder in Gang zu setzen, Straßen zu spuren und zu asphaltieren, wurden in der Hauptstadt plötzlich Computerkurse für Frauen angeboten, es gab Ausbildung in Fotografie, Nachhilfe im Scheidungsrecht und eine Frauenfahrschule.

Gleichzeitig mieteten sich Tausende von internationalen Helfern in die alten Villen von Wazir Akbar Khan ein, dem früheren Nobelviertel der Hauptstadt, oder in Shar-i-Naw, der Neustadt. International operierende Unternehmen wie BearingPoint oder Crown

Agents ergatterten Aufträge in zwei- und dreistelliger Millionenhöhe, um die Ministerien und die Verwaltung zu reformieren. Kabul wurde zum Eldorado der Consultant-Firmen.

Doch sechs Jahre nach der Vertreibung der Taliban gibt es im Land praktisch noch immer kaum funktionierende Ministerien und zu wenige Afghanen, die in der Lage wären, solche aufzubauen. Noch immer müssen die Kabuli horrende Schmiergelder bezahlen, wenn sie einen Pass beantragen oder einen Internetanschluss oder das Auto anmelden wollen. Die Polizei schützt auch heute meist nur diejenigen Bürger, die sie im Gegenzug entsprechend entlohnen, und Gefängnisinsassen können gegen Bakschisch jederzeit freigekauft werden; nur wer arm ist, muss sitzen.

Im Großraumbüro des Finanzministeriums steht ein amerikanischer Wirtschaftsspezialist der Firma BearingPoint. Er ist Mitte fünfzig und schon zum zweiten Mal hier, diesmal für drei Monate. Er zähle die Tage in diesem Staubloch, sagt der Mann. Aber hier in Kabul verdiene er eben das gleiche Geld wie im weit gefährlicheren Irak, Tagessatz plus 50 Prozent Härte- und Gefahrenzulage. Über die Summe schweigt er verschmitzt: »Geschäftsgeheimnis.« Eingeweihte wissen jedoch, dass der Höchstsatz seines Auftraggebers USAID (United States Agency for International Development) zu diesem Zeitpunkt 840 Dollar pro Tag beträgt. Bei den Afghanen heißen die internationalen Berater deshalb nur die »One-Thousand-Dollar-Men«.

Selbstkritisch machte sich ein »Consultant« im Juni 2005 in einem Web-Blog Luft über das ungleiche Zusammenleben der armen Afghanen und der reichen Helfergemeinde in der Hauptstadt: »Wir fahren in weißen, vierradgetriebenen Wagen mit afghanischen Fahrern, wir lassen uns beim Abendessen von ihnen bedienen. Wir schotten uns hinter Mauern vom Leben der Afghanen ab. Wir haben für alles Bedienstete. Wir verdienen mehr im Monat, als sie für ihre Familie im Jahr benötigen. In Kabul mühen sich Kinder mit schweren Schubkarren ab, um 50 Afghani am Tag zu verdienen, und wir bemerken kaum das Trinkgeld, das wir im Restaurant auf den Tisch fallen lassen. Wenn ich Afghane wäre, ich würde mich hassen: Und so ist es, ich hasse mich dafür.«

Zwei Säcke Weizen und 100 US-Dollar Starthilfe: Zurückgekehrte Flüchtlinge im UNHCR-Camp in Kabul

Ausnahmen gibt es immer. Die Mitarbeiter der Deutschen Welthungerhilfe etwa leben meist wie Afghanen unter Afghanen: Für ein paar tausend Euro Monatsgehalt harren sie meist weit draußen in den Provinzen aus und entwickeln beeindruckende Wasser- und Gesundheitsprojekte oder lehren Bauern Alternativen zum Opiumanbau, die Rosenzucht zum Beispiel. Seit mehreren Jahrzehnten arbeitet die Organisation am Hindukusch. Doch Anfang 2007 wurden zwei ihrer Mitarbeiter getötet, erst ein Deutscher und dann ein Afghane. Schwer getroffen beriet die Leitung der Welthungerhilfe, was nun zu tun sei: Gehen oder bleiben? Sie entschied, zu bleiben. Doch der Fall macht deutlich, wie schwierig die Arbeit selbst für Helfer geworden ist, die sich ernsthaft auf die afghanischen Verhältisse einstellen.

Der Angestellte der internationalen Entwicklungsgesellschaft sitzt auf der US-Basis Kandahar unter einem Sonnendach, er wartet auf einen Flug nach Kabul. Der Mann ist Brasilianer und seit Jahren als Projektierer regelmäßig im Süden Afghanistans eingesetzt. Er ist weit herumgekommen.

Es war eine gute Nachricht im Juli 2006, dass Soldaten der Isaf-Schutztruppe endlich auch zum Wiederaufbau nach Helmand und Oruzgan kommen, sagt der Entwicklungsprofi, der lieber nicht namentlich genannt werden will. Vielleicht sei es damals aber auch schon zu spät gewesen. Die Maliks der Paschtunen-Stämme hätten doch immer wieder gedrängt in den vergangenen Jahren, die internationalen Helfer sollten auch zu ihnen kommen, um dort Straßen, Kraftwerke und Bewässerungssysteme zu bauen. Speziell die Deutschen seien von Clanchefs der südostafghanischen Provinz Paktika gebeten worden, die Stammesführer hätten sogar persönliche Schutzgarantien für sie ausgesprochen – mehr Sicherheit gebe es nicht in Afghanistan.

Damals sei noch Gelegenheit gewesen, meint der Aufbauhelfer. Nun aber hätten die Taliban dort wieder weitgehend die Macht übernommen. Der Brasilianer wirft seinen Rucksack über die Schulter: »Eigentlich ist der Wiederaufbau vor allem an der Angst der westlichen Länder gescheitert«, sagt er zum Abschied. Dann zieht er los in Richtung Rollfeld.

Der Deutsche aus Neustadt an der Ostsee möchte jedenfalls noch längst nicht aufgeben. Inzwischen ist der Ingenieur Hans Deleré kurz ins Ostholsteinische zurückgekehrt. Ein einziges Mal saß er auf der Terrasse im Café Wallburg und aß Käsekuchen. Es zieht ihn zurück nach Afghanistan. Deleré will es nicht bei einer Straße belassen, sondern gleich ein ganzes Technologiezentrum für Asphalt bauen. Die Afghanen sollen sich in Zukunft selber helfen können, das ist sein Traum. Schon bald soll es losgehen.

Dann wird er wieder sein kleines Medaillon mit dem roten Stein umlegen, in das eine Sure des Koran graviert ist: »Die Kraft Gottes wird erbeten, Gott schütze mich.«

19
Liebe zwischen Steinzeit und Moderne: Das Leben der Frauen

Es ist noch kühl an diesem Morgen, kurz vor acht Uhr. Vor der Polizeistation in Kandahar befindet sich ein rotweißer Schlagbaum, und dahinter sind zur Sicherheit noch zwei Checkpoints eingerichtet. Bärtige Männer in Uniformen aus grobem, dunklem Tuch halten davor Wache. Pick-ups fahren ein und aus, mit schwer Bewaffneten auf der Ladefläche. Kandahar ist ein heißes Pflaster, und die Polizei ist ständig im Einsatz gegen Mörder, Diebe und die Taliban.

Ein schwarzer Toyota Corolla rollt an den Schlagbaum heran und passiert ihn ohne jede Kontrolle. Im Fond des Wagens sitzt eine Frau in einer Burka, jenem blauen Ganzkörperschleier mit dem engen Stoffgitter vor den Augen. Ihr Auto fährt durch das Eingangstor auf den Wachhof, auf dem sich auch das Verwaltungsgebäude mit dem Büro des Polizeipräsidenten befindet.

Ein nackter Fuß in offenen Sandalen und lila lackierten Nägeln setzt auf dem Pflaster auf. Aus dem Wagen steigt Malalai Kakar, die oberste Polizistin von Kandahar und bis vor kurzem auch die einzige.

Malalai wirft die Burka zurück, die ihr nun wie eine Schleppe auf den Rücken fällt. Über dem losen Hemd und der Pluderhose trägt sie eine graue Uniformjacke und einen schwarzledernen Taillengurt. Im Pistolenhalfter steckt Malalais Revolver, Marke Colt. Daneben baumeln noch ein Schlagstock, ein Schlagring und ein Satz Handschellen. Ohne Waffe geht die Polizistin gar nicht aus dem Haus.

Malalai ist eine schmale Frau, einundvierzig Jahre alt, mit halblangem Haar. Die dunklen Strähnen fallen lose auf die Schultern und lassen ihr Gesicht mit der kräftigen Nase und den langgezogenen

Augenbrauen auf eine herbe Weise hübsch erscheinen. Die Wimpern hat sie braun getuscht, die Lippen sind in dezentem Lila nachgezogen.

Vor Malalais Büro im Parterre des Polizeipräsidiums wartet schon ein halbes Dutzend Frauen. Reglos kauern die Paschtuninnen unter ihren Burkas – und dabei sehen sie mehr nach Stoffbündeln aus als nach menschlichen Wesen.

Die Polizistin sitzt vor ihrem dunklen Resopalschreibtisch auf einem Stuhl. Am Boden kniet eine Frau und weint. Es geht um Rahima, ihre zehnjährige Tochter, die vor wenigen Monaten an den fünfundzwanzigjährigen Sultan Mohammed verheiratet wurde, im sechsten Distrikt. Jetzt hat ein Familienmitglied Rahima dort eingesperrt aufgefunden. Sie war schwer verprügelt worden und lag gefesselt in einem Nebenraum des Hauses und wimmerte. Sultan Mohammed hatte sie bestraft, weil Rahima beim Verkehr so heftig schrie und um sich schlug.

Malalai raucht. Äußerlich ruhig hört sie sich die Geschichte von Rahima und ihrem Peiniger an. Die Polizistin ist selbst Mutter von sechs Kindern, vier Söhnen und zwei Töchtern. Das jüngste ist sechs Jahre alt. Plötzlich drückt sie die halb zu Ende gerauchte Zigarette im Aschenbecher aus und eilt zu ihrem schwarzen Toyota Corolla.

Sie fährt in den sechsten Distrikt zum Haus von Sultan Mohammed, das durch eine drei Meter hohe Lehmmauer von der Außenwelt abgeschirmt ist. Dahinter findet sie das verstörte Kind. Rahima stottert, ihr Kleid hängt in Fetzen an ihr herunter. Die Fenster des Zimmers, in dem sie festgehalten wird, sind mit Laken abgedunkelt.

Sultan Mohammed beschimpft die Polizistin, was sie sich einmische in seine Angelegenheiten. Er ist ein kräftiger, mittelgroßer Mann, ein Paschtune mit schwarzem Bart und ebenso dunklen Augen, Maurer von Beruf. Da ergreift Malalai ein Stromkabel und schlägt mit voller Wucht auf den Mann ein: »Tut das weh?«, fragt sie ihn: »Weißt du jetzt, was Schmerzen sind?«

Sie nimmt Rahima mit auf die Wache, so lange, bis die Familien eine Lösung gefunden haben. Einige Tage später heißt es, Rahima

Lackierte Fingernägel und den Colt unter der Burka:
Polizistin Malalai Kakar in Kandahar

kann bis zu ihrem sechzehnten Lebensjahr bei ihren Eltern bleiben. Dann muss sie wieder zurück in Mohammeds Haus.

Das Schicksal von Rahima ist kein sehr außergewöhnliches Vorkommnis im Dienstleben von Malalai, eher ein durchschnittliches Frauendasein, zumindest hier im Süden. Nach dem Sturz der Taliban war Malalai lange Zeit die Einzige, die sich auf der Polizeistation in Kandahar überhaupt um solche Fälle kümmerte, die meiste Zeit jagte sie jedoch Seite an Seite mit ihren männlichen Kollegen Terroristen und Kriminelle. Inzwischen hat sie sogar eine kleine Fraueneinheit aufgebaut, sechzehn Polizistinnen arbeiten heute in der größten Stadt von Südafghanistan.

Bis zur Einnahme durch die Amerikaner und die Nordallianz im Dezember 2001 war Kandahar die Regierungszentrale der Taliban. Doch immer schon ist hier die Hochburg der mächtigen und besonders konservativen Paschtunen gewesen, die sich in Fragen der Gleichstellung von den Koranschülern, wenn überhaupt, nur graduell unterscheiden. Das Leben der Frauen hat sich deshalb bis heute, sechs Jahre nach der Invasion der US-Armee und ihrer Alliierten, so gut wie nicht verändert.

Noch immer dürfen Männer und Frauen, die nicht verwandt sind, nicht zusammensitzen oder miteinander sprechen. Unverheiratete Mädchen können das Haus nur in Begleitung eines »Mahram« verlassen, eines männlichen Familienangehörigen. Selbst bei Hochzeiten feiern und tanzen die Frauen unter sich, bis die Braut am Ende das Haus des Mannes betritt und in seinen Besitz übergeht. So waren die Sitten hier schon immer, auch unter den Taliban.

Ursprünglich hatte die Befreiung der Frauen in Afghanistan als hochrangiges Kriegsziel gegolten. Bilder wie die öffentliche Hinrichtung einer verschleierten Ehebrecherin im Kabuler Fußballstadion hatten nicht nur westliche Menschenrechtsgruppen und Frauenorganisationen empört. Die Aussicht, den über zehn Millionen Mädchen und Frauen, die dort in Rechtlosigkeit und Unterdrückung leben, eine Perspektive zu geben, trug wesentlich zur moralischen Rechtfertigung des Feldzugs am Hindukusch bei. »Das Wiederauferstehen Afghanistans muss mit der Wiederherstellung der Frauenrechte einhergehen«, erklärte der damalige amerikanische Außenminister Colin Powell noch während des Krieges, am 18. November 2001: »Die Frauenrechte in Afghanistan sind nicht verhandelbar.«

Inzwischen sind viele hundert Millionen Dollar in die Frauenförderung nach Afghanistan geflossen. Allein die Bundesrepublik schaufelte fast eine Million Euro in Projekte nur in Kandahar, zum Beispiel finanzierte sie den Bau eines Studentinnenwohnheims. Doch solche gut gemeinten Pläne gingen an der Wirklichkeit vollkommen vorbei. Niemals würden die patriarchalischen Paschtunen ihren Töchtern erlauben, in einer großen Stadt fern des Elternhauses in einem Studentenwohnheim zu leben. Der Bau steht heute leer. Auch sonst kamen die Entwicklungshelfer meist gar nicht erst an die Frauen heran.

Eines der wenigen erfolgreichen und überhaupt letzten Frauenprojekte in Kandahar betreibt die afghanischstämmige Amerikanerin Rangina Hamidi. Die neunundzwanzigjährige Religionswissenschaftlerin aus Virginia bietet Frauen an, täglich sechs Stunden lang für Stickarbeiten in ihre Hilfsorganisation »Afghans for Civil Society« zu kommen; die Handarbeiten verkauft sie dann in Trendläden in New York und Washington. Damit können die Kandahari-Frauen erstmals ein bisschen eigenes Geld verdienen. Zu Hamidi wagen sich jedoch fast ausschließlich Witwen, Verheiratete dürfen das Haus nicht verlassen. Ihnen liefert Hamidi die Arbeit nun an die Tür. Die Afghaninnen haben von alters her keinen eigenen Besitz. Nach der Hochzeit lassen sie ihren ererbten Anteil, falls er ihnen überhaupt je zugesprochen wurde, fast immer zurück. Dann wird er unter den Brüdern aufgeteilt.

Die Stammesführer des Südens wünschen keine Veränderung in diesen gesellschaftlichen Fragen. Warum, fragen sie sich, sollten sie eine Entwicklung fördern, an deren Ende der eigene Machtverlust steht? Der Lebensstil der männlich-hierarisch geprägten Clans ist aus ihrer Sicht ein Erfolgsmodell. Nur die Großfamilie, der Stamm, überdauerte in diesem Land sämtliche Kriege, Krisen und Naturkatastrophen. Das Ende der archaischen Traditionen würde auch die Zerstörung der gemeinsamen Lebensgrundlage bedeuten. Deshalb schicken die wohlhabenden Clanführer ihre männlichen Sprösslinge inzwischen zwar mitunter auf ausländische Universitäten, sie lehren sie jedoch gleichzeitig, dass ein Mann vor allem seinen Familienbesitz zu verteidigen hat, zu dem nach ihrem Ehrenkodex, dem Paschtunwali, nicht nur »Zar«, das Gold, und »Zamin«, das Land, sondern auch »Zan«, die Frau, gehört.

In Kandahar werden die Mädchen, wenn sie zwölf oder dreizehn Jahre alt sind, von einem Tag auf den anderen ins Haus verbannt, zu ihrem eigenen Besten, sagen die Väter, bevor sie das »Tscheschmak« erleben, das Erwachen. So wird der unumkehrbare Vorgang genannt, wenn ein Teenager ein gewisses Bewusstsein erlangt und seine eigene Welt der Wünsche entdeckt. Überhaupt sind auf den Straßen von Kandahar kaum weibliche Passanten zu sehen, und die wenigen tragen ausnahmslos den meist blauen Tschadari, die Burka.

Frauen können sich hier kulturell und religiös betätigen, so lange werden sie von den Männern geschützt und in besseren Kreisen sogar unterstützt. Doch wer nach Höherem strebt, nach Bildung über die sechste Klasse hinaus, oder wer eigenes Geld verdienen möchte, für die neue Regierung arbeiten oder für eine ausländische Hilfsorganisation, bringt sich sofort in große Gefahr.

»Bleib daheim. Sonst töten wir dich«, hieß es in einem anonymen Drohbrief an Malalais Haustür in der Siedlung Qul-i-Urdo im Osten der Stadt, als die Polizistin nach der Flucht der Koranschüler Ende 2001 ihren Dienst wieder aufnahm. Doch Malalai wehrte sich. Über Radio Kandahar wandte sie sich an ihre »Feinde«: »Wollt ihr, dass Männer in eure Häuser eindringen und eure Frauen durchsuchen? Wenn euch die Ehre eurer Frauen heilig ist, lasst mich das tun.« Dann ging sie zu denen, die Afghanistan wirklich regieren, und das sind nicht der Präsident, nicht der Gouverneur und nicht der Bürgermeister, sondern die Stammesältesten und -führer. Bei ihnen bat Malalai um Schutz und Unterstützung. Seitdem sind die Drohungen seltener geworden.

Malalais Vater war ein angesehener Polizist. Vor gut zwanzig Jahren hatte er nicht nur seine Söhne auf die Polizeiakademie geschickt, sondern auch seine Tochter. Er erkannte: Je mehr Familienangehörige bei der Polizei arbeiten, desto größer ist sein Einfluss in der Stadt.

Doch es waren andere Zeiten damals in den Achtzigerjahren. Die Sowjets hielten das Land mit 100 000 Mann besetzt und versuchten, Afghanistan nach kommunistischem Vorbild in brachialem Tempo zu modernisieren. Dabei traten paradoxe Nebeneffekte ein: Während die Mudschahidin die Invasoren in einem grausamen, über neun Jahre währenden Krieg bekämpften, allen voran die Paschtunen aus dem Süden, erlebten die Frauen eine der liberalsten Phasen in der Geschichte ihres Landes. Denn die Kommunisten meinten es durchaus ernst mit der Durchsetzung der Frauenrechte.

Sie legten Förderprogramme auf, schickten afghanische Frauen zum Studieren nach Moskau und in andere Ostblockländer, unter anderem auch in die Deutsche Demokratische Republik. Frauen besetzten schließlich, zum Schrecken der alten Clanchefs, hohe Positionen in der Verwaltung und sogar im Militär.

Schon vor dem Waffengang der Sowjets hatte es am Hindukusch Ansätze der gesellschaftlichen Liberalisierung gegeben. Ähnlich wie im Westen stritten Ende der Sechzigerjahre konservative, traditionelle und reformistische Studenten an der Universität in Kabul über das beste Gesellschaftsmodell. Die Fundamentalisten propagierten den religiösen Staat, der strikt den Gesetzen des Propheten folgt. Die Modernisierer, die meisten unter ihnen Maoisten, traten dagegen für ein säkulares System ein. Sie forderten den Umsturz des feudalistischen Patriarchats und eine gerechtere Verteilung des Eigentums, das sich bis heute größtenteils in der Hand von wenigen Großgrundbesitzern befindet. Auch die unterdrückten Frauen sollten dann von der neuen Ordnung profitieren.

Damals, als noch heftig diskutiert und noch nicht geschossen wurde, zeigte sich die Hauptstadt Kabul erstaunlich moderat. Die gehobenen Schichten orientierten sich an den westlichen Moden aus London und Paris. An der Promenade des Kabul-Flusses flanierten die Mädchen im Minirock und in kurzärmeligen Blusen, die Haare hatten sie zu gebauschten Frisuren toupiert. Eine Sekretärin im Gesundheitsministerium verdiente damals 2200 Afghani, umgerechnet 55 Euro, und 1200 Afghani kostete ein Paar der begehrten Stöckelschuhe vom deutschen Hersteller Salamander auf dem Basar.

Im Sommer lud die bessere Gesellschaft vor Kabuls Toren zu illustren Feiern in ihre Ferienhäuser nach Paghman oder Shiwakie. In den prachtvoll angelegten Gärten mit den Walnuss- und Pfirsichbäumen und den duftenden Rosenstöcken gab es Livemusik, es wurden klassische indische und afghanische Komponisten aufgeführt und viel getanzt. Der Umgang zwischen Männern und Frauen war im Vergleich zu heute völlig zwanglos, die Annäherung folgte jedoch stets auch klaren Regeln – Zärtlichkeiten durften erst nach der Eheschließung ausgetauscht werden.

Bis nach Kandahar sind derlei revolutionäre Freiheiten nie vorgedrungen. Ein Leben wie das der Polizistin Malalai ist dort bis heute eine exotische Ausnahme. Gerade kommt sie vom Einsatz aus dem umkämpften Distrikt Panjwai zurück, der fünfundzwanzig Kilometer westlich von Kandahar liegt. Taliban hatten einen ihrer

Checkpoints überfallen und zwei Beamte getötet. Es gab eine wilde Schießerei, auch Malalai war beteiligt.

Malalai steht vor ihrem Büro, sie raucht eine Zigarette und scherzt mit den Kollegen. Ihr Ehemann hatte ihr damals nach der Hochzeit 1988 erlaubt weiterzuarbeiten, was keineswegs eine Selbstverständlichkeit gewesen ist. Ihre Kinder werden in der Großfamilie aufgezogen. Doch am Ende kann auch Malalai nur tun, was sie tut, weil hinter ihr starke Männer stehen.

Die vierundzwanzigjährige Shaima Rezaie hatte keinen Schutzpatron. Die Moderatorin galt nach der Vertreibung der Taliban als eine Art Galionsfigur der neuen Generation Afghanistans. Beim Privatsender Tolo TV präsentierte sie die Musiksendung *Hop*, meist in Jeans und ohne Schleier. Im Mai 2005 wurde Rezaie mit einer Kugel im Kopf in ihrer Wohnung im Kabuler Stadtteil Tschar Kala aufgefunden. Der »Rat der Religionsgelehrten«, das höchste religiöse Gremium des Landes, hatte ihre Sendung als »unmoralisch und unislamisch« bezeichnet und ihre Entlassung gefordert. Man warf ihr unziemliches Verhalten vor, sie trinke Alkohol und habe Affären. Tolo TV, ein Kanal liberaler Exilafghanen, wollte keine Kraftprobe mit den Religiösen riskieren. Der Sender feuerte den aufsteigenden Medienstar und hängte Rezaies Kündigung öffentlich aus. Alles zusammen kam dies für die junge Frau in der afghanischen Gesellschaft einem Todesurteil gleich.

Nur vier Wochen zuvor, im April 2005, dokumentierte Amnesty International die Steinigung der neunundzwanzigjährigen Amina im Distrikt Argu, einer Bergregion der Provinz Badakhshan im Nordosten des Landes. Der Hausherr war nach einer Reise in den Iran zurückgekehrt, und seine Frau verlangte die Scheidung. Umgekehrt warf er ihr Ehebruch vor. Ein religiöses Dorfgericht verurteilte Amina schließlich zum Tode binnen achtundvierzig Stunden. Die Hinrichtung übernahm der Ehemann selbst – vor den Augen der Dorfbewohner.

Steinigungen sind selbst in den entlegendsten Dörfern am Hindukusch äußerst selten. Doch die Gefängnisse zwischen Kundus und Kandahar sind voll von Frauen, die wegen sogenannter Familien-

Kleine Freiheiten: Junge Afghaninnen
im Frauenpark in Kabul

delikte einsitzen. Einige sind, nachdem sie vergewaltigt wurden, noch wegen Untreue angeklagt worden. Andere flohen vor ihren Ehemännern, die sie drangsalierten und verprügelten und die oft so alt sind wie ihre eigenen Großväter.

Die Mädchen werden im Alter von zwölf, dreizehn, vierzehn Jahren von ihren überwiegend erschreckend armen Eltern an den Meistbietenden verheiratet. Der Brautpreis liegt derzeit um die 180 000 Afghani, umgerechnet 3000 Dollar. Auf die Gefühle der Mädchen wird dabei wenig Rücksicht genommen.

Die Flucht aus den aufgezwungenen Verhältnissen führt jedoch vielfach nicht weit. In der Regel werden die Teenager noch vor dem nächsten Dorf von der Polizei oder Verwandten aufgegriffen und entweder direkt zurück zu ihrem Ehemann gebracht oder ins Gefängnis.

Bis heute legen die Paschtunen-Clans ihre Blutfehden regelmäßig mit der Übergabe eines Mädchens bei. Nach dem Mord an einem Stammesangehörigen bietet die Familie des Täters in der Regel eine oder zwei ihrer Töchter als Entschädigung an. Die jungen Frauen sind fortan das Eigentum der Opferfamilie und arbeiten als Dienstmägde für alles die Schuld des Mörders ab.

Weil es keine Chance auf Entrinnen gibt, nehmen sich jedes Jahr Hunderte verzweifelte Afghaninnen das Leben. Die größte Klinik in der westafghanischen Stadt Herat zählte im Jahr 2005 in der Abteilung für Brandopfer in zwei Monaten achtzig Suizidpatientinnen. Sie hatten sich mit Kerosin überschüttet und versucht, sich selbst zu verbrennen.

Der paschtunische Mann ist nicht herzlos. Wird solch ein tragischer Fall bekannt, zeigt er Betroffenheit und Mitgefühl. Doch die Neigung der stolzen Männer Kandahars, die Rolle der Frau daraufhin zu überdenken, ist nicht besonders groß.

Seit elf Generationen wachen Geistliche der Familie von Mullah Haji Mohammed Nazim Akhundzadeh, dem Vorbeter an der prächtigen Kherqa-e-Sharif-Moschee, über eine bedeutsame islamische Reliquie, den Mantel des Propheten. Die Moschee gehört zu den herausragenden Heiligtümern Afghanistans und liegt in einem weitläufigen Gartenareal im Zentrum der Stadt. Während Mullah Akhundzadeh im frisch gebügelten Traditionskleid und mit dem schwarzem Turban über dem bärtigen Gesicht über die Frauen doziert, wiegt er sich barfuß auf einem roten Samtkissen und nippt an einer Pepsi-Cola.

»Irgendwann, wenn Afghanistan einmal wohlhabend und sicher ist, könnten die Frauen vielleicht auch erwerbstätig sein. Aber warum sollten sie?«, philosophiert der Achtundvierzigjährige und spuckt den grünen Kautabak in einen silbernen Napf, den sein Diener vor ihm aufgestellt hat. Die amerikanischen und kanadischen Soldatinnen, die derzeit in Kandahar unverschleiert in ihren Uniformen patrouillieren, hält er für eine sehr vorübergehende Erscheinung, über die bald die Zeit hinweggegangen sein wird. Das könne er gelassen abwarten. »Die Frauen des Westens sind doch arm dran – schutzlos und gehetzt«, sagt er dann. »Meine Frau dagegen ist immer zu Hause, sie hat zwölf Kinder und ist sehr glücklich und entspannt.«

Machistische Borniertheit gehört sicherlich zu den besonders beständigen Erscheinungen im Paschtunen-Reich: Mutterschaft ist zwar auch in Afghanistan mit Glück und Freude verbunden, vor allem aber ist sie das größte Risiko im Leben einer Frau. Jede sechste Gebärende stirbt mangels medizinischer Versorgung noch während der Geburt oder im Kindbett.

Überall dort, wo es Afghaninnen in den vergangenen sechs Jahren dennoch irgendwo auf exponierte Positionen schafften, trafen sie auf granitharten Widerstand. Die afghanische Professorin Sima Samar ist eine willensstarke Frau. Sie hatte sich viel vorgenommen, als Präsident Hamid Karzai sie in seinem Kabinett 2002 zur ersten Ministerin für Frauenangelegenheiten ernannte. Sie wollte den Afghaninnen ein öffentliches Gesicht und eine Stimme geben. Doch fast noch am gleichen Tag, als sie das Amt übernahm, fingen ihre Gegner an, sie anzugreifen und zu verleumden.

Islamisten konstruierten einen Fall, wonach sie sich in einem Interview mit einer ausländischen Zeitung angeblich gegen die Scharia, das islamische Gesetz, ausgesprochen habe, und strengten gegen Samar ein Verfahren wegen Blasphemie an. Gotteslästerung ist in Afghanistan ein Kapitalverbrechen. Die Anklage wurde am Ende fallen gelassen, aus Mangel an Beweisen. Doch die Feindseligkeit blieb. Heute arbeitet die Wissenschaftlerin Samar in Kabul für die afghanische Menschenrechtskommission, und viel ist nicht mehr von ihr zu hören, noch weniger allerdings von ihrer Amtsnachfolgerin Hasan Banu Ghazanfar. Die schweigsame Usbekin ist unter siebenundzwanzig Kollegen noch immer die einzige Ministerin in der Regierung.

Die Abgeordnete Malalai Joya aus der südwestafghanischen Provinz Farah berichtet in US-Talkshows: »Sie bewerfen mich mit Wasserflaschen und rufen ›Vergewaltigt sie!‹, wenn ich meine Stimme im Parlament erhebe.« Die neunundzwanzigjährige Politikerin ist ein energisches Persönchen, die inzwischen weltweit Furore machte, nur zu Hause hat sie nichts mehr zu sagen. In ihrer ersten Rede beschuldigte Joya die alten Mudschahidin, die auch heute wieder im Parlament sitzen, als Zerstörer Afghanistans und forderte ihre Entwaffnung und rechtliche Verfolgung. Ihre unbequemen Wahrheiten trägt Joya mitunter sehr temperamentvoll vor: »Ein Viehstall ist besser als das Parlament, denn die Tiere dort sind wenigstens zu etwas nutze, die Esel tragen Lasten und die Kühe geben Milch«, provozierte die Parlamentarierin im Privatfernsehsender Tolo TV.

Das akzeptierten die alten Kriegsfürsten nicht. Erst organisierten sie eine Demonstration gegen die Parlamentarierin: »Tod Malalai Joya« ließen sie auf Transparente schreiben. Schließlich schlossen sie Joya für den Rest der Legislaturperiode wegen »Beleidigung des Parlaments« als Abgeordnete aus.

Womöglich war die Jungpolitikerin tatsächlich über das Maß hinausgeschossen. Doch angesichts der Doppelmoral, die sich die alten Kriegsherren leisten, wirkt ihre Bestrafung gänzlich überzogen. Befeuert von den mächtigen Mudschahidin-Führern, beschloss das Parlament im Frühjahr 2007 ein folgenreiches Amnestiegesetz. Darin wurde festgelegt, dass die Kriegsverbrechen der vergangenen dreißig Jahre, die schätzungsweise 1,5 Millionen Menschen das Leben gekostet haben, nicht mehr geahndet werden dürfen, um, wie es in der offiziellen Sprachregelung heißt, die »Einheit des Landes« nicht zu gefährden.

Auch in Moralfragen sind afghanische Männer, wenn es um die eigenen Bedürfnisse geht, durchaus pragmatisch. Während ehebrechende Frauen noch gesteinigt werden, gibt es in der Islamischen Republik Afghanistan selbstverständlich zahllose Bordelle, die gern frequentiert werden. Der Koran verbietet auch die Homosexualität, die Knabenliebe ist am Hindukusch mangels der Verfügbarkeit von Frauen jedoch eine weithin praktizierte Gewohnheit. Dem wohlhabenden Mann eröffnet die Vielehe außerdem die Möglichkeit, immer wieder weitere Frauen zu heiraten, wenn sich die vormalige Beziehung erschöpft hat. Bis zu vier Eheschließungen sind erlaubt. Doch selbst wenn die Afghaninnen mit dieser Tradition aufwachsen, fühlen sie sich durch die neue, fast immer sehr viel jüngere Frau meist ebenso gedemütigt wie westliche Ehefrauen. Deren Männer bringen ihre Geliebten in der Regel wenigstens nicht mit nach Hause. Die Schmach, nicht mehr begehrt zu sein, ist jedoch hier wie dort die gleiche.

Frauen riskieren umgekehrt sehr viel, wenn sie einmal selbst nach der Liebe suchen. In der Vier-Millionen-Stadt Kabul gibt es inzwischen unter den jungen Leuten eine wachsende Gemeinde heimlicher Paare. Doch niemand sieht sie. Küsse und Berührungen in der Öffentlichkeit sind ein Tabu. Internet und Mobilfunk haben die Überwindung der Geschlechtertrennung jedoch leichter gemacht. Zu den aufregendsten Abenteuern gehört es, sich zu einem Rendezvous irgendwo im Getümmel des Straßenverkehrs zu verabreden. Im Schutz der Burka steigt sie in sein Auto ein, und so verbringen Liebende wenigstens eine kurze Zeit ohne Aufpasser.

Eine solche Affäre wäre im Süden des Landes allerdings undenkbar und, wenn sie bekannt würde, ohne Zweifel tödlich.

Parwana* ist Studentin der Erziehungswissenschaften an der Kandahar-Universität und gehört damit bereits zum kleinen, elitären Kreis des liberaleren Bürgertums. Die Zwanzigjährige ist die Tochter eines wohlhabenden Gewürzhändlers im Shikabur-Basar im Südosten der Stadt und seit kurzem mit dem fünf Jahre älteren Farhad verheiratet. Farhads Familie besitzt mehrere Schuhgeschäfte im zentralen Shal-Basar.

Parwana steht im Foyer der Universität. Ihre Burka trägt sie zusammengefaltet in einer Plastiktüte unterm Arm. Doch wenn sie das Universitätsgebäude verlässt, geht sie wieder vollständig verhüllt.

Parwana hat ein Geheimnis, das sie erzählen will, aber nicht hier. Lieber verabredet sie sich an einem sicheren Ort, im Haus ihrer Freundin, um drei Uhr nachmittags.

Es ist ein großzügiges Gehöft am Stadtrand. Das Wohnzimmer hat ein Panoramafenster, das den Blick auf eine große Terrasse öffnet, auf der in einem hölzernen Käfig ein paar Vögel singen. Im Garten blühen Rosen und Geranien.

Parwana sitzt auf einem roten Kissen im Besucherzimmer und hat den Tschadari abgelegt. Darunter trägt sie jetzt ein weites Hemd, und, erstaunlich genug, eine enge, blaue Jeans und silberne Sandalen mit fünf Zentimeter hohen Absätzen. Parwana ist schlank, fast ein

* Name wurde aus Sicherheitsgründen geändert.

wenig zu dünn, das schwarze Haar hat sie zum Pferdeschwanz gebunden, die Augen ihres ovalen Gesichts betont sie mit dunklem Kajal. Sie spricht ein bisschen Englisch, doch wieder nur ganz leise. Denn auf keinen Fall will sie, dass die Mutter der Freundin, die in der Küche Tee brüht, von ihrem Geheimnis erfährt: Parwana liebt einen anderen. Er ist Student wie sie, an der benachbarten Fakultät für Agrarwissenschaften.

Sie traf ihn ein paar Monate, bevor sie sich an der Uni eingeschrieben hat, ein Jahr vor ihrer Hochzeit. Er ist der Bruder der Nachbarin. Nur einmal waren sie sich kurz in deren Haus begegnet und hatten ein paar Worte gewechselt. Auf dem Campus sahen sie sich wieder, wenn auch nur aus der Ferne. Selbst an der Universität ist der Kontakt zwischen Männern und Frauen auf das Notwendigste beschränkt. Einmal gingen sie kurz nebeneinander her. So hat es angefangen. Seither lebt sie von diesen wenigen Blicken und einem Gefühl, das ihr kurze, rauschhafte Momente beschert, meist aber die Kehle zuschnürt, denn ihre Liebe ist völlig hoffnungslos.

Sie weinte bei ihrer Hochzeit, doch das tun fast alle Bräute hier. Die Mutter hatte den Schwiegersohn Farhad ausgesucht. Er ist aus guter Familie und ein aufstrebender Kaufmann. Das Paar sah sich das erste Mal, als sie gemeinsam den Hochzeitskuchen angeschnitten haben. Parwanas Mutter glaubt bis heute, dass ihre Tochter die glücklichste Braut von ganz Kandahar gewesen ist.

Parwana sagt, das Herz einem anderen als dem Ehemann zu öffnen, sei für ein afghanisches Mädchen ein großes Verbrechen. Es zeige ihre Zügellosigkeit und ihren Mangel an Respekt gegenüber den Eltern, die schließlich besser wüssten, was gut für sie sei, und den richtigen Partner aussuchten. Sich der Entscheidung der Eltern zu widersetzen, sei absolut unmöglich, lieber wählte ein Mädchen den Freitod.

Tränen steigen Parwana in die Augen, und der schwarze Kajal verläuft darin: Ihr Vater sei so stolz auf seine Tochter, die mit einem angesehenen Mann verheiratet sei und gleichzeitig studiere, sagt sie, doch wüsste er von ihrer Liebe, er würde sie augenblicklich töten, und ihr Ehemann sowieso.

Da kommt die Mutter der Freundin mit dem Tee und einer Schale mit frischen Orangen und Bananen durch die Tür. Parwana wischt die Schminke von den Wangen und versucht ein Lächeln.

Die Sehnsüchte der Frauen in Afghanistan werden sich womöglich noch eine Weile unterdrücken lassen, fünf Jahre oder zehn vielleicht, aber nicht für immer. Wo Mädchen im Internet und im Fernsehen auch andere Rollenmodelle sehen, werden sie auf Dauer nicht vor dem »Erwachen«, dem »Tscheschmak«, bewahrt werden können, einem Vorgang, der, wie es heißt, unumkehrbar ist.

In den Anfang dieses Aufbruchs in eine neue Zeit fiel der Aufstieg der jungen Dichterin Nadya Andjoman aus dem westafghanischen Herat. Ihr tragischer Tod erzählt vom Kampf einer Frauengeneration, die bereit ist, kraftvoll durchzustarten und doch an einer gewalttätigen Tradition zu zerschellen droht.

Andjoman galt als Ausnahmetalent, sie hatte eine wirklich aussichtsreiche Zukunft vor sich. Ihr einfühlsamer Poesieband *Rauchblumen* wurde in Literaturzirkeln herumgereicht, und sogar international war man auf sie aufmerksam geworden. Sie hatte das Alter erreicht, in dem eine Frau verheiratet sein sollte. Als sie in die Ehe mit einem Mitarbeiter der Literaturfakultät der Universität Herat einwilligte, hoffte sie, ihr Mann würde ihr Interesse für Kunst und Bücher teilen. Doch gleich nach der Hochzeit verbot er ihr die öffentlichen Auftritte. Auch die eigene Familie der Fünfundzwanzigjährigen fand die Gedichte über die Liebe und den Sturm der Gefühle einer jungen Afghanin eher anstößig. Schließlich tauchte die Autorin kaum noch auf in Literaturkreisen.

Im November 2005 war die Mutter eines damals sechs Monate alten Sohnes tot. Andjoman wurde in ihrer Wohnung aufgefunden. Die Polizei stellte schwere Verletzungen durch Schläge fest und verhaftete den Ehemann. Der gab zwar zu, die Lyrikerin verprügelt zu haben, bestreitet jedoch vehement, für ihren Tod verantwortlich zu sein.

Kurz vor ihrem gewaltsamen Ende hatte sich Andjoman noch einmal aufgebäumt, in ihrem Gedicht »Anklage«:

Kein wild' Verlangen löst die Zunge; wovon sollt sie auch tönen?
Mag singen ich oder auch nicht, die Zeiten mich verhöhnen.

Wie honigsüßen Vers anstimmen, wenn Gift mir durch die Kehle tropft –
Wenn des Despoten rohe Faust, oh weh, welch Schlag, den Mund mir stopft?

Weltweit sich Niemand um mich sorgt, mir Bürde nimmt, mich stolz sein lässt;
Mag lachen oder weinen ich, sollt bleiben, sterben – bin vergessen.

In meines Kerkers Eck' fühl' ich voll Trauer, wie sich Freiheit spiegelt.
Umsonst geboren, für das Nichts, bleibt Liebe mir im Mund versiegelt.

Mein Herz weiß noch was Frühling war, als Leidenschaften reich gediehen;
Geschnürte Flügel hindern mich, jetzt und allhier ins Grün zu fliehen.

Zwar bin ich still, doch scheint's nur so, denn Klang und Wort sind in mir frei;
Und auf der Stelle singt mein Herz leis' flüsternd schönste Melodei.

Drum werd' ich preisen jenen Tag, an dem mein Pferch in Stücke bricht;
Aufjauchzend seh' ich Schmach und Harm und alles Leid dann vor Gericht!

Denn ich bin schwache Weide nicht, die jedes Lüftchen macht erbebend;
Afghanin bin ich, fest verwurzelt, stets anklagend mein' Stimm' erhebend!

Die Polizistin Malalai Kakar wurde am Morgen des 28. September 2008 vor ihrem Haus in Kandahar von den Taliban erschossen.

20
Die Blume des Bösen

Im Talkessel von Faizabad ist das Licht am späten Vormittag noch immer hell und milchig. Matt fällt es durch das Fenster auf das Bett von Mohammed Hussein. Das Blut auf Husseins Gesicht ist zu dunklen Klümpchen geronnen, sein Kopfverband hat sich rot gefärbt, und über der Stirn klafft ein fünf Zentimeter großes Loch.

Hussein liegt reglos auf der Trage der Notaufnahme im Zentralkrankenhaus von Badakhshan, einer Provinz im nördlichsten Winkel des Landes. Es riecht nach Schweiß und einem scharfen Putzmittel. Nur manchmal öffnet Hussein kurz die Augen. Sein wallendes Hemd ist beschmutzt von der Erde des Feldes und dem brutalen Kampf mit seinem Nachbarn Mohammed Aziz. Er war an der Reihe an diesem Morgen, um Wasser aus der einzigen Quelle im Dorf Halkajar, fünfzig Kilometer westlich von Faizabad, zu schöpfen, sagt Hussein mühsam. Er wollte das ausgetrocknete Feld seiner Sippe wässern.

Wie fast alle Landwirte hier bauen die Husseins Schlafmohn an, wie auch Mohammed Aziz, der ihm seine Schaufel in den Kopf gerammt hat. Das war heute Morgen um sieben Uhr.

Mohammed Hussein hatte Glück, dass ihn ein anderer Nachbar auf dem Rücksitz seines klapprigen Toyota Corolla in einer stundenlangen Holperfahrt in die Stadt beförderte. Hussein ist zwanzig Jahre alt, er hat dunkle Augen, kräftige Wangenknochen und eine breite Nase. Braune Haarsträhnen kleben auf seiner Stirn. Er kämpfte an diesem Tag um Wasser, um das Überleben der Familie zu sichern, seiner Eltern und der neun Geschwister.

Die Husseins besitzen ein kleines Stück Land, es ist nicht viel, acht Djerib, knapp zwei Hektar. Im Sommer ernten sie dort den Mohn, und daraus erhalten sie etwa sieben Kilogramm Rohopium. Für ein Kilo bekommt der Vater auf dem Markt 80 bis 120 Dollar. Das ist zehnmal so viel wie er erhielte, wenn er auf seinem Acker Weizen sähte. Im Herbst zieht die Familie dann Mais und Melonen. Der sandige Lehmboden ist von der Doppelbewirtschaftung ausgelaugt, doch vor allem die Dürre macht den Bauern zu schaffen.

Auch Aziz, der Nachbar, benötigt das wertvolle Wasser für sein Land. Für beide ist es aber nicht genug.

Die Bergprovinz Badakhshan gehört mit ihren tiefen Schluchten, den Gipfeln und den im Sonnenlicht funkelnden Canyons zu den atemberaubendsten Landschaften Afghanistans. Doch die Grenzprovinz ist auch unwirtlich und das Überleben dort hart. Die Menschen in Badakhshan werden nicht alt. Im Winter sinkt das Thermometer auf bis zu minus dreißig Grad, und die Trockenheit lässt kaum eine Frucht gedeihen. Elektrizität gibt es nicht in diesem abgelegenen Hinterland, die Wege sind eine Aneinanderreihung von Schlaglöchern. Das nächste Krankenhaus liegt meist viele Tagesmärsche entfernt.

Nicht, dass es kein Geld gäbe hier in Badakhshan. Es gibt sogar unermesslich viel Geld, nur ist es nicht besonders gerecht verteilt.

In der Stadt Faizabad, dem Verwaltungszentrum mit seinen 14000 Einwohnern, leuchten nachts überall die Lichter in den Lehmhäusern. Generatoren rattern, und in den Straßen stehen dicht an dicht allradbetriebene Kleinbusse und Geländewagen. Der Opiumanbau lässt die Bauern gerade überleben, den Händlern aber bringt er satten Wohlstand.

Die Geldwechsler in Shar-e-Kona, der Basarstraße der Altstadt, haben ihre Geldbündel bis zu einem halben Meter hoch vor sich aufgestapelt. Sie bieten gleich vier Währungen: Dollar, Euro, Afghani und pakistanische Rupien. Hinter seinem schmalen Bretterverschlag tauscht Haroun Ghulam täglich um die 4000 US-Dollar in Afghani. Es sind Drogendollar. Ghulam ist ein schlaksiger Tadschike mit rasiertem Kinn, er grinst: »Jedes Jahr steigt mein Umsatz noch ein bisschen mehr.« Zwei Straßen weiter liegen hinter hohen Mauern ein

Opiumdollars bringen das meiste Geschäft:
Geldwechsler auf dem Basar

paar Villen aus Stein, sie sind, ungewöhnlich genug für diese Gegend, mit Klimaanlagen und Satellitenschüsseln ausgestattet. »Was wollt ihr?«, fragt ein Aufpasser, der aus einer der Villen herausgeschossen kommt. Neugierige Gäste sind hier nicht erwünscht. In den Steinhäusern wohnen die heimlichen Herrscher von Badakhshan, die Drogenbosse.

Faizabad liegt gut 300 Kilometer nordöstlich von Kabul, und die beschwerliche Anfahrt durch Flussbette, schmale Pässe und unbefestigte Wüstenpfade dauert bis zu zwanzig Stunden. Auch die Taliban konnten Badakhshan nie einnehmen. Deshalb steuerte der ehemalige Staatschef Burhanuddin Rabbani den Krieg gegen die Koranschüler von diesem entlegenen Flecken aus. Badakhshan ist Rabbanis Heimat, und, wie die Taliban, finanzierten auch er und die Provinzfürsten des Nordens ihren Kampf in den Neunzigerjahren vor allem mit Opium.

Die Stadt war damals vom Süden abgeschnitten, die Geschäfte gingen schlecht. Doch nun sind die Bretterbuden im Basar von Shar-e-Kona wieder prall gefüllt mit Waren. Es gibt Zucker und Batterien aus Pakistan, glitzernde Stoffe und Lippenstifte aus China. Das Reich der Mitte beginnt östlich von hier, gleich hinter dem schmalen Wakhan-Korridor. Auch die ehemalige Sowjetrepublik Tadschikistan grenzt an Badakhshan, dort, wo im Nordwesten der große Strom des Pjandsch fließt. Aus Tadschikistan stammen auch die Pullover und die sexy Damenunterwäsche, die hier an einem Verkaufsstand baumeln.

Ein junger Afghane mit einem Pakul auf dem Kopf, der runden Filzmütze, verkauft »Aschak«, eine mit Lauch gefüllte Nudel, die Portion für 20 Afghani, etwa 40 Cent. Dazu bietet er aus einem Aluminiumtopf Joghurt an, den der Kunde aus einer großen Schöpfkelle schlürft. Es ist nur ein kleines Geschäft, aber immerhin: Der Mann kann sich vor Kundschaft kaum retten.

Ein 100 000-Dollar-Geländewagen, Marke Toyota, schiebt sich mit verdunkelten Scheiben durch die staubige Marktgasse. Zwei Landrover mit geschwärzten Fenstern folgen. Es sind die Wagen der Opiummafia von Badakhshan. Polizisten mit Kalaschnikows stehen am Straßenrand und lassen die Kolonne passieren. »Starke Hände aus Kabul steuern diese Wagen, niemand würde wagen, sie aufzuhalten«, flüstert der Geldwechsler Ghulam.

Immer wieder ist von einer Liste die Rede, die unter Amerikanern und Geheimdienstleuten kursiert. Darauf stehen die Namen der größten Drogendealer Afghanistans. Dreißig Paten sollen es sein, alles keine Unbekannten. Die Hindukusch-Mafia tritt im Fernsehen auf als dekorierte Honoratioren und ehrwürdige Stammesführer, als Polizeipräsidenten und Gouverneure, sie sitzt in der Wolesi Jirga, dem Parlament, und im Kabinett der jungen Demokratie. In einem US-Geheimdienstpapier, das Anfang 2006 versehentlich an die Öffentlichkeit geriet, standen die Namen von fünf Regierungsmitgliedern, die ins Drogenbusiness verstrickt sein sollen. Das Innenministerium, so heißt es darin, sei eine der Hauptschaltstellen des illegalen Handels. Dabei soll gerade dieses Ressort den Anti-Drogenkampf führen, in einem Land, das inzwischen über 90 Prozent des weltweiten Aufkommens an Heroin produziert.

Wer tatsächlich im neuen Drogengerichtshof in Kabul auf der Anklagebank landet, muss ein wirklich kleiner Gauner sein, ein armes Würstchen, jedenfalls ohne einflussreiche Freunde, die ihn durch einen Anruf an der entscheidenden Stelle oder für ein paar tausend Dollar aus dem Gefängnis holen. Die Richter verfahren gleichwohl scharf mit ihnen, vielleicht, um bei den internationalen Beobachtern im Gerichtssaal einen guten Eindruck zu machen. Jeder dritte Angeklagte geht hier mit über zehn Jahren Gefängnisstrafe aus dem Saal. Ein Drogenboss war bisher nicht darunter.

Bei einem wirklich spektakulären Zugriff im Büro des damaligen Gouverneurs von Helmand, Sher Mohammed Akhundzada, hatten Agenten der amerikanischen Anti-Drogenbehörde DEA zusammen mit afghanischen Kollegen 2005 neun Tonnen Opium beschlagnahmt. Doch der hochrangige Politiker war schon kurz darauf wieder auf freiem Fuß. Den verblüfften Drogenfahndern wurde von höherer Stelle mitgeteilt, der Mann habe lediglich Beweismittel verwahrt, die seine Polizeikräfte sichergestellt hätten. Sher Mohammed Akhundzada pflegt seit Jahren enge Kontakte zu hochrangigen afghanischen und internationalen Militärs, aber auch zu den wichtigen Geheimdienstleuten und Diplomaten. Inzwischen sitzt er als ehrenwertes Mitglied im afghanischen Senat.

Auf der Terrasse einer Teeküche in Faizabad hockt ein Drogenexperte der Vereinten Nationen im Schneidersitz vor einem Glas frisch gebrühtem grünen Chai und einer süßen Mehlschnecke. Es sei nicht immer leicht zu trennen, wer in Afghanistan ein Freund ist und wer Feind, sagt der Mann, der seinen Namen lieber nicht genannt wissen will. Manchmal komme es dabei lediglich auf den Zeitpunkt an.

Von Anfang an hätten sich die Amerikaner doch auf die Macht der Warlords gestützt, die das Drogengeschäft unter sich aufgeteilt haben. Sie seien die einzigen stabilen Faktoren im Land gewesen, und das sei eigentlich noch immer so, erklärt der Endvierziger aus England. Die meisten Regionalfürsten sorgten in ihren Einflusszonen für Ruhe und Ordnung, umgekehrt verursachten sie allerdings Chaos und Aufruhr, wenn ihnen etwas gegen den Strich gehe. Die

Das Opium riecht nach feuchtem Heu
und schmeckt bitter wie Kaffee:
Der Drogenmarkt von Argu in Badakhshan

Drohung, das Land zu destabilisieren, funktioniere fast immer, deshalb könne man sie schlecht zum Teufel jagen, sagt der Mann achselzuckend und beißt herzhaft in das süße Gebäck.

Ein Kassettenrekorder spielt im Hintergrund orientalische Musik. Die Sonne scheint und auf den ersten Blick wirkt alles friedlich in Faizabad.

Vor fast fünf Jahren richteten sich hier oben deutsche Soldaten der Isaf-Schutztruppe ein. Das Wiederaufbauteam beobachtet die Lage und koordiniert Hilfsprojekte. Es gibt auch einen Gouverneur, der, wie es das deutsche Auswärtige Amt in einem internen Bericht schreibt, einer der ganz wenigen Regierungsmitglieder sei, der in Badakhshan nicht zum System der Profiteure gehöre, weshalb er sich vermutlich nicht lange halten werde.

Die Fäden zieht ohnehin ein anderer: Nazir Mohammed, ein zwielichtiger General, der hier oben für Mohammed Qasim Fahim die Stellung hält, als ehemaliger Geheimdienstchef der Nordallianz und späterer Verteidigungsminister ein Schwergewicht im Dickicht der Geschäftemacher. Heute gehört Fahim zum Beraterteam des Präsidenten.

Der neunundvierzigjährige Mohammed mit dem harmlos-rundlichen Gesicht ist der Herrscher über den alten Basar, eine der Hauptlebensadern der Provinz, vor allem aber kontrolliert er große Teile des Drogenmarkts. Die Opiumbauern zahlen an ihn Steuern, die Schmuggler Wegezoll. Seine Privatmiliz ist offiziell aufgelöst, doch würde sie jederzeit wieder für ihn zu den Waffen greifen, denn Mohammed bezahlt sie aus seiner Privatschatulle. Präsident Hamid Karzai hat bereits mehrfach versucht, den tadschikischen Milizchef im Norden zu entmachten, doch das wussten seine Beschützer in Kabul bis heute zu verhindern.

General Mohammed sitzt in Faizabad vor seinem Büro auf einer Wiese und telefoniert mit einem seiner beiden Satellitentelefone. Dann tuschelt er mit einem Kurier, der ihn eilig sprechen muss. Hand in Hand spaziert er mit ihm über das Gras, eine freundschaftliche Geste, die hier sogar unter hochrangigen Militärs üblich ist. Geht es um einen Drogentransport, der kurzfristig durch sein Revier geschleust werden muss? Um eine der versteckten Heroinküchen, die immer wieder von britischen und amerikanischen Drogenbekämpfern aufgespürt und vernichtet werden? Wer weiß das schon!

Durch die *factories*, in denen das Opium mitttels chemischer Prozesse neuerdings bereits im Land zu Heroin verwandelt wird, hat der Markt noch einmal richtig zugelegt. Wenn die Droge den Pjandsch-Strom nach Tadschikistan passiert hat, ist sie im Wert bereits um das Zehnfache gestiegen. In London, Paris und Hamburg kostet das Kilo Heroin dann etwa 20 000 Euro. Dort strecken sie die Dealer auf das Vierfache und verkaufen es für rund 150 000 Euro auf der Straße an die Junkies.

Zu den größten Opiumumschlagplätzen Asiens gehört die kleine Stadt Argu. Der Ort liegt eine gute Autostunde entfernt von Faizabad, hinter einem unbefestigten Pass. Die Marktstraße mit den Verkaufsbuden aus Holz und Lehm scheint endlos: Ein Waffenhändler bietet dort neue Gewehre und Pistolen an, dazu alle Arten von

Munition. Es gibt DVDs mit Liebesfilmen aus Indien – und natürlich Opium.

Mohammed Saheb winkt an seinen kleinen Stand heran, vor ihm steht eine große, blaue Waage. Der alte Mann trägt einen fünfmal gewickelten grauen Turban. Die Augen sind oval und seine Nase zierlich, der schwarze Bart läuft am Kinn spitz zu. In Sahebs Gesicht sind die asiatische Züge der Usbeken zu erkennen. Im Innenraum seiner Verkaufsbude öffnet er eine Holzkiste und entnimmt ihr einen der gepressten dunklen Barren. Zur Probe pult er ein Stück des braunen Harzes aus dem Zellophan. Der Verkäufer blickt erwartungsvoll: Das Opium riecht nach feuchtem Heu und schmeckt bitter wie Kaffee. 120 Dollar will Saheb für das Kilo haben.

Der Usbeke fürchtet die Verfolgung durch die Polizei nicht: »Wo ist denn der afghanische Staat?«, lacht er. Tatsächlich patrouilliert hier nur eine Art Marktmiliz auf und ab, ein paar junge Männer in Pluderhose und Anorak mit alten Schießprügeln.

Im Herbst 2005 habe es hier eine große Razzia gegeben, sagt Saheb, da sei viel beschlagnahmt worden: »Damals haben wir fast alles verloren, das war bitter.« Nun aber seien sie gut vorbereitet.

Als die staatlichen Drogenfahnder wiederkamen und eines der Labors aushoben, hätten sich die Schmuggler mit ihnen eine heftige Schießerei geliefert. Die Polizei flüchtete. Der Provinzchef der Drogenfahndung quittierte kurz darauf den Dienst. »Warum soll ich mich mit diesen großen Tieren anlegen, wenn ich in Kabul keine Rückendeckung habe?«, begründete der Drogenbekämpfer seine Kündigung.

Er und seine Leute waren in alten Russen-Geländewagen gekommen, die Mafia mit neuen Toyota-Landcruisern. Fast jeder Polizist hier oben sei von den Drogenbossen gekauft, was nicht schwer ist bei einem staatlichen Monatsgehalt von 20 bis 60 Dollar. Die mobilen Heroinlabors würden inzwischen von schwer bewaffneten Wächtern mit Panzerfäusten geschützt, berichtete der Fahnder.

Im Kampf für die Droge halten hier alle zusammen: die paschtunischen Schmuggler, die Großgrundbesitzer, die kleinen tadschikischen und usbekischen Bauern und ihre Paten.

Einer dieser Paten ist Abdul Jabar Mussadeq. Der alte Mudschahid mit dem schwarzen Haar und dem Ziegenbärtchen wurde im Krieg gegen die Sowjets verwundet, ein Schrapnell traf ihn am Kopf, weshalb der Schädel an der Stirn eine Delle hat. Mussadeqs Wort ist Gesetz hier in Argu.

Er empfängt in seinem Haus in der Stadtmitte. Es ist ein stolzes Gebäude aus Stein mit einem großen Generator, sogar Fernsehen gibt es. Die kleine Villa ist dennoch vergleichsweise bescheiden, denkt man an die millionenteuren Glitzerbauten der wirklich großen Drogenfürsten in Kabul. Deren Prunkschlösser werden vom internationalen Aufbaupersonal wegen ihrer bunten Farben und den ausladenden Formen oft als »Hochzeitskuchen« verspottet.

Argu und Faizabad liegen kaum zwanzig Kilometer auseinander, und das Revier ist heiß umkämpft. Immer wieder liefern sich die Milizen des Drogenbosses von Argu, Mussadeq, und die Männer des Generals Nazir Mohammed Scharmützel. Die beiden stehen in erbitterter Konkurrenz. Im Vergleich zu Mohammed wirkt der alte Mudschahid Mussadeq jedoch offen und kooperativ. Er versucht, die Lage seiner Bürger zu schildern: »Wir wissen, dass die Droge Sünde ist, wir haben unseren Leuten trotzdem erlaubt, sie anzubauen und damit zu handeln. Sie würden sonst verhungern.« Mussadeq lässt Tee und Wassermelonen bringen, schließlich sagt er: »Das Opium ist eine Schande, doch eine noch größere Schande ist es, seine Familie nicht ernähren zu können.«

Die meisten Bauern hier besitzen kein eigenes Land. Sie bewirtschaften die Äcker der reichen Großgrundbesitzer, deren Ländereien oft über die weiten Hügel bis zum Horizont reichen. Der Landlord bestimmt das Saatgut, und die Kleinbauern müssen die Ernte mit ihm teilen. Viele pflügen die Felder barfuß, um das einzige Paar Schuhe, das sie haben, zu schonen. Das Geschirr des Ochsen, der den Holzkeil durch die Scholle treibt, wird lediglich durch ein Stecksystem gehalten, wie im Altertum.

In der Saison, wenn der milchige Saft von den angeritzten Mohnkapseln geschabt werden muss, verdingen sich Arbeitslose und Kinder bei den Großbauern und erhalten dafür einen oder zwei

Dollar am Tag. Während der Erntewochen fehlen halbe Schulklassen, weil sie auf dem Feld sind.

Dem barfüßigen Bauern mit dem braunen Turban ist eine Pause offenbar gerade recht. Er lässt den Pflug sinken. Gefragt, ob er wisse, welches Elend das afghanische Heroin in den Ländern Westeuropas verursache, schlägt seine Freundlichkeit jedoch schnell ins Gegenteil um: »Ihr habt alles«, sagt er empört. »Straßen, Krankenhäuser, Schulen, alles funktioniert bei euch, und was gibt es bei uns? Wir würden das nicht machen, wenn ihr im Westen die Drogen nicht wolltet. Wir nehmen keine Drogen.«

Zumindest das Letztere ist nicht ganz richtig. Seit das Opium teilweise auch am Hindukusch zu Heroin veredelt wird, sind hier inzwischen mindestens 200 000 Menschen dem Gift verfallen.

In sechs Jahren ist aus Afghanistan der größte Drogenstaat der Erde geworden. 2007 gab es eine Rekordernte mit 8200 Tonnen Opium. Zu Spitzenzeiten produzierten die Afghanen unter den Taliban 4600 Tonnen. Doch dann erklärten die Koranschüler die Produktion für sündhaft und bestraften die Opiumbauern hart. Dadurch drückten sie die Ernte im Schicksalsjahr 2001 tatsächlich auf nur noch 185 Tonnen. Seit ihrem Sturz hat sich die Menge wieder mehr als verdreißigfacht.

Über zehn Millionen Junkies hängen weltweit am aus Afghanistan stammenden Heroin, und Opium ist die machtvolle Währung dieses Landes geworden, fast schon wie das Öl des Nahen Ostens.

Die Droge teilt Afghanistan in Macht- und Einflusssphären auf, und der braune Kitt hält das hierarchische Gefüge über alle widerstrebenden Interessen zusammen. Kein Pate lieferte bisher einen anderen ans Messer.

Die Droge füttert jedoch auch die mit al-Qaida verbündeten Taliban. Seit die Koranschüler, um die Bevölkerung auf ihre Seite zu ziehen und um den Heiligen Krieg zu finanzieren, im Süden die Felder der Drogenbauern schützen, spült die jährliche Ernte bis zu 300 Millionen Dollar in ihre Kriegskasse. Was kostet eine Panzerfaust? 500 Dollar. Wie teuer ist es, einen Selbstmordattentäter einsatzbereit zu machen und seine Familie zu entschädigen? Nicht mal 2000 Dollar.

Die Droge überbietet alles, was die Regierung und der Westen den Afghanen bisher an Aufstiegs- und Erwerbsmöglichkeiten offerieren. Warum sollte sich ein afghanischer Polizist mit einem Monatsgehalt von knapp 100 Dollar mutig vor einen Drogenkonvoi stellen und sich womöglich erschießen lassen, wenn der Mafiaboss in seinem abgedunkelten Fahrzeug immer einen 100-Dollar-Schein extra für ihn in der Tasche hat?

Braucht Afghanistan also einen neuen »Drogen-Dschihad«, wie ihn Präsident Karzai schon einmal ausgerufen hat? Muss die Nato die Heroinfabriken zerstören, die Opiummärkte auflösen, Opiumkonvois angreifen und die Mafiabosse vor Gericht zerren, also Krieg führen gegen die Droge, wie es der Chef des Uno-Büros für Drogen- und Verbrechensbekämpfung Antonio Maria Costa fordert? Haben die Bauern wirklich eine Chance auf dem internationalen Markt, wenn sie Rosen und Safran anbauen, um daraus Öl und teure Gewürze zu gewinnen, wie Hilfsorganisationen meinen? Oder soll der Opiumanbau legalisiert werden und die pharmazeutische Morphinproduktion eine entscheidende Säule der neuen afghanischen Wirtschaft werden, wie es die internationale Denkfabrik Senlis Council anregt?

Womöglich ist nichts davon alleine richtig, doch die bisherigen Anstrengungen, den Bauern Alternativen zu bieten und das Netzwerk der Mafia zu zerschlagen, sind deutlich zu gering. Denn dieser explosive Mix aus organisiertem Verbrechen, Korruption und Terror bedroht nicht nur das fragile Staatsgebilde in Afghanistan, sondern nährt auch die internationalen Terrornetze jenseits des Hindukusch.

Bei Gesprächen in seinem Büro im Präsidentenpalast nannte Hamid Karzai das »Taryak«, das Opium, immer wieder »das Krebsgeschwür« Afghanistans: »Entweder zerstört Afghanistan das Opium oder das Opium wird Afghanistan zerstören«, prophezeite er einmal. Im April 2004 kündigte er an, Drogenbosse künftig konsequent verhaften zu lassen, »egal in welcher Position sie sich befinden«. Geschehen ist dies bis heute nicht.

Gleichwohl verlässt den Präsidenten jedes Mal die staatsmännische Contenance, wenn er in diesem Zusammenhang auf ein weit verbreitetes Gerücht über seinen jüngeren Bruder Ahmed Wali Karzai angesprochen wird: Der einflussreiche Geschäftsmann und Chef des Provinzrats von Kandahar soll angeblich selbst groß im Drogengeschäft sein.

Ahmed Wali Karzai ist mit seinem lässigen Dreitagebart und einem westlichen Jackett über dem weiten Hemd ein sympathischer, moderner Paschtune Anfang vierzig. Der Politiker will die Entwicklung für die südliche Region vorantreiben, Arbeitsplätze durch Straßenbau schaffen und die Landwirtschaft durch den internationalen Vertrieb von Früchten ankurbeln. Was er sagt, klingt vernünftig und engagiert. Man mag kaum glauben, dass dieser Mann ein Schwerverbrecher sein soll, und er weist die Anschuldigungen gegen sich vehement zurück.

Der ältere Hamid liebt diesen Bruder besonders, Ahmed Wali unterstützte ihn auch finanziell und organisatorisch während seiner Wahlkampagne. Als die Nachrede im Jahr 2005 nicht nachließ, wandte sich der Präsident im Mai 2006 an den amerikanischen Botschafter in Kabul, Ronald Neumann. »Der Regierungschef hat uns gebeten, die Anschuldigungen zu untersuchen; wenn es wahr ist, würde es seine Glaubwürdigkeit beschädigen«, bestätigte Neumann bei einem Treffen auf der Terrasse seiner Residenz in Kabul.

Einige Monate später kam es zwischen Neumann, dem damaligen Sondergesandten der Vereinten Nationen, Tom Koenigs, und Hamid Karzai zu einem denkwürdigen Gespräch. »Zeigt mir Beweise, wenn ihr sie habt, und ich werde handeln«, erklärte Karzai. Neumann, der sein Amt kurz darauf routinemäßig an seinen Nachfolger, den ehemaligen US-Botschafter im Drogenstaat Kolumbien, William Wood, übergab, antwortete daraufhin: »Ich habe nichts vorzulegen.« Eine öffentliche Klarstellung hat es zu dem Fall dennoch nie gegeben.

Am Abend in Faizabad in der Bergprovinz Badakhshan liegt noch immer der junge Bauer Mohammed Hussein im Zentralkrankenhaus auf seinem schmutzigen Laken. Ein starker Schmerz hämmert in seinem Kopf. Irgendjemand kommt, reinigt die Wunde und legt ihm einen frischen Verband an.

Hussein glaubt nicht an eine bessere Zeit, an Wohlstand gar und an Gerechtigkeit. Ganze Generationen in Halkajar hätten schon auf die Worte immer neuer Besatzer, Warlords und Zentralregierungen gehofft. Diesmal habe es sogar ein bisschen geklappt, lächelt er schwach unter seinem neuen Verband hervor, wenn auch vielleicht nicht so, wie die neuen Herren in Kabul sich dies vorgestellt haben. Noch nie sei der Markt für sein Opium so gut gewesen wie heute.

Deshalb denkt Hussein an die frische Saat und daran, dass sie dringend Wasser braucht, und an Aziz, den Nachbarn.

Er denkt an Rache an Aziz.

21
Kleine Liebe für Farangi: Die Deutschen

Draußen im Vorort Darulaman, da steht sie noch, die deutsche Lok. Sie hat alle Kriege, Bombardements und Gewaltorgien überstanden, die Kabul heimsuchten in einem Dreivierteljahrhundert. Allerdings befindet sich dieses 1923 bei »Henschel & Sohn aus Cassel« gebaute Dampfross mit seinerzeit zwölf Bar Kesseldruck in einem jämmerlichen Zustand, es ist völlig verrostet. Gegenüber dem zerschossenen Parlamentsgebäude, gleich am Nationalmuseum, wurde das Lieblingsspielzeug des Reformerkönigs Amanullah jetzt auf einem Kieshaufen aufgebockt – Überbleibsel einer Zeit, in der die Deutschen und ihre Technik höchst angesehen waren in Asiens Herzland.

Der Potentat hatte die in Deutschland georderten Lokomotiven und Salonwagen per Schiff nach Bombay transportieren lassen. Über enge Passstraßen schleppten Elefanten die Eisenlast nach Kabul hinauf, und auf ein paar hundert Metern Schienenweg fuhr dann tatsächlich das Schmalspurbähnchen bisweilen nach Darulaman. Als aber der Monarch über seine allzu forsche Modernisierungspolitik stürzte, bereitete der Zorn der aufständischen Hinterwäldler auch Afghanistans Eisenbahn-Zeitalter ein jähes Ende. Auf dem Anger hinter dem Museum versteckt sich davon zwischen Dornenbüschen noch das Fahrgestell eines Reisewaggons »made in Germany«.

Unter den Farangi, den Fremden, waren den Afghanen die Deutschen lange Zeit ihre liebsten Besucher. In Kabuls erster Fabrik, damals der einzigen zwischen Konstantinopel und Bombay, produzierte Krupp seit 1907 Gebirgsgeschütze. Den Deutschen wurde zugutegehalten, in dieser Region keine eigenen machtpolitischen Ziele

Lieblingsspielzeug des Reformerkönigs Amanullah: Deutsche Lok in Darulaman

zu verfolgen, und ihnen half auch ein anti-britischer Affekt. Denn mit dem Empire und seiner Kronkolonie Indien lagen Kabuls Regenten in einer Dauerfehde. Erst mit dem dritten Anglo-Afghanischen Krieg konnten sie sich dem Kolonialzugriff entziehen.

»Aber wir waren schon viel früher zusammen«, pflegt der smarte Präsident Hamid Karzai Gäste aus Deutschland zu umschmeicheln, »unsere Freundschaft begann bereits mit dem Aufkreuzen der Niedermayer-Hentig-Mission in Kabul.« Ein durchaus pikanter historischer Anknüpfungspunkt, denn er hebt ab auf die zerstobenen Träume imperialer Strategen im einstigen deutschen Kaiserreich. Unmittelbar nach Kriegsbeginn, im August 1914, hatte der Führer der jungtürkischen Revolution, General Enver Pascha, Berlin den Vorschlag unterbreitet, den Emir von Afghanistan, Habibullah, zum Bruch des Protektoratsvertrags mit Britsch-Indien und zum Frontwechsel zu bewegen. Dazu solle ein gemeinsamer Erkundungstrupp nach Kabul geschickt werden. Die Diplomaten von Kaiser Wilhelm II. waren elektrisiert, obwohl sich im Generalstab und Auswärtigen

Amt nicht einmal eine Landkarte von Afghanistan auftreiben ließ. Nach mehreren gescheiterten Anläufen wurde schließlich 1915 eine Geheimexpedition in Marsch gesetzt zu einem verwegenen Unternehmen wie aus einem Schmöker von Karl May.

Zurückzulegen waren 11 000 Kilometer. Es ging als Wanderzirkus getarnt zunächst durch den Balkan. Dann zu Pferd vom Osmanischen Reich quer durch den Orient zu den Salzwüsten Persiens, das von Räuberbanden beherrscht wurde, im Norden von den Russen und im Süden von den Briten besetzt war. Siebenunddreißig Mann, neunundsiebzig Tiere und kein klarer Befehl. Denn um die Führungsrolle dieser abenteuerlichen Mission stritten sich unentwegt der neunundzwanzigjährige Leutnant Werner Otto von Hentig und Oberleutnant Oskar Niedermayer, damals dreißig Jahre alt. Alle Grenzübergänge und Wasserstellen wurden von britischen Kamelreitern aus Belutschistan überwacht. Doch die zeitweise aufgesplitterte Expedition schlug sich durch und erreichte am 26. September 1915 Kabul – Hentig im weißen Kürassierrock und mit dem Adlerhelm des deutschen Kaiserreichs.

Der Emir, durch eine Sonderbotschaft des britischen Vizekönigs von Indien über den anreitenden Besuch bereits informiert, war für die Deutschen zunächst nicht zu sprechen. Sie wurden streng abgeschottet in der Karawanserei von Baburs Garten einquartiert und erst Ende Oktober vorgelassen. Habibullah empfing die Emissäre aus dem Abendland in seinem Sommersitz Paghman, dem pittoresken Bergnest bei Kabul. Vor der Residenz sollten fünf angekettete Elefanten Eindruck machen. Die Begrüßung war ernüchternd. »Ich betrachte euch gewissermaßen als Kaufleute, die ihre Waren vor mir ausbreiten«, erklärte der Monarch der Delegation. »Von diesen werde ich auswählen, was mir passt und gefällt.«

Dennoch hatten die Deutschen mit ihrem Auftreten in Kabul beim Hofstaat bleibende Freunde gefunden, darunter einen Sohn des Emirs, den späteren Reformerkönig Amanullah. Für seine Modernisierungsschübe heuerte der Herrscher mit Vorliebe deutsche Techniker und Ingenieure, Handwerker, Architekten und Ärzte an, nach den Briten wurden die Deutschen in Kabul die stärkste Ausländerkolonie. Durch die 1924 geschaffene Amani-Oberrealschule, auf deren Oberstufe die naturwissenschaftlichen Fächer in deutscher Sprache unterrichtet wurden, gingen Generationen afghanischer Wissenschaftler, Verwaltungsbeamter und Politiker. Der spätere Statthalter Moskaus, Babrak Karmal, machte hier sein Abitur, arbeitete einige Zeit als Geschichtslehrer und verkündete gern, er verdanke der deutschen Kultur sein »prägendes Bildungserlebnis«.

Einen Schatten auf diese Schule warf indes Anfang der Dreißigerjahre die Blutrachefehde zwischen zwei Paschtunen-Clans, bei der die Mörder allesamt Amani-Schüler oder -Absolventen waren. Zur dramatischsten Tat kam es am 8. November 1933, als König Nadir Schah, der im Garten des Dilkusha-Palastes die besten Schüler des Landes auszeichnete, von einem sechzehnjährigen Amani-Gymnasiasten erschossen wurde.

Das Prestige der Deutschen litt nicht lange unter diesen Vorfällen. Berlin blieb auch mit dem jungen König Mohammed Zahir, der sein Land vierzig Jahre regieren sollte, ein wichtiger Partner Kabuls. Der Staat Hitlers wurde neben Italien und Japan als Entwicklungshelfer bevorzugt, seine Emissäre kümmerten sich um die Armee, bildeten Piloten und Geheimpolizisten aus. 1938 eröffnete die Lufthansa eine wöchentliche Flugverbindung nach Kabul, Wirtschaftsunternehmen wie Siemens kreuzten auf, als erstes Stück deutscher Literatur wurde Goethes *Egmont* in Dari übertragen. Die Deutschen wurden, so beschreibt es der Harvard-Historiker Louis Dupree, »allmählich die einflussreichste Ausländertruppe in Afghanistan vor dem Zweiten Weltkrieg«. Und die suchte nach Kriegsausbruch diese Position auszunutzen mit einer Neuauflage des diplomatischen Abenteuerstücks von 1915, Kabul zum Einfall seiner Bergstämme in Britisch-Indien zu bewegen. SS-Männer und Angehörige der Bauorganisation Todt, getarnt als Forscher oder Ingenieure, wurden am Hindukusch eingeschleust. In der kurzen Phase des deutsch-sowjetischen Zusammenspiels nach dem Hitler-Stalin-Pakt suchte Hitler die Sowjets in ihrem Drang nach West- und Südasien zu bestärken. Bei seinen Berliner Gesprächen mit Stalins Außenminister Wjatscheslaw Molotow Mitte November 1940 ging es um das Abstecken der geopolitischen Interessensphären, wurden der Sowjetunion territoriale Aspirationen »in Richtung des Indischen Ozeans« zugebilligt. Sieben Monate später beendete das Unternehmen »Barbarossa«, Hitlers Angriff auf Russland, solche gemeinsamen Gedankenspiele.

Das afghanische Königreich blieb auch in diesem Krieg strikt auf Neutralitätskurs – und sah sich 1941 mit der massiven Forderung von Briten wie Russen konfrontiert, die Angehörigen der deutschen Kolonie in Kabul auszuliefern. Das jedoch widersprach nun eklatant den hehren Prinzipien paschtunischer Gastfreundschaft. Zahir Schah berief eine Große Stammesversammlung ein, die dieses Ansinnen als »ehrenrührig« zurückwies und durchsetzte, dass den Deutschen zumindest freies Geleit in ihre Heimat zugesichert wurde.

In der Nachkriegszeit suchte Kabul früh den Kontakt zur Bonner Republik, die das Land zu einem Schwerpunkt bundesdeutscher Kapital- und Entwicklungshilfe machte. Die Deutschen bauten Kraft- und Wasserwerke, Straßen, Textilfabriken, Getreidesilos, Kliniken, Rundfunksender, Berufsschulen. Rund 2000 Afghanen erhielten zwischen 1960 und 1990 als Stipendiaten ihre Weiterbildung entweder im kapitalistischen oder sozialistischen Teil Deutschlands. Enge Partnerschaften entstanden zwischen der Universität Kabul und den Hochschulen Köln, Bonn und Bochum im Bereich der Natur- und Wirtschaftswissenschaften. In Köln war für den Aufbau dieser Kooperation der eigenwillige Soziologe René König zuständig, 1977 auch Gastprofessor in Kabul. Er beschrieb Afghanistan als das »komplizierteste Land des Mittleren Ostens« mit einem sehr fragilen Gleichgewicht; und er plädierte für eine Entwicklungshilfe, die nicht westliche Vorbilder empfehlen, sondern auf die historischen, kulturellen und politischen Besonderheiten dieses Landes Rücksicht nehmen sollte. Damit stand König damals ziemlich allein, aber dreißig Jahre der nachfolgenden Kriegswirren bestätigten seine Analyse.

Die Revolution löste den Aufstand der Moslemguerilla aus, Fremde waren nicht mehr gern gesehen außerhalb von Kabul. Vorbei die Zeiten mit atemberaubenden Bergausflügen, Besuchen in den schattigen Hainen von Paghman, dem Zelten beim einsamen

Minarett von Jam oder in der blauen Stille der sieben Seen von Band-e-Amir. Berichte von grauenvollen Massakern an russischen Beratern machten die Runde, die Botschaften warnten ihre Landsleute vor dem Verlassen der Stadt. Ein Schock für die schrumpfende Kolonie der Deutschen war im Sommer 1979 der Tod zweier bayerischer Lehrerehepaare und deren Kinder. Sie wurden nur fünfzehn Kilometer außerhalb von Kabul beim Picknick an der alten Straße nach Jalalabad von Freischärlern erschossen, die ihre Opfer für Russen hielten. In der Nähe des Dorfes, bei dem sich diese Tragödie ereignete, wurde später eine Holztafel mit einer Inschrift gefunden, auf der die Rebellen um Entschuldigung für die Verwechslung baten. Der kurzzeitige Revolutionskommandant Hafizullah Amin appellierte bewegt an die Restmitglieder der deutschen Lehrer-Crew zu bleiben und beteuerte: »Schon aufgrund der historischen Freundschaftsbande gibt es im Herzen eines jeden Afghanen einen besonderen Platz für Deutschland.«

Dann kam jedoch der Einmarsch der Russen, zwischen Kabul und Bonn brach nun eine Eiszeit an. Projekte und Hilfsprogramme wurden gestoppt, der Botschafter aus Protest abberufen. Gleichwohl gelang es engagierten Geschäftsträgern wie dem Botschaftsrat Johannes Bauch, im Strudel der politischen Auseinandersetzungen die Tätigkeit der kulturellen Prunkstücke bundesdeutscher Präsenz noch einige Jahre aufrechtzuerhalten. Im Goethe-Institut, in dem einst die kommunistischen Verschwörer gegen den Despoten Mohammed Daud konspirativ getagt hatten, gab es weiterhin viel besuchte deutsche Sprachkurse, veranstaltete Institutsleiter Hans-Peter Apelt unbeirrt Filmabende und Ausstellungen afghanischer Maler. Und in der Amani-Schule hielt das zehnköpfige Studienratsteam der Langes, Schaffroths, Burkhardts oder Keiners trotzig stand gegen die sich anbahnende Sowjetisierung. Der Ostberliner Vertretung gefielen diese attraktiven Westschaufenster nicht, der DDR-Botschafter intervenierte beim erklärten Deutschenfreund Babrak Karmal. Schließlich erschien der Revolutionsführer im Frühsommer 1984 in seiner alten Penne und verdammte in einer großen Ansprache, »dass sich die Bundesrepublik als eines der Kettenglieder im Weltimperialismus zunehmend zum Komplizen des US-Imperialismus machen lässt«. Bald danach wurden die letzten bundesdeutschen Bastionen in der revolutionären Zitadelle Kabul geschleift.

Es war die rot-grüne Bundesregierung, die eine Vorreiterrolle übernahm beim Wiederaufbau des durch Bürgerkrieg und Befreiung von der Taliban-Herrschaft geschundenen Landes. »Wir waren dazu prädestiniert, weil die Afghanen gegenüber Deutschland ein besonderes Vertrauen zeigten«, begründete der damalige Bundeskanzler Gerhard Schröder die Einladung zur Uno-Konferenz auf dem Petersberg bei Bonn, auf der Ende 2001 von der internationalen Gemeinschaft die Weichen für den politischen Neuanfang gestellt, eine Übergangsregierung unter Hamid Karzai gebildet und eine Anschubfinanzierung von 4,5 Milliarden Dollar vereinbart wurden. Die Deutschen beteiligten sich an der »Operation Enduring Freedom« und stellten bei der internationalen Afghanistan-Schutztruppe das drittgrößte Kontingent.

Am 11. Januar 2002 landete auf dem US-Militärstützpunkt Bagram eine niederländische C-130-Herkules-Maschine. An Bord befanden sich die ersten neunundzwanzig Isaf-Soldaten der Bundeswehr, außerdem ein paar Niederländer und Österreicher. Angeführt wurde das kleine Kontingent vom deutschen Fallschirmjäger-Brigadegeneral Carl-Hubertus von Butler, einem besonnenen Offizier aus dem Frankenland. Fünfunddreißig Kilometer ging die Fahrt von Bagram durch das verschneite Kabul, vorbei an Ruinen und unzähligen Wracks von russischen Panzern, sogenannten T 55. Sie stammten noch aus der Zeit der sowjetischen Besatzung, aber mindestens ebenso viele waren in den gerade erst beendeten Gefechten gegen die Taliban liegen geblieben.

Neugierig betrachteten die Afghanen die fremden Soldaten, manche blickten kritisch, die meisten Kabuli winkten jedoch freundlich. Ein kleiner Junge stand barfuß im Schnee und grinste. »Es war bizarr, eine völlig fremde Welt«, erinnert sich Butler.

Isaf sollte dem vorläufigen Kabinett des afghanischen Interims-Regierungschefs Karzai und den Vereinten Nationen die Arbeitsauf-

»Eine völlig fremde Welt«:
Bundeswehrsoldaten in Kabul

nahme in einem sicheren Umfeld in Kabul ermöglichen. Butler bezog ein Zimmer im ersten Stock eines vergleichsweise gut erhaltenen Bauhofs im Westen, in dem es weder Fenster noch Strom oder Wasser gab. Die Militärs nannten das Gehöft »Camp Warehouse«. Im Büro des Generals trennte lediglich eine Plane den Gefechtsstand vom Feldbett.

Fortan patrouillierten deutsche Isaf-Soldaten mit einer chaotischen Polizei durch Kabul. Die afghanischen Sicherheitskräfte waren mehrheitlich ungelernte und durch den Krieg verwahrloste Soldaten, die fast immer unter dem Einfluss eines grünen Kautabaks standen, der gleichzeitig Euphorie erzeugt und den Hunger dämpft.

Bis zum März 2002 wuchs die deutsche Truppe auf fast 1500 Soldaten an, während Unterstützer aus insgesamt neunzehn Nationen eintrafen und sich in die von Butler geführte multinationale Brigade einreihten. Jeden Tag fanden die Soldaten in der Hauptstadt riesige Waffen- und Munitionslager, und Offiziere des militärischen Geheimdienstes warteten mit finsteren Gerüchten auf, dass mit Sprengstoff beladene Lkws aus dem Westen Pakistans unterwegs seien, um die Deutschen und ihre Verbündeten aus dem Land zu bomben. Doch zunächst verlief alles erstaunlich ruhig.

Wie ein Mantra wiederholte Außenminister Joschka Fischer in diesen Tagen, dass beim Kampf gegen den internationalen Terrorismus der Wiederaufbau des zerstörten Landes ebenso wichtig sei wie die Zerschlagung der al-Qaida-Strukturen, um eine Rückkehr der Extremisten zu verhindern und die dauerhafte Verantwortung des Westens zu verdeutlichen. Allen war klar, dass dieses Engagement langwierig und teuer werden würde.

An Enthusiasmus jedenfalls fehlte es nicht. Stolz meldete Berlins neuer Botschafter Rainer Eberle am 14. Januar 2002 in seiner »Pressemitteilung Nr. 1«, dass nach fünf Jahren Schulverbot unter den Taliban in einem mit deutscher humanitärer Hilfe organisierten Programm 10 500 Mädchen ab sofort in Kabul wieder zur Schule gehen können. Dies in geheizten Klassenzimmern – und mit neuen Heften und Stiften. Auch Hilfsprojekte für kriegstraumatisierte und vergewaltigte Frauen wurden von der Botschaft angeschoben, deutsche Techniker zur Reparatur der maroden Wasserleitungen und fünfzig Polizeiausbilder zur Schulung der neuen Polizeikräfte eingeflogen. Damit wurde eine alte Tradition fortgesetzt, denn bereits in den Sechzigerjahren hatten Deutsche afghanische Polizisten und sogar Geheimdienstleute ausgebildet.

Als erste Isaf-Nation wagten sich die Deutschen im November 2003 über die Grenzen von Kabul hinaus und übernahmen von den Amerikanern ein Wiederaufbauteam im Städtchen Kundus in der gleichnamigen nördlichen Provinz. Über zwei Dutzend militärische Inseln sollten fortan in dem weithin unregierten Land entstehen, und von dort aus sollte die Hilfe koordiniert werden. Knapp drei Jahre später sind die Deutschen für neun Provinzen und eine Fläche von insgesamt 160 000 Quadratkilometern verantwortlich, von Badakhshan bis nach Faryab. Ihr Kommandobereich grenzt an fünf Länder: China, Pakistan, Tadschikistan, Usbekistan und Turkmenistan.

Das Hauptquartier richtete die Bundeswehr zehn Kilometer östlich von Masar-i-Scharif ein. Die quirlige Handelsstadt ist berühmt für ihre prachtvolle blaue Moschee, in der angeblich der Schwiegersohn des Propheten Mohammed, Ali ibn Abi Talib, begraben liegt.

Die gewaltige Militäranlage der Deutschen ist benannt nach dem Marmal-Gebirge, das am Horizont bläulich aus der Wüste aufragt. Mit seinen hohen Mauern wirkt Camp Marmal wie eine uneinnehmbare Festung und ist mit gut 50 Millionen Euro das bisher größte Projekt der Bundeswehr im Ausland – ein Bau wie für die Ewigkeit.

Zwei der fünf Wiederaufbauteams im Norden betreibt die Bundeswehr auch selbst, ein großes Camp in Kundus, das fast die gleichen Ausmaße hat wie Marmal, und eines im entlegenen Faizabad, in Badakhshan. Diese Provinz, mit ihren wilden Canyons und Gebirgslandschaften, zählt zu den wohl schönsten, aber ärmsten Regionen der Welt. Gleichzeitig ist sie auch eines der ertragreichsten Drogenanbaugebiete.

In Schach gehalten wird der deutsche Einflussraum noch immer von einer Handvoll Kriegsfürsten, die, einst als Nordallianz vereint, mit den Amerikanern den Krieg gegen die Taliban gewannen und dort nun wieder in wechselnden Allianzen um die Macht konkurrieren: Der für seine Kriegslust bekannte Usbeken-General Abdul Rashid Dostum dominiert noch immer Teile des Westens, im Nordosten hat der einflussreiche Islamist Burhanuddin Rabbani das Sagen, der vormalige Präsident hat seine Ambitionen auf das höchste Amt in Kabul nie wirklich aufgegeben. In Masar-i-Scharif regiert wiederum der langjährige Rivale Dostums, Mohammed Atta, der es inzwischen zum legitimen Gouverneur brachte. Zumindest übt die Anwesenheit der inzwischen fast 4500 deutschen Soldaten und ihrer Alliierten auf die Warlords einen mäßigenden Einfluss aus.

Nur, was ist das schon im Vergleich zum Engagement der Isaf-Kameraden aus Kanada, England, Amerika und Holland, die inzwischen täglich im Nahkampf mit dem Feind stehen und regelmäßig Tote zu beklagen haben?, heißt es hinter vorgehaltener Hand von den Verbündeten im Isaf-Hauptquartier an der Great Massud Road im Zentrum von Kabul. Die Bundeswehr sei ohnehin nur immer dort, wo es einigermaßen stabil und sicher ist, beklagen sie die ungerechte Aufgabenteilung, und die Regierung in Berlin zeige auch keinerlei Neigung, die Risiken dieses Einsatzes in absehbarer Zeit fair zu teilen. »Einige Europäer wehren sich offenbar gegen die Idee, dass eine Armee zum Kämpfen da ist«, zürnte der US-Botschafter Ronald Neumann im November 2006 bei einem Gespräch auf der Terrasse seiner Residenz im Zentrum von Kabul, nur wenige hundert Meter vom Isaf-Hauptquartier entfernt.

Tatsächlich war der deutsche Oberst Peer Luthmer lange stolz darauf, dass bei ihm alles so ruhig lief im Norden. Luthmer kommt aus Oldenburg, er ist groß und schlaksig, ein wortkarger Mann mit harten Gesichtszügen. Der Fallschirmjäger war schon in Somalia und hat seine Erfahrungen mit den Mordbrennern und Räubern im Kosovo gemacht. Bis Juli 2007 führte er sieben Monate lang das deutsche Wiederaufbauteam in Kundus. Es war seine zweite Tour in Afghanistan.

Jeden Tag fuhren Luthmers Männer aus dem Camp und patrouillierten zwischen dem flach gelegenen Städtchen Pol-i-Khumri in der Provinz Baghlan bis ins hügelige Rostaq in der Provinz Takhar. Sie sprachen mit den Maliks, den Dorfältesten, tranken grünen Tee und aßen süße Mandeln. Sie ließen Brücken reparieren und Brunnen bohren und füllten gemeinsam mit den Mitarbeitern des Auswärtigen Amtes die Formulare für das nationale Wiederaufbauprogramm aus, damit die Afghanen selbst in den entlegensten Siedlungen in absehbarer Zukunft Straßen, Elektrizität und Wasser haben würden.

Die sogenannten Locals mochten die Deutschen. Durch die gute Verbindung zur Bevölkerung hatte Luthmer immer rechtzeitig erfahren, wenn Verdächtige in die Region kamen, um womöglich Anschläge zu verüben.

Schon seit einem Jahr gab es regelmäßig Drohungen: Angeblich versuchten die paschtunischen Taliban gezielt, bei ihren ethnischen Brüdern in Kundus Attentate gegen die Fremden zu bestellen. Doch kein Schuss war in Richtung deutscher Patrouillen gefallen, seit Luthmer im Dezember 2006 das Kommando übernommen hatte. Es lief sogar so gut, dass der schweigsame Oberst, der eine heimliche Leidenschaft für die Gartenkunst pflegt, einmal Zeit fand, gemeinsam mit seinem Gärtner, dem gemütlichen Münchener Reservehauptmann Herbert Schäfer, auf dem örtlichen Blumenmarkt Rosen- und Platanensetzlinge zu kaufen. Wenn die Deutschen aus Afghanistan weggehen würden, nach fünf oder zehn oder fünfzehn Jahren, so dachten sie, würde die Bundeswehr das Camp als blühende Oase mit schattenspendenden Bäumen übergeben.

Dann kam der 19. Mai 2007. Wie schon oft waren Luthmers Männer an diesem Morgen an den Pferdekutschen mit den roten Schmuckbommeln und den Gemüsehändlern vorbei auf den belebten Kundus-Basar gefahren. In der Teestraße, der Rasta-e-Chai-e-Foroshi, wollten sie Kühlschränke kaufen. Wenige Minuten nach zehn Uhr trat dort ein Mann auf sie zu und zündete einen Sprengsatz, den er verborgen am Leib trug. Der Selbstmordattentäter tötete sich, vier Afghanen und drei deutsche Soldaten. Diese waren keine Kämpfer, sie gehörten zur sogenannten Wehrverwaltung und waren verantwortlich für die Lagerversorgung.

Das Befürchtete, das Unfassbare war eingetreten. Luthmer flaggte Halbmast. Das war an einem Samstag. Am Tag darauf, dem Sonntag, schickte er seine Leute sofort wieder hinaus in die Stadt, sie sollten Präsenz zeigen, wenn sie auch nicht mehr winkten und lächelten, sondern nun in ihren gepanzerten Fahrzeugen saßen. Luthmer wusste genau, dass er nun mit dem Feind in einen Wettkampf eingetreten war: Die Taliban wollen um jeden Preis jenen Fortschritt verhindern, den er und seine Männer vorantreiben. Umgekehrt wurde den uniformierten Helfern in Afghanistan und den Politikern in Deutschland an diesem 19. Mai 2007 klar: Selbst an einem scheinbar friedlichen und deutsch-freundlichen Ort wie Kundus ist der Wiederaufbau in Afghanistan ohne Blutzoll nicht zu haben.

Es sollte nicht der letzte tödliche Anschlag gegen Deutsche im Norden gewesen sein. In der Provinz Kundus, wo die Taliban früher einmal viele Anhänger hatten, infiltrieren die Extremisten die Region inzwischen systematisch. Ihr Anführer ist ein Mann namens Mullah Salam. Der Paschtune ist Anfang vierzig und für einen Afghanen ungewöhnlich beleibt. Er stammt aus dem ländlichen

Distrikt Imam Sahib und gehört zum harten Kern der Taliban-Bewegung. In Kundus bezahlt Mullah Salam Bombenbauer und rekrutiert Gleichgesinnte, die Selbstmordattentäter in ihren Häusern beherbergen, bevor sie ihre tödlichen Missionen ausführen. Der Regionalkommandeur soll nach Angaben des afghanischen Geheimdienstes gleich mehrere deutsche Soldaten auf dem Gewissen haben, darunter die Fallschirmjäger Patrick Behlke, Roman Schmidt und Michael »Mischa« Meier.

Seit Anfang 2008 jagen afghanische und deutsche Sicherheitskräfte Mullah Salam, bisher ohne Erfolg. Um einer Verhaftung zu entgehen, schläft der Milizführer jede Nacht in einem anderen Haus und hält sich am Tage nirgends länger als ein paar Stunden auf. Im Herbst 2008 ließ er sich von den Autoren dieses Buches am Telefon befragen: »Die Deutschen sind die entscheidenden Aggressoren im Norden und geben sich als bezahlte Marionetten der Amerikaner her. Jeder, der im Interesse der Amerikaner unser Land besetzt, muss getötet werden«, rechtfertigte er seine blutigen Taten.

Für die Angehörigen der Opfer in Deutschland bleibt dies alles unfassbar. Schon im Herbst 2003 hatten sich einmal auf einem christlichen Friedhof im Kabuler Stadtteil Shar-i-Naw zwischen Geranien- und Rosenbeeten eine kleine Gruppe Trauernder zu einer Gedenkfeier versammelt. Es waren Angehörige von in Afghanistan gefallenen Deutschen, die den Sterbeort ihrer Lieben aufsuchen und verstehen wollten: Ein Selbstmordattentäter hatte am 7. Juni 2003 einen Anschlag auf einen Transportbus der Bundeswehr verübt und vier Männer getötet. Die Soldaten befanden sich auf dem Weg zum Kabuler Flughafen, nach vier Monaten Dienst für den Frieden in Afghanistan waren sie auf der Heimreise nach Deutschland.

Auf dem Friedhof hielt ein Afghane im eleganten Anzug eine bewegende Rede. »Niemals wird das afghanische Volk die Namen der großen Männer vergessen, die sich mit ihrer heldenhaften Tat geopfert haben, damit die Sicherheit in Afghanistan erhalten bleibt«, bemühte sich Amin Farhang den Schmerz und die Ratlosigkeit der Anwesenden zu lindern. Der Mann war grauhaarig und groß, er sprach in fehlerlosem, fast akzentfreiem Deutsch.

Bis Ende 2001 hatte der promovierte Volkswirt Farhang über zwanzig Jahre lang im deutschen Exil in Bochum gelebt. Dann wurde er Minister für Handel und Industrie in Afghanistan und einer der engsten Vertrauten von Präsident Karzai. Der inzwischen achtundsechzigjährige Spross einer alten Politikerfamilie ist einer von rund 2000 afghanischen Stipendiaten, die zwischen 1960 und 1990 in Deutschland ihre Weiterbildung erhalten hatten. 1980 floh Farhang in die Bundesrepublik, nachdem er in Kabul knapp dem Tod entronnen war. Die Kommunisten hatten ihn wie Tausende andere Intellektuelle 1978 in das gefürchtete Gefängnis Pol-i-Charkhi gesperrt und gefoltert. Am Ende töteten sie ihn jedoch nicht, sondern ließen ihn laufen. Der Sohn eines bekannten Parlamentariers ging nach Deutschland, denn das Land und die Sprache waren ihm seit seinem Studienaufenthalt in den Sechzigerjahren vertraut. Dort hatte er Freunde.

Der intensive Kulturaustausch mit den Deutschen wirkt bis heute nachhaltig und tief. Unter siebenundzwanzig Ministern in Präsident Karzais Kabinett befanden sich zwischenzeitlich sechs Rückkehrer aus Deutschland. Der heutige Außenminister Dadfar Rangin Spanta ist der älteste Sohn eines Großgrundbesitzers und bedeutenden Stammesfürsten aus der Provinz Herat. Als Student der Universität Kabul hatte er gegen das patriarchalische System des Vaters aufbegehrt und für eine gerechtere Welt gestritten.

Auch Spanta floh Ende der Siebzigerjahre vor den sowjetischen Invasoren, erst in die Türkei und dann weiter nach Deutschland. Dort arbeitete der promovierte Politikwissenschaftler, der sich selbst einen »deutschen Verfassungspatrioten« nennt, als Dozent an der Universität in Aachen und engagierte sich politisch bei den Grünen. Sein Thema waren vor allem die Menschenrechte, die in seiner Heimat bis heute mit Füßen getreten werden. Schließlich kehrte er zurück, weil er »eine verrückte Sehnsucht« nach seinem Land und dessen Menschen verspürte. Er leitete auch die ersten schwierigen Gespräche mit der neuen US-Regierung von Präsident Barack Obama in Washington.

Ausgerechnet die Teilung Deutschlands sorgte während der

wechselhaften Geschichte am Hindukusch für eine einmalige Kontinuität in der Entwicklungshilfe. Denn als die Kommunisten 1979 das Land übernahmen, gingen jährlich nicht mehr Hunderte Studenten und Polizeianwärter nach Westdeutschland, sondern in die Deutsche Demokratische Republik.

Die Ostdeutschen förderten dabei bevorzugt unterprivilegierte Gruppen, also Minderheiten und Frauen. Deshalb konnte sich Ehsan Jawid Nehmatullah vom oft in der Geschichte Afghanistans benachteiligten Stamm der Hazara in Leipzig zum »Ingenieurökonom des Transportwesens« ausbilden lassen. Für den bis heute eher scheuen Akademiker war die Zeit zwischen Disko, Debatten und Freibad in der DDR ein Schlüsselerlebnis. »Die Jahre in Deutschland haben mich zu einem toleranten, reflektierten Menschen gemacht«, sagt Nehmatullah. Für kurze Zeit war der heute Neunundvierzigjährige sogar ganz oben angekommen und saß als Minister für Transport mit am Kabinettstisch von Präsident Karzai.

Aus seinem »blinden Vertrauen« gegenüber den Deutschen hat der afghanische Staatschef nie einen Hehl gemacht. Karzai traut nicht nur seinen in Germany ausgebildeten Experten besonders viel zu, vor allem glaubt der Präsident, dass deutsche Technik sein Land wieder entscheidend nach vorne bringen kann. Einen Wunsch hegt er besonders stark, wie er in einem Gespräch in seinem Büro im Palast in Kabul offenbart. Die deutsche Lufthansa, die schon in den Dreißigerjahren in Kabul landete, solle endlich wieder die afghanische Hauptstadt ansteuern: »Von allen Fluggesellschaften der Welt ist mir die Lufthansa am liebsten.«

22
Sterben für Kabul?

Das böse Wort stammt von einem sozialdemokratischen Altkanzler der Deutschen: »Afghanistan ist unregierbar«, pflegt der Weltenbeschauer Helmut Schmidt gern salopp zu sagen. Das mag eine Spur zu apodiktisch klingen, doch im Kern beschreibt Schmidts Urteil die Machtverhältnisse am Hindukusch historisch durchaus zutreffend. Herrscher in Afghanistan werden in der Regel gestürzt, und oft werden sie dabei auch gleich umgebracht. So ist es Sitte in Asiens dunklem Herzland, dessen Geschichte eine breite Blutspur gewaltsamer Umbrüche durchzieht. Allein im Bürgerkriegschaos der vergangenen dreißig Jahre verloren am Hindukusch mehr als eineinhalb Millionen Afghanen ihr Leben, wurden vier der Präsidenten erschossen oder abgeschlachtet. Nie gab es einen Regenten, nicht einmal im sogenannten goldenen Zeitalter unter Zahir Schah, der von sich behaupten konnte, das gesamte Land wirklich zu kontrollieren. Herrscher in Kabul mussten stets die Autonomie der Stammesgesellschaften mit ihrem Patronage- und Klientelsystem und regionalen Machthabern respektieren, manche Provinzen waren nahezu ständig in Aufruhr. Hamid Karzai, der vom Westen gestützte und durch eine Volkswahl demokratisch halbwegs legitimierte Präsident, wäre ohne fremden Beistand wohl nicht einmal der Vorsteher von Kabulistan.

Denn gut sieben Jahre nach der Befreiung Kabuls von den Taliban und der Vertreibung des Terrorpatens Osama Bin Laden ist Afghanistan trotz des von der Uno beschlossenen Einsatzes der internationalen Schutztruppe Isaf von Frieden und Stabilität noch Lichtjahre entfernt. Das Land steht weiter dicht am Abgrund, der

Wiederaufbau stockt. Internationale Hilfsorganisationen ziehen ihre Mitarbeiter ab, weil die Sicherheitslage sich rapide verschlechtert, Fahrten außerhalb von Kabul meist nur noch mit bewaffneter Eskorte erlaubt sind. Selbst in unmittelbarer Umgebung der Hauptstadt nisten sich die Aufständischen ein, nehmen die Angriffe aus den Provinzen Wardak und Logar erschreckend zu, sind selbst die großen Ausfallstraßen teilweise unter Kontrolle der Taliban. »Nur schnelles und entschiedenes Handeln kann verhindern, dass die militärische Situation noch schlechter wird«, lautet Anfang Januar 2009 der Alarmruf des Washingtoner Center for Strategic and International Studies.

Anarchische Zustände herrschen in einigen Südostprovinzen mit den Stammesgebieten der Paschtunen, in denen Guerillatrupps von Neo-Taliban, Dschihadis der al-Qaida und Streitern des islamistischen Warlords Gulbuddin Hekmatjar die Regierungsinstitutionen ebenso erbittert bekämpfen wie die zu deren Schutz angetretenen Nato-Verbände. Nicht in offener Feldschlacht, dazu ist die militante Opposition zu schwach, aber in einem asymmetrischen Krieg, der für die transatlantische Militärallianz kaum zu gewinnen ist: mit Hinterhalten, Sprengfallen, Raketenbeschuss, Autobomben und zunehmend auch mit Geiselnahmen und Selbstmordattentätern. Deren Rekrutierung unter jungen Muslimen ist offenbar einfach.

»Es ist wie das Ausbrechen einer Seuche«, kommentiert im Sommer des Jahres 2007 der damalige Uno-Sonderbeauftragte Tom Koenigs das sprunghafte Ansteigen dieser Selbstmordattacken, die Afghanistan während des Widerstands gegen die sowjetischen Okkupanten nicht kannte. Sie haben sich seit 2004 verzehnfacht, und manchmal gab es gleich drei an einem Tag, selbst in Kabul, aber immer häufiger auf dem entlegenen Land. Dies wäre eine Terrorwaffe mit strategischer Wirkung, sollte die bereits starke Verunsicherung der internationalen Helfer und Soldaten schließlich zu einer Drosselung des ausländischen Engagements führen.

Auch deutsche Soldaten und Entwicklungshelfer, von den Afghanen bis jetzt traditionell freundlich behandelt, sind seit dem

Einsatz der Aufklärungstornados zunehmend ins Visier der Aufständischen geraten. Im Norden hat die Bundeswehr nach den Anschlägen von Kundus die Wiederaufbauarbeit deutlich reduziert, es gibt nur noch wenige Fußpatrouillen fürs bürgernahe Auftreten. Immer öfter muss in den Nato-Militärcamps Trauerbeflaggung angeordnet werden, weil Soldaten der Isaf starben. Besorgt heißt es in einem vertraulichen Bericht des Berliner Auswärtigen Amts: »Insgesamt ist nicht nur eine quantitative Zunahme der Anschläge in Afghanistan festzustellen, auch qualitativ ist gegenüber dem Vorjahr eine verfeinerte, subtilere Vorgehensweise der militanten Opposition zu beobachten.«

Wie wahr. So gelingt es etwa trotz aller Sicherheitsvorkehrungen im Januar 2009 einem Selbstmordattentäter, sich unmittelbar vor der Deutschen Botschaft in Kabul mit einem Geländewagen in die Luft zu sprengen. Sechs Menschen sterben, dreißig werden verletzt. Ein Report der Uno kommt im Februar zu der harschen Einsicht: »Der bewaffnete Konflikt ist zunehmend gezeichnet von Selbstmordanschlägen, improvisierten Sprengsätzen, Entführungen und Luftangriffen, die alle dazu beitragen, die Zahl der Toten in der Zivilbevölkerung zu erhöhen.«

Dem Eisernen Kanzler der Deutschen, Fürst Bismarck, war schon der nahe Balkan zuwider und »nicht die Knochen eines pommerschen Grenadiers« wert gewesen. Für Rot-Grün wie die Große Koalition in Berlin aber gilt zur Berechtigung des Bundeswehreinsatzes bislang die Devise des seinerzeitigen SPD-Verteidigungsministers Peter Struck, der 2002 mit Blick auf den weltweiten Kampf gegen den Terror und die in Afghanistan aufgestöberten Ausbildungscamps von al-Qaida den Satz prägte, dass »Deutschlands Sicherheit auch am Hindukusch verteidigt wird«. Dieses Postulat ist unterdessen in Strucks eigener Partei umstritten, und das keineswegs nur bei ihrem linken Flügel. Der steht zudem unter Druck von Oskar Lafontaines neuer Linken, die den Abzug aller deutschen Soldaten vom Hindukusch verlangt und dabei laut Umfragen die Mehrheit der Deutschen hinter sich weiß. Dazu gehören überdies Fürsprecher aus dem konservativen Lager, die etwa wie Alexander Gauland, Peter

Gauweiler oder Peter Scholl-Latour bezweifeln, dass im Zeitalter der Globalisierung jeder Fleck der Erde verteidigt werden muss, und besser Staaten aufgegeben werden sollten, »die man nicht retten kann, weil sich ihre Gesellschaften nicht retten lassen wollen«.

Gehört Afghanistan zu diesen Staaten, die sich selbst überlassen bleiben sollten? Lohnt es sich, für Kabul zu sterben, könnte die Frage lauten in Anklang an jenes fatale Schlagwort »mourir pour Danzig?« aus dem Jahr 1939, als die Westeuropäer Polen gegen Hitler-Deutschland alleine ließen. Sollen doch die Islamisten, so argumentieren die Befürworter eines raschen Truppenabzugs, ruhig in Kabul wieder die Macht übernehmen und am Hindukusch ein paar Terroristen beherbergen. Vergesst Afghanistan. Langfristig werde die viel größere Bedrohung für die westliche Welt ohnehin von zwei muslimischen Nachbarstaaten ausgehen: der im Innern von Extremisten aufgewühlten Nuklearmacht Pakistan und dem nach der Atombombe greifenden Iran. Und das sind nur zwei von neun Ländern mit ethnischen, religiösen und territorialen Problemen, die zwischen dem Kaukasus und Hindukusch, Kasachstan und dem Persischen Golf liegen, und die Washingtons Großstratege Zbigniew Brzezinski als zentrale Zone globaler Instabilität markiert hat – den »eurasischen Balkan«.

Schwer zu bestreiten ist, dass die Mehrzahl der inzwischen einunddreißig Millionen Afghanen einem sehr konservativen Islam anhängt und vom Import westlicher liberaler Werte wenig hält. »Kann man sich etwas Alberneres vorstellen als den Versuch, jedermann die Demokratie zu bringen«, folgerte der amerikanische Schriftsteller Gore Vidal aus den Verstrickungen seines Landes in Vietnam wie dem Irak. Das Gleiche lässt sich für Afghanistan sagen. Viel zu lange, viel zu blauäugig glaubte der Westen, man könne als Heilsbotschaft demokratische Reformmodelle einer Stammesgesellschaft aufpfropfen, die nach wie vor autoritär-patriarchalisch strukturiert und einem archaischen Beziehungsgeflecht verhaftet ist. Unterschätzt wurden zudem die durch den Bürgerkrieg verschärften Gegensätze der verschiedenen Volksgruppen, regionale Antagonismen und der Einfluss externer Akteure, die Macht der Drogenbarone sowie der

Warlords und ihrer Milizen. Hinzu kam ein Wirrwarr an unterschiedlichen Mandaten, Zielen und Kompetenzen der internationalen Friedensstifter aus vierzig Nationen.

Aufgabe der von der Nato geführten Isaf-Schutztruppe sollte die Unterstützung der neuen afghanischen Sicherheitsorgane sein, um das Gewaltmonopol der Regierung überall im Lande durchzusetzen. Dabei verstanden sich die Europäer auch als Entwicklungshelfer, bauten Straßen, Schulen und Brunnen. Die Soldaten des George W. Bush hingegen sollten nicht als Sozialarbeiter oder Polizisten beim *nation-building* mitwirken. Sie jagten dafür islamistische Extremisten und Aufständische mit einem robusten Kampfauftrag. Vor allem die Artillerie- und Lufteinsätze im Rahmen der US-geführten »Operation Enduring Freedom« nahmen auf Opfer unter der Zivilbevölkerung bisweilen wenig Rücksicht, löschten mit Bombardements als *collateral damage* ganze Hochzeitsgesellschaften aus. Dieses Vorgehen der Nato, von Präsident Hamid Karzai mehrmals verbittert als »rücksichtslos« beklagt, führte zur Entfremdung, ja offenen Gegnerschaft der davon am meisten betroffenen Paschtunen, und es verschaffte den islamistischen Untergrundkämpfern weiteren Zulauf.

Selbst der Botschafter des Vereinigten Königreichs, traditionell Washington eigentlich eng verbunden, monierte in einem an die Presse durchgesickerten Report, die amerikanische Strategie sei zum Scheitern verurteilt, »und die ausländischen Streitkräfte sind Teil des Problems, nicht einer Lösung«. Da war der Diplomat weitgehend einig mit dem ehemaligen Oberbefehlshaber der Briten in Afghanistan, General Mark Carleton-Smith. Der scheidende General orakelt düster: »Wir werden diesen Krieg nicht gewinnen«, ein militärischer Sieg über die Taliban sei »nicht möglich«. Auch die Kanadier, die relativ die höchste Zahl an Opfern hinnehmen mussten, klangen zunehmend defätistischer. Der konservative Premier Stephen Harper forderte im März 2009 eine klare Ausstiegsstrategie, ansonsten werde sein Land keine weiteren Truppen mehr schicken: »Offen gesagt glaube ich, dass wir die Aufstände niemals niederschlagen werden.«

Fast acht Jahre sollten eigentlich Zeit genug sein, um die Institutionen und Strukturen eines funktionierenden Staatswesens aufzubauen. Insbesondere Polizei und Armee, um selbständig für Sicherheit und Ordnung sorgen zu können. Doch der Regierung Karzai fehlte es an Durchsetzungsvermögen. Sie arrangierte sich mit den regionalen Machthabern und Warlords und kontrolliert heute nicht einmal die Hälfte des Landes, in den paschtunischen Stammesgebieten des Ostens und Südens kaum eine Provinz. »Die Taliban sind hier überall«, sagt die deutsche Krankenschwester Karla Schefter, eine gebürtige Ostpreußin, die Anfang der Neunzigerjahre trotz vieler Widrigkeiten fünfundsechzig Kilometer südwestlich von Kabul das Hospital Chak-e-Wardak aufbaute: »Sie tragen offen ihre Waffen und rasen mit ihren Pick-ups durch die Straßen.«

Afghanistan bleibt ein fragiler Staat ohne Staatsgewalt, ein sogenannter *failed state*, angewiesen auf ausländische Beatmung und fortdauernde Alimentierung. Über 61000 fremde Soldaten stehen im Land, die Vereinten Nationen sind mit sechsundzwanzig Organisationen präsent, außerdem Hunderte privater und staatlicher Hilfsorganisationen. Obwohl diese fremde Hilfe mit Milliardensummen reichlich floss, vermochten es Kabuls Regenten bislang nicht, das Gros der Bevölkerung mit staatlichen Dienst- und Transferleistungen sowie Programmen zur Arbeitsbeschaffung und Armutsbekämpfung für sich zu gewinnen. Milliarden an Finanzspritzen, so klagen ausländische Geldgeber, wurden nicht sinnvoll angelegt oder verschwanden in schwarzen Löchern. Kein Wunder, schließlich rangiert Afghanistan in einer Korruptions-Skala der Organisation Transparency International auf Platz 172 von 180 untersuchten Ländern. Es sei Präsident Karzai »nicht gelungen, sich in der Bevölkerung Glaubwürdigkeit zu verschaffen«, resümiert die Afghanistanexpertin Citha D. Maaß von der Berliner Stiftung Wissenschaft und Politik in einer Studie über die »prekäre Gesamtlage«, und weil Karzai »offenkundig von der internationalen Gemeinschaft abhängig ist, wird auch sie in die Akzeptanzkrise hineingezogen, da sie die Regierung Karzai nicht nachdrücklich genug kontrolliert«.

Nach wie vor ist im sechstärmsten Land der Welt der fehlende soziale Ausgleich zwischen Städten und Provinzen eines der Hauptprobleme. Selbst im halbwegs prosperierenden Kabul fühlt die

Mehrzahl der Einwohner sich ausgeschlossen vom wirtschaftlichen Fortschritt, wächst der Groll über das Protzen einer kleinen Clique von Neureichen und Nachkriegsprofiteuren. Zu den entschlossenen Selbstbedienern gehört auch die politisch bunte, von Kriminellen und Warlords durchsetzte Schicht der neu gekürten Parlamentarier des Unter- und Oberhauses. Die Abgeordneten forderten in einer der ersten Sitzungen für sich und alle ihre Familienmitglieder, darunter Clans bis zu siebzig Personen, die Ausstellung von Diplomatenpässen. Dazu die Verdoppelung ihrer Bezüge, schusssichere Geländewagen und statt einem vier Leibwächter. Die Parlamentarier setzten zudem eine schwammige Amnestie durch, die als Freibrief gelten konnte für Kriegsverbrecher, mit deren Untaten sich die Regierung Karzai im öffentlichen Diskurs lieber nicht beschäftigt, weil sie auf die Kooperation dieser Kräfte angewiesen scheint. Zwielichtige Gestalten schafften es so, sich wieder in Schlüsselpositionen festzusetzen.

Versagt haben aber auch die internationalen Aufbauhelfer und Berater. Nicht nur, weil sie in ihrem westlichen Sendungsbewusstsein die religiös-kulturellen Eigenheiten des Landes verkannten. Sie hielten die Versprechungen an die Afghanen und Verpflichtungen nicht ein, die sie sich selber stellten. So waren zunächst fünf »Sicherheitssäulen« als Stützen einer neuen politischen Ordnung benannt und die Betreuung der jeweiligen Bereiche verschiedenen Ländern zugesprochen worden: Die Amerikaner sollten sich um den Neuaufbau der afghanischen Armee kümmern, die Deutschen um die Ausbildung der Polizei, die Briten wollten das Drogenproblem eindämmen, die Japaner die Milizen demobilisieren und die Italiener einer funktionierenden Justiz auf die Beine helfen. Sie alle scheiterten oder konnten bestenfalls Teilerfolge vorweisen, wobei die Bilanz im Justizwesen besonders schlecht ausfiel. Denn dort greifen unterschiedliche Rechtsvorstellungen ineinander, werden am Hindukusch mit den Stammesrechten und der islamischen Scharia Konflikte anders gelöst als in einem westlichen Rechtssystem.

Es kam zu erheblichen Dissonanzen zwischen Amerikanern und Europäern, zu wechselseitigen Vorwürfen und Schuldzuweisungen.

Bei vielen Europäern verstärkte sich der Eindruck, das Washington des George W. Bush wolle wegen des Irakdebakels unbedingt schnelle Demokratisierungserfolge in Afghanistan vorweisen, zu welchen Bedingungen auch immer und mit einem schwachen Präsidenten, zeige aber wenig Interesse an einer nachhaltigen Stabilisierung des neuen politischen Systems. Als Unilateristen wollten die USA stets bestimmen, nähmen keinerlei Rücksicht auf Bedenken ihrer Partner. Die Amerikaner wiederum warfen ihren Bündnispartnern vor, generell zu schwerfällig zu agieren und bei der Bekämpfung der Aufständischen schlicht zu kneifen.

Eine ätzende Kontroverse gab es hinter den Kulissen um Wesen und Wert der deutschen Polizeimission. Seit den Zeiten der Weimarer Republik und insbesondere während der Regentschaft von Zahir Schah und des Despoten Mohammed Daud waren deutsche Polizeiausbilder höchst gefragt am Hindukusch. Sie waren auch nach dem Sturz des Taliban-Regimes auf diesem Sektor wieder federführend und schulten mit vierzig entsandten Beamten seitdem etwa 16000 Führungskräfte. Aus Sicht der Amerikaner war dies indes das falsche Konzept zum falschen Zeitpunkt und, so formulierte diese Kritik der Washingtoner Strategieexperte Anthony H. Cordesman drastisch, »im Ergebnis ein Desaster«. Deutschland habe Jahre damit vertan, einen konventionellen Polizeiapparat aufzubauen, während das unruhige Land eine schnell einsetzbare paramilitärische Truppe und Grenzpolizei brauche. Die Deutschen erwiderten indigniert, ihre Aufgabe sei es nicht, den Amerikanern für den Anti-Terrorkampf afghanisches »Kanonenfutter« zu liefern.

Gewiss nicht, doch einige Kritikpunkte sind wohl auch berechtigt. »Deutschland hat sich einen Schuh angezogen, der ihm deutlich zwei Nummern zu groß gewesen ist und mit dem man sich am Ende Blasen gelaufen hat«, räumt einer der nach Kabul geschickten Polizeiausbilder ein und nennt die Mission »zu mickrig, zu bürokratisch und schlecht koordiniert«. Das Kompetenzgerangel der an diesem Projekt beteiligten drei Berliner Ministerien setze sich zwischen deren Vertretern im Einsatzgebiet fort, es fehle an ausreichenden Fachkenntnissen auf der politisch-strategischen Entscheidungsebene in

Deutschland und an einem professionellen Management. Notwendig sei zudem die Anpassung der haushaltsrechtlichen Rahmenbedingungen an diesen besonderen Job und eine angemessene Vergütung. »Es gab immer mehr freie Stellen als Bewerber«, sagt der desillusionierte Polizeioffizier. Mit 92 Euro pro Tag gehört das gefährliche Afghanistan nicht zu den bestbezahlten Polizeimissionen weltweit. Die 400 im Kosovo eingesetzten deutschen Polizeibeamten erhalten dagegen nahezu das Doppelte. Auch kostet ihr Heimflug mit Germanwings 19,90 Euro, während Ledige von Kabul für den Transport mit der Bundeswehr 840 Euro zahlen müssen.

Zum Ende der Berliner EU-Ratspräsidentschaft wurde das deutsche Projekt überhastet in das neue Mandat einer Europäischen Polizeimission (Eupol) mit insgesamt 160 Beamten eingebettet. An den maladen Grundbedingungen änderte sich damit jedoch wenig. Das Mitwirken der Brüsseler Bürokratie sowie eines als zusätzliche Instanz geschaffenen Koordinierungsgremiums komplizierte die Dinge noch mehr, aus diesem Kuddelmuddel konnte wenig Gedeihliches entstehen. »Wir müssen da ansetzen, wo das Feuer brennt«, verkündeten deutsche Polizeigeneräle zwar tapfer, doch die Flammen lodern nicht in der Hauptstadt, sondern in den Südprovinzen. Dort sind die europäischen Polzeiausbilder bislang kaum vertreten.

Nachdem zwei deutsche Polizeigeneräle nacheinander als Missionsleiter in Kabul scheiterten, sorgten die europäischen Partner dafür, dass Deutschland die Führung der Polizeiarbeit entzogen wurde, bis dahin das Prunkstück deutscher Entwicklungspolitik am Hindukusch. Das war nun wirklich eine peinliche Pleite für Berlin.

Aber dann sind da ja auch noch die Amerikaner, die in Schnellkursen neben Soldaten nun zusätzlich Bereitschaftspolizisten drillen und in den gesamten afghanischen Sicherheitsapparat über elf Milliarden Dollar stecken. Bedenken der Europäer über den Hauruck-Stil dieses Vorgehens werden von den Amerikanern weggebürstet. Sie treten ohnehin in Kabul so auf, als sei Afghanistan längst ihre Kolonie.

Gleichwohl kommt der Aufbau der neuen afghanischen Nationalarmee (ANA) nur schleppend voran. Nach Ansicht westlicher Mi-

»Das afghanische Volk nicht im Stich lassen«:
Frauen an einem College

litärexperten werden Kabuls Regierende nur dann in der Lage sein, den Konflikt mit den Aufständischen »in der Fläche zu beherrschen«, wenn sie über eine kampfbereite Truppe von 134000 Mann verfügen können und dazu über Einheiten der Grenz- und Bereitschaftspolizei von fast vergleichbarer Stärke. Das aber werde mit noch so viel Geld und den besten Ausbildern realistischerweise nicht vor 2012 zu erreichen sein. Derzeit kann die kämpfende Truppe, so ein vertraulicher Uno-Bericht, bestenfalls 25000 Mann mobilisieren. Sie ist jedoch nicht in der Lage, eigenständige Operationen gegen die bewaffnete Opposition ohne Nato-Anleitung durchzuführen. Die frisch ausgebildeten Soldaten erhalten einen Monatssold von 100 Dollar, während die Taliban ihren Kämpfern gut das Doppelte zahlen und außerdem Prämien für jeden getöteten Ausländer. Ein schwerwiegendes psychologisches Manko ist überdies, dass die Rekruten der Regierungsstreitkräfte überwiegend aus den völkischen Minderheiten der Tadschiken und Usbeken stammen, die einst die Nordallianz stellten. Und die ist bei den Paschtunen als feindliche Truppe verhasst.

Die Schwäche der Regierungsstreitkräfte macht demnach die fortdauernde Präsenz der internationalen Schutztruppe noch auf Jahre hinaus erforderlich, will man nicht davonlaufen und das Land den Dämonen von gestern überlassen. Denn dann drohte ein Rückfall in Anarchie, Chaos und Bürgerkrieg wie zu Beginn der Neunzigerjahre, als nach dem Abzug der Sowjets sich auch der Westen von Afghanistan abwandte. Erst diese »Vernachlässigung«, so warnt der ehemalige pakistanische Außenminister Khurshid Kasuri gern westliche Gesprächspartner, »trug zum Aufstieg der Taliban bei und sorgte auch mit dafür, dass al-Qaida ihre Wurzeln in dem Land hat«. Hinter dieser Mahnung steckt offenbar die Sorge, eine erneute Machtübernahme der Islamisten in Kabul könne eine verhängnisvolle Kettenreaktion in der Region auslösen. Die Anhänger von al-Qaida dürften dann nämlich siegestrunken fragen, wenn man schon Karzai stürzen konnte, warum nicht auch die mit den ungeliebten Amerikanern paktierende Regierung in Islamabad? Die paschtunischen Grenzprovinzen im Land der Reinen sind bereits gewaltige Brutstätten des Extremismus.

Die Schlacht um die Herzen und Hirne der Afghanen entscheidet sich nicht in der Kunstblase Kabul. Sie wird draußen im Lande geschlagen, in den Bergen und Dörfern der rückständigen Provinzen. Dort ist die Basis der Taliban, weil der versprochene Aufschwung ausgeblieben und die Regierung hier kaum vertreten ist. »Der Einsatz in Afghanistan läuft grundsätzlich schief«, kritisiert der einstige Fallschirmjäger und Bundeswehr-Oberstarzt Reinhard Erös, der mit seiner »Kinderhilfe Afghanistan« im Osten des Landes Mädchenschulen, Gesundheitsstationen und Waisenhäuser aufgebaut hat. Wer in Afghanistan Sicherheit herstellen will, so glaubt der knorrige Bayer, der müsse sich um den zivilen Aufbau des Landes kümmern und die Taliban nicht mit Bomben und Tornados bekämpfen, sondern mit Ärzten und Lehrern.

Ein kluger Rat. Die Frage ist nur, ob er sich angesichts der verschärften Sicherheitslage überhaupt noch befolgen lässt. Die Hoffnung der internationalen Gemeinschaft, eine baldige Afghanisierung des Konflikts herbeiführen und sich selber in die Zentralen zurückziehen zu können, scheiterte bislang am Mangel afghanischer Sicherheitskräfte. Deshalb werden für einen forcierten Aufbau von Polizei und Armee sowie für die Betreuung der neu eingesetzten Regierungsverbände derzeit nicht weniger, sondern weit mehr ausländische Berater benötigt. Egon Bahr, gewiss kein Scharfmacher, glaubt unterdessen, dass die ausländischen Truppen »auf nicht weniger als 200 000 Mann aufgestockt werden müssen«. Aber auch dann, so der SPD-Vordenker und Architekt der sozialliberalen Ostpolitik Willy Brandts, »gibt es keine Garantie für einen Erfolg«. Sollte sich die Bundeswehr, etwa unter dem Druck Obamas, verstärkt engagieren müssen, dürfte schwerlich zu vermeiden sein, dass deutsche Soldaten ihre afghanischen Partner in einer Erweiterung des Isaf-Mandats auch zu Kampfeinsätzen im Süden und Osten des Landes begleiten. Was einmal später aus dieser neuen afghanischen Armee wird, steht freilich in den Sternen. Die Russen hatten am Ende ihrer Besatzungszeit über 100 000 Soldaten ausgebildet und ausgerüstet. Zwei Monate nach ihrem Abzug teilten sich die Bataillone auf, schlugen sich zu ihren jeweiligen Volksgruppen durch und hieben dann erbarmungslos aufeinander ein.

Deutschland ist beim Wiederaufbau am Hindukusch der viertgrößte Finanzier und stellt bei der Schutztruppe Isaf das drittgrößte Kontingent an Soldaten. Allein der Bundeswehreinsatz verschlang bislang 2,6 Milliarden Euro, für den zivilen Aufbau wurden seit 2002 rund 550 Millionen aufgebracht und bis 2010 weitere 420 Millionen Euro versprochen. Berliner Großkoalitionäre verkündeten immer wieder markig, man werde energisch Kurs halten. Nach der Bundestagswahl Ende 2009 mögen sich da andere innenpolitische Fronten auftun. Bundeskanzlerin Angela Merkel stattete Kabul einen Kurzbesuch ab und versprach feierlich, »das afghanische Volk nicht im Stich zu lassen«. Der Bundestag verlängerte mit eindeutiger Mehrheit die Afghanistan-Mandate. Das ist schön und edel. Allerdings fehlt eine durchdachte, mit den Amerikanern abgestimmte neue Strategie, welche die Bekämpfung der bewaffneten Opposition durch die Nato-Verbände auf ein Minimum an »Kollateralschäden« unter der Zivilbevölkerung reduziert und dies zugleich mit einer massiven Unterstützung des zivilen Aufbaus auch in den Krisenprovinzen verbindet. Nach Ansicht des US-Strategieexperten Cordesman ist die Konfrontation in Afghanistan für die westliche Allianz nur zu gewinnen, wenn die Vereinigten Staaten und ihre Partner »mehr Mittel, mehr Soldaten, mehr Geduld investieren in einem wenigstens fünf bis zehn Jahre anhaltenden Engagement«. Tom Koenigs befürchtet, dass dem Westen so viel Zeit nicht einmal bleibt: »Wenn wir das nicht bald hinkriegen, dann haben wir verloren.«

Dagegen steht das Wort von Generalleutnant Boris Gromow. Am zwanzigsten Jahrestag des Abzugs der Sowjetsoldaten sagt ihr letzter Kommandeur 2009 in Moskau mit Blick auf die Amerikaner: »Politische Probleme lassen sich am Hindukusch militärisch einfach nicht lösen.«

Die Regierung Bush versprach Afghanistan einen Marshall-Plan. Davon war bislang wenig zu sehen, den Amerikanern ging es vorwiegend um das Militärische. Dabei könnte wohl nur ein gigantisches Wiederaufbau-Programm, bei dem der Bau von Kraftwerken, Straßen, Staudämmen und Schulzentren von militärischem Begleitschutz abgesichert wird, für einen Stimmungsumschwung im Lande sorgen und die Bewohner der Provinzen überzeugen, dass das von den Fremden installierte Regime in Kabul auch ihnen nutzt.

Immerhin begann das Jahr 2009 mit einem Hoffnungsschimmer: Nach dem Amtswechsel in Washington kündigte sich auch für Afghanistan ein Kurswechsel der amerikanischen Politik an. Präsident Obama will die Aufständischen und Terroristen am Hindukusch »zerschlagen und besiegen« und möglichst Osama Bin Laden fassen. Insgesamt werden bald 60 000 US-Soldaten in Afghanistan stationiert sein. Das ist das Eine. Aber Obama tritt zugleich auch für einen Dialog mit versöhnungswilligen Taliban ein. Afghanistan, so das neue Konzept seiner Berater, sei keine isolierte Kampfzone, sondern ein regionales Problem, das am ehesten mit Iran, Pakistan, Indien und auch mit Russland und China gelöst werden könnte. Dass dabei der robuste, aber erfolgreiche Bosnien-Friedensvermittler und

Spitzendiplomat Richard Holbrooke als Obamas Sondergesandter zum Zuge kommt, spricht für die Ernsthaftigkeit und Entschlossenheit dieses Unternehmens. Ob er dabei in Kabul den richtigen Ton treffen wird, ist jedoch ungewiss: Karzai und der US-Diplomat prallten bereits bei ihrer ersten Begegnung unfreundlich aufeinander.

Zwar ruft der wohl vom pakistanischen Quetta aus operierende Mullah Omar, der »Befehlshaber der Gläubigen«, seine radikalislamischen Taliban nach wie vor zum Widerstand auf: »Wir setzen den Dschihad gegen die USA und alle Invasoren fort.« Aber gleichzeitig sperrt er sich nicht gegen Kontakte zu den derzeitigen Regenten in Kabul. Präsident Karzai dürfte der politische Schwenk im Weißen Haus nur allzu recht sein. »Teurer Bruder, komme zurück in deine Heimat, komme und arbeite für den Frieden und höre auf, deine Brüder zu töten«, appellierte er im Herbst 2008 an den Chef der Taliban, und zu Ende des heiligen Fastenmonats Ramadan gab es in Mekka eine aufsehenerregende Begegnung afghanischer Pilger: Der saudische König Abdullah hatte Vertreter Kabuls wie auch der Aufständischen zum gemeinsamen Festmahl Id al-Fitr geladen. Aus Kabul waren Regierungsbeamte, einer der Karzai-Brüder, Islamgelehrte und die beiden als moderat geltenden ehemaligen Taliban-Diplomaten Ahmed Muttawakil und Salam Saif angereist. Die andere Seite vertraten elf Taliban, die Zugang zum höchsten Entscheidungsgremium, der Quetta-Schura, besitzen sollen. Auch ein Schwiegersohn des gefürchteten Paschtunenführers Gulbuddin Hekmatjar zählte zu den Gästen.

Die Parteien saßen in verschiedenen Räumen, ein Vertrauensmann pendelte hin und her. Mit einem konkreten Ergebnis war nicht zu rechnen, weil die Positionen viel zu verhärtet sind. Doch möglicherweise war das Treffen der Anfang eines Aussöhnungsprozesses, der zweierlei bewirken könnte: eine Beteiligung der paschtunischen Taliban an der Regierung oder die Trennung der ideologisch weniger festgelegten Aufständischen und Mitläufer von den Hardlinern. Er werde alles in seiner Macht Stehende tun, um die Sicherheit von Mullah Omar zu garantieren, wollte der über einen Frieden verhandeln, verstärkte Karzai danach noch sein Werben. Im

Februar 2009 kam es zu einer zweiten Runde vertraulicher Verhandlungen, wiederum vermittelt von den Saudis und mit Billigung der Amerikaner. Zur Debatte stand eine Regierungsbeteiligung hochrangiger Taliban in einer neuen Kabuler Administration. An Mullah Omar wie Hekmatjar erging die Offerte, zunächst ins Exil nach Saudi-Arabien zu gehen, um nach ein paar Jahren straffrei nach Afghanistan zurückzukehren. Der neue Uno-Sonderbeauftragte Kai Eide jedenfalls plädierte für eine Fortsetzung des Dialogs mit den Taliban: »Wer relevante Ergebnisse haben will, muss mit relevanten Leuten sprechen.« Ein schwieriger Anfang. Nicht mehr, aber auch nicht weniger.

Die internationale Gemeinschaft sollte Abschied nehmen von einem vielfach zur Schau gestellten Überlegenheitsgehabe, von dem Anspruch, beim Neuaufbau dieses in dreißig Jahren Kriegswirren zerschundenen Landes westliche Wertevorstellungen implantieren zu wollen. »Wir werden dort keine Westminster-Demokratie erwarten dürfen«, lässt sich der deutsche Außenminister Frank-Walter Steinmeier nunmehr schon vernehmen. Zu den notwendigen neuen Einsichten müsste dann auch gehören, dass Kabuls Regenten nicht daran gehindert werden, Arrangements mit Gruppen von Aufständischen zu treffen, die bereit wären, sich einer Regierung der Nationalen Einheit anzuschließen. Ganz offenkundig ist hier etwas in Bewegung geraten. Zu den Konstanten der afghanischen Politik zählen von jeher ständig wechselnde Allianzen. Als zu Beginn der Neunzigerjahre in den Genfer Uno-Gesprächen die Chance auf Aussöhnung in einer innerafghanischen Großen Koalition zwischen Kommunisten und Mudschahidin bestand, torpedierten vor allem die Amerikaner diesen Anlauf. Sie machten sich damit mitschuldig, dass Afghanistan danach in Blut und Asche versackte.

Sollte die westliche Supermacht im Blick auf Iran sowie die Öl- und Gasvorkommen Mittelasiens am Hindukusch langfristig nicht ganz andere Ziele verfolgen, als den Afghanen Frieden und Stabilität zu verschaffen, dann dürfte sie diesen fatalen Fehler nicht wiederholen. Stattdessen sollten die Amerikaner mithelfen, eine internationale Friedenskonferenz für den Hindukusch zu organisieren, an der auch die Erzfeinde Pakistan und Indien beteiligt sein müssten als Mitverantwortliche für die Spannungen in der Region. Obama scheint bereit zu sein, diesen Weg zu gehen. Damit ist indes noch lange nicht gesagt, grundsätzlich werde sich etwas an dem Umstand ändern, den der französische Islamismus-Experte Olivier Roy zu Recht beklagt: Dass Afghanistan Washington immer nur negativ interessiert hat, früher im Kampf gegen die Sowjets und dann gegen Bin Laden. »Ohne Kühnheit bleibt wenig Hoffnung«, glauben die Landeskundigen Barnett R. Rubin und Ahmed Rashid und sehen, vielleicht naiv optimistisch, einem politischen Bogenschlag entgegen »vom großen Spiel zur grandiosen Übereinkunft«. Den Afghanen muss letztlich gestattet werden, ihr Schicksal selbst zu bestimmen. Dies in einem Regierungssystem, das ihre eigenen kulturellen Traditionen widerspiegelt.

ANHANG

Glossar

Afghani
: Afghanische Währungseinheit

al-Qaida
: Die Basis, globales Terrornetz unter Führung von Osama Bin Laden

ANA
: Afghan National Army, Afghanische Nationalarmee

ANP
: Awami National Party

Amir ul-Muminin
: Befehlshaber der Gläubigen, islamischer Titel

Ariana
: Angebliches Urland der Arier am nördlichen Fluss Oxus (heute Amu-Darja); heute Name der nationalen Fluglinie

Babur
: Timuride und Gründer der indo-islamischen Moguldynastie, begraben in Kabul

Bala Hissar
: Fort im Westen Kabuls

Burka
: Überwurfgewand mit Augengitter für Frauen, in Afghanistan Tschadari genannt

Buzkashi
: Rohes Reiterspiel um den Kadaver einer Ziege

Chalk
: Volk, Fraktion der kommunistischen Partei unter Nur Mohammed Taraki

Chapan
: Weit geschnittener Mantel

Chars
: Cannabisharz, »Schwarzer Afghane«

Chicken Street
: Einkaufsstraße in Kabul, einst Treffpunkt der Hippies

Dari
: Afghanischer Dialekt des Persischen

Dschihad
: Heiliger Krieg zur Verteidigung und Verbreitung des Islam

Durand-Linie
: In britischer Kolonialzeit 1893 festgelegte Ostgrenze Afghanistans

Farangi
: Fremde, auch Ungläubige

FATA
: Halbautonomes Stammesgebiet im Norwesten Pakistans (Federally Administered Tribal Areas)

Fatwa
: Von islamischen Rechtsgelehrten getroffene Entscheidung

Hadith
: Sammlung von überlieferten Äußerungen und Taten des Propheten Mohammed

Haj
: Pilgerreise der Moslems nach Mekka

Hazara
: Nachfahren mongolischer Truppen, Dari sprechende Schiiten

Hazarajat
: Siedlungsgebiet der Hazara im zentralen Hochland westlich von Kabul

Hindukusch

Hochgebirgsgürtel im Nordosten Afghanistans

Hisb-i-Islami

Partei des Islam, vom Warlord Gulbuddin Hekmatjar geführte radikalste Widerstandsgruppe gegen die Sowjets und heute verbündet mit islamistischen Terroristen

Ittihad-i-Islami

Islamische Union, fundamentalistische Partei des Theologen Abdurrab Rassul Sayyaf

Isaf

Nato-geführte internationale Schutztruppe der Uno (International Security Assistance Force)

ISI

Interservices Intelligence, pakistanischer Militärgeheimdienst

Jabha-i-Nejat-i-Melli

Nationale Rettungsfront, Widerstandsgruppe um den Royalisten Sibghatullah Mujadeddi

Jamiat-i-Islami

Islamische Partei, besser »Gemeinschaft«, Widerstandsgruppe von Burhanuddin Rabbani und Ahmed Schah Massud

Jamiat-Ulema-i-Islami

»Gemeinschaft islamischer Ulemas«,fundamentalistische Partei in Pakistan

Kafir

Nicht-Muslim, Ungläubiger, Mehrzahl: Kofar

Kalifat

Islamische Staatsform unter den Nachfolgern des Propheten

Karakul

Schafrasse, welche die Persianerfelle (Karakulfelle) liefert

Khad

Geheimpolizei unter den afghanischen Kommunisten

Khan

Stammesoberhaupt, ehrende Anrede für Großgrundbesitzer

Kola-i-Pusta

Karakulfellmütze

Kuchi
: Nomaden, Herdenbesitzer

Lashkar
: Stammesmiliz

Loya Jirga
: Traditionelle Große Stammesversammlung

Madrassa
: Koranschule

Malik
: Gewähltes Dorfoberhaupt

Mahram
: Männlicher Familienangehöriger, der eine Frau nach islamischem Gesetz auf Reisen oder außerhalb des Hauses begleiten soll

Maulana
: Religiöser Titel

Mudschahidin
: Heilige Krieger für den Islam

Mullah
: Vorbeter in der Moschee, einfacher Geistlicher und Koranausleger

Nan
: Fladenbrot

Nato
: North Atlatic Treaty Organization

Neo-Taliban
: Neue Generation der Taliban, die sich nach dem Sturz des Regimes von Mullah Omar mit dem internationalen Terrorismus verbündet hat

Nordallianz
: Im Oktober 1996 gegründetes Bündnis nicht-paschtunischer Parteien gegen die Taliban

OEF
: Operation Enduring Freedom, US-geführte internationale Kampftruppen gegen Terrorismus

Paghman
: Ausflugsort bei Kabul

Partscham
: Banner, Fraktion der kommunistischen Partei unter Babrak Karmal

Paschtu
: Neben Dari offizielle Sprache Afghanistans

Paschtunwali
: Stammeskodex der Paschtunen

Perahan wa Tonban
: Anzug, bestehend aus Hemd und Pluderhose

Pir
: Ehrentitel für Oberhaupt eines Sufi-Ordens

Ramadan
: Islamischer Fastenmonat

Registan
: Wüstenregion im Süden Afghanistans

Sahib
: Herr

Salang
: Von den Sowjets 1964 gebaute höchste Passstraße im Norden Afghanistans; entscheidende Verbindungsstraße nach Kabul

Scharia
: Islamische kanonische Rechtsordnung, beruhend auf dem Koran und der Hadith des Propheten

Scher
: Löwe, Personenname

Schura
: Islamischer Rat

Sepoy
: Indischer Soldat in britischer Kolonialarmee

Sufismus
: Islamische Mystik

Taliban
: Koranschüler, heute: religiöse Terroristen

Tora Bora
: »Schwarzer Staub«, letzte Bastion Osama Bin Ladens im ostafghanischen Grenzgebiet

Tsarondoi
: Bereitschaftspolizisten des Innenministeriums

Tschadari
: Burka

Ulema
: Islamische Schriftgelehrte (Singular: Alim)

Ummah
: Weltweite Gemeinschaft der Islamgläubigen

Wahhabiten
: Anhänger einer puritanischen Bewegung des Islam, herrschende religiöse Doktrin in Saudi-Arabien; gegründet im 19. Jahrhundert nach den Lehren eines Saudi-Arabers mit Namen Abul Wahhab

Wakhan
: Hochplateau-Zipfel des Pamir-Gebirges in Ostafghanistan

Warlord
: Kriegsherr

Watan
: Vaterlandspartei der Kommunisten in der Endphase des Nadschibullah-Regimes

Waziristan
: Pakistanische Grenzregion, Basis von Taliban und al-Qaida

Zakat
: Islamische Abgabe für die Armen in Höhe von 2,5 Prozent des persönlichen Privatvermögens

Literatur

Abbas, Hassan: Pakistan's Drift into Extremism. Allah, the Army, and America's War on Terror. New Delhi 2005

Abdur Rahman Khan: The Life of Abdur Rahman, Amir of Afghanistan. London 1900

Adam, Werner: Afghanistan und die Folgen. Wien 2002

Afghanistan. Moderne Erzähler der Welt. Tübingen/Basel 1977

Afghanistan and Nepal. Imperial Gazetteer of India. Lahore 1979

Ahmad, Ishtiaq: Gulbuddin Hekmatyar. An Afghan Trail from Jihad to Terrorism. Islamabad 2004

Ali, Mohammed: A New Guide to Afghanistan. Kabul 1958

Anderson, Jon Lee: The Man in the Palace. Hamid Karzai and the dilemma of being Afghanistan's President. In: The New Yorker, 6. Juni 2005

–: American Viceroy. Zalmay Khalilzad's mission. In: The New Yorker 2005

Azoy, G. Whitney: Buzkashi. Game and Power in Afghanistan. USA 2003

Baumann, Michael (Bommi): Hi Ho. Wer nicht weggeht, kommt nicht wieder. Hamburg 1987

Bodansky, Yossef: Bin Laden: The Man Who Declared War on America. London 1999

Braun, Dieter, und Karlernst Ziem: Afghanistan: Sowjetische Machtpolitik – Islamische Selbstbestimmung. Baden-Baden 1988

Brisard, Jean-Charles: Das neue Gesicht der Al-Qaida. Berlin 2005

Brzezinski, Zbigniew: The Grand Chessboard. American Primacy and Its Geostrategic Imperatives. New York 1997

Caroe, Oliver: The Pathans. London 1953
Chayes, Sarah: The Punishment of Virtue. Inside Afghanistan after the Taliban. London 2006
Cohen, Stephen Philip: The Idea of Pakistan. Lahore 2005
Coll, Steve: Ghost Wars. The Secret History of the CIA, Afghanistan, and bin Laden, from the Soviet Invasion to September 10, 2001. New York 2004
Cordesman, Anthony H.: Winning in Afghanistan: The Need for a New Strategy. Testimony to the House Armed Services Committee. Washington 2007
Dupree, Louis: Afghanistan. Princeton 1980
Dupree, Nancy Hatch: An Historical Guide to Afghanistan. Kabul 1971
Edwards, S. M.: Babur. Diarist and Despot. Delhi 1977
Erös, Reinhard: Tee mit dem Teufel. Hamburg 2002
–: Wie man einen Krieg verliert. In: Süddeutsche Zeitung, 2. März 2007
–: Unter Taliban, Warlords und Drogenbaronen. Hamburg 2008
Ewans, Martin: Afghanistan. A New History. Richmond 2001
Federally Administrated Tribal Areas (FATA) of Pakistan. Hrsg. vom Area Study Center/University of Peschawar. Peschawar 2004
Friese, Matthias, und Stefan Geilen (Hrsg.): Deutsche in Afghanistan. Die Abenteuer des Oskar von Niedermayer am Hindukusch. Köln 2002
Gaddis, John Lewis: Der Kalte Krieg. Eine Neue Geschichte. München 2007
Gomm-Ernsting, Claudia, und Annett Günther (Hrsg.): Unterwegs in die Zukunft. Afghanistan – Drei Jahre nach dem Aufbruch vom Petersberg. Berlin 2005
Gul, Hamid: Interview in: Asia Times online, 13. November 2001
Haqqani, Husain: Pakistan. Between Mosque and Military. 2005 Lahore
Harrison, Selig S.: In Afghanistan's Shadow: Baluch Nationalism and Soviet Temptations. New York 1981

Hentig, Werner Otto von: Mein Leben eine Dienstreise. Göttingen 1963

–: Von Kabul nach Shanghai. Bericht über die Afghanistan-Mission 1915/16. Konstanz 2003

Hoffmann, Bruce: Al Qaida ist gefährlicher als vor 9/11. In: Spiegel online vom 10. Oktober 2006

Holl, Norbert Heinrich: Mission Afghanistan. Erfahrungen eines Diplomaten. München 2002

Hottinger, Arnold: Islamische Welt. Der Nahe Osten. Erfahrungen, Begegnungen, Analysen. Zürich 2004

Hosseini, Khaled: Drachenläufer. Berlin 2004

Human Rights Watch: Musharraf Proposes Sham Election Plan. www.hrw.org, 1. Mai 2007

International's latest report on Balochistan. Hrsg. von Amnesty International am 10. Februar 2006

Jan, Abid Ullah: Afghanistan: The Genesis of the Finale Crusade. Lahore 2006

Johnson, Chalmers: Blowback. The Costs and Consequences of American Empire. New York 2000

Johnson, Chris, und Jolyon Leslie: Afghanistan. The Mirage of Peace. London 2004

Karzai, Hamid: Pakistan muss mehr tun. In: Der Spiegel, 48/2003

Kepel, Gilles: Jihad. The Trail of Political Islam. Cambridge 2002

–: Die neuen Kreuzzüge. Die arabische Welt und die Zukunft des Westens. München 2004

Khan Baluch, Muhammad Sardar: History of Baluch Race and Baluchistan. Quetta 1977

Khosrokhavar, Farhad: Afghanistan im freien Zerfall. In: Le Monde diplomatique. Oktober 2004

Kiessling, Hein: Pakistan im Frühjahr 2005. Reflexionen einer politischen Erkundungsreise. Berlin, 20. Juli 2005

–: Der pakistanische Geheimdienst ISI. Vortragsmanuskript.

Kipling, Rudyard: Kim. London 1976 (erstmals 1901)

Kissinger, Henry: Die Herausforderung Amerikas. Weltpolitik im 21. Jahrhundert. München/Berlin 2001

König, René: Leben im Widerspruch – Versuch einer intellektuellen Autobiographie. Opladen 1999
Kraus, Willy (Hrsg.): Afghanistan. Natur, Geschichte und Kultur, Staat, Gesellschaft und Wirtschaft. Tübingen und Basel 1972
Kreile, Renate: Die Taliban und die Frauenfrage. Eine historisch-strukturelle Perspektive. In: Politik und Zeitgeschichte 3 und 4/2001
Leitfaden für Bundeswehrkontingente Afghanistan: Hrsg. vom Zentrum für Nachrichtenwesen der Bundeswehr in Gelsdorf. August 2006
Lüders, Michael: Nach dem Sturz der Taliban. In: Internationale Politikanalyse der Friedrich-Ebert-Stiftung. Bonn 2003
Maaß, Citha D.: Afghanistan: Staatsaufbau ohne Staat. Stiftung Wissenschaft und Politik. Berlin Februar 2007
Matheson, Sarah: The Tigers of Baluchistan. London 1967
Matinuddin, Kamal: The Taliban Phenomenon. Afghanistan 1994–1997. Karachi 1999
Marx/Engels: On Colonialism. Moscow 1978
Michaud, Roland, und Sabrina Michaud: Erinnerungen an Afghanistan. Köln 1981
Michener, James A.: Karawanen der Nacht. München/Zürich 1966
Miller, Charles: Khyber. British India's North Weste Frontier. London 1977
Moreau, Ron, und Sami Yousafzai: In the Footsteps of Zarqawi. In: Newsweek Magazine, 3. Juli 2006
Mossé, Claude: Alexander der Große. Leben und Legende. Düsseldorf/Zürich 2004
Musharraf, Pervez: In the Line of Fire. A Memoir. New York 2006
Nadschibullah, Mohammed: Nur Extremisten setzen diesen Kampf fort. In: Der Spiegel, 10/1987
Nasiri, Omar: Mein Leben bei al-Qaida. Die Geschichte eines Spions. München 2006
Nayar, Kuldip: Report on Afghanistan. New Delhi 1981
Neudeck, Rupert: Jenseits von Kabul. Unterwegs in Afghanistan. München 2003

Newman, Karl J.: Pakistan unter Ayub Khan, Bhutto und Zia ul-Haq. München/Köln 1986
Pohly, Michael, und Khalid Duran: Osama Bin Laden und der internationale Terrorismus. München 2001
Pollack, Kenneth M.: The Threatening Storm. The Case for Invading Iraq. New York 2002
–: The Persian Puzzle. The Conflict Between Iran and America. New York 2004
Primor, Avi: Terror als Vorwand. Düsseldorf 2004
Rabbani, Burhanuddin: Die Bevölkerung will mich. In: Der Spiegel 10/2007
Rasanayagam, Angelo: Afghanistan. A Modern History. New York 2003
Rashid, Ahmed: Taliban. Afghanistans Gotteskrieger und der Dschihad. München 2001
–: Gottes eigene Krieger. In: Der Spiegel 43/2001
–: Heiliger Krieg am Hindukusch. Der Kampf um Macht und Glauben in Zentralasien. München 2002
– und Barnett R. Rubin: From Great Game to Great Bargain. In: Foreign Affairs. November/December 2008
Ridgway, Richard Thomas Incledon: Pashtoons. History, Culture & Traditions. Quetta 1910
Risen, James: State of War. Die geheime Geschichte der CIA und der Bush-Administration. Hamburg 2006
Rothstein, Hy S.: Afghanistan and the Troubled Future of Unconventional Warfare. Annapolis 2006
Roy, Olivier: The Failure of Political Islam. London 1994
–: Fundamentalists without a common cause. In: Le Monde diplomatique. Oktober 1998
–: Der islamische Weg nach Westen. Globalisierung, Entwurzelung und Radikalisierung. München 2006
–: Der falsche Krieg. Islamisten, Terroristen und die Irrtümer des Westens. München 2008

Rubin, Barnett R.: Afghanistan's Uncertain Transition From Turmoil to Normalcy. Council on Foreign Relations, New York März 2006

–: Saving Afghanistan. In: Foreign Affairs. January/February 2007

Rzehak, Lutz: Die Taliban im Land der Mittagssonne. Wiesbaden 2004

Sanger, David E.: The Inheritance. The World Obama Confronts and the Challenges of American Power. New York 2009

Schetter, Conrad: Kleine Geschichte Afghanistans. München 2004

Scholl-Latour, Peter: Kampf dem Terror – Kampf dem Islam? Chronik eines unbegrenzten Krieges. München 2002

–: Russland im Zangengriff. Putins Imperium zwischen Nato, China und Islam. Berlin 2006

Seidt, Hans-Ulrich: Berlin, Kabul, Moskau. Oskar Ritter von Niedermayer und Deutschlands Geopolitik. München 2002

Seierstad, Asne: Der Buchhändler aus Kabul. Eine Familiengeschichte. München 2003

Shazad, Syed Saleem: Taliban lay plans for Islamic intifada. In: Asia Times online. 6. Oktober 2006

Sinclair, Gordon: Khyber Caravan. Through Kashmir, Waziristan, Afghanistan, Baluchistan and Northern India. Lahore 1978

Smucker, Philip: How Bin Laden got away. In: The Christian Science Monitor, 4. März 2002

Stern, Jessica: Pakistan's Jihad Culture. In: Foreign Affairs. November/Dezember 2000

Stewart, Rory: The Places in Between. Orlando 2006

Sykes, Percy: A History of Afghanistan. New Delhi 1981 (erstmals 1940)

Tanner, Stephen: Afghanistan. A Military History from Alexander the Great to the Fall of the Taliban. New York 2002

Thamm, Berndt Georg: Narcostaat Afghanistan – Rauschgift als Finanzier des Djihad. Europäische Sicherheit. Bonn, 1. April 2007

The Afghanistan Compact. Aufbauplan der Londoner Konferenz vom 31. Januar 2006

The Durand Line Border Agreement 1893. Hrsg. vom Area Study Center/University of Peschawar. Peschawar 2003

Tilgner, Ulrich: Zwischen Krieg und Terror. Der Zusammenprall von Islam und westlicher Politik im Mittleren Osten. München 2006

Toynbee, Arnold: Between Oxus and Jumna. London 1961

Wagner, Christian: Pakistanische Außenpolitik zwischen Kaschmir und Afghanistan. In: Aus Politik und Zeitgeschichte. Bonn, September 2007

Wagner, Christian, und Citha D. Maaß: Frieden in Waziristan. Studie der Stiftung Wissenschaft und Politik. Berlin, Oktober 2006

Wild, Roland: Amanullah, Ex-King of Afghanistan. Quetta 1978 (erstmals 1932)

Wilke, Boris: Die religiösen Kräfte in Pakistan. Stiftung Wissenschaft und Politik. Berlin April 2006

Willemsen, Roger: Afghanische Reise. Frankfurt am Main 2006

Woodward, Bob: Die Macht der Verdrängung. State of Denial. München 2007

Yousaf, Mohammed: The Bear Trap. Lahore 1992

Yousafzai, Sami, und Ron Moreau: The Mysterious Mullah Omar. In: Newsweek Magazine, 5. März 2007

Zahir Schah, Mohammed: Nach mir begann das Unheil. In: Der Spiegel 14/1987

Interviews und Hintergrundgespräche u. a. mit:

Abdullah Abdullah, Anwar ul-Haq Ahadi, Jean Arnauld, Shaukat Aziz, Benazir Bhutto, Zulfikar Ali Bhutto, Zbigniew Brzezinski, Nawab Akbar Khan Bugti, Yunus Chalis, Bantz J. Craddock, Mohammed Assam Dadfar, Qiamuddin Djallalzada, Abdul Rashid Dostum, Asad Durrani, Mohammed Qasim Fahim, Amin Farhang, Pir Sayyid Ahmed Gailani, Ashraf Ghani, Michail Gorbatschow, Mohammed Gulabzoi, Abdul Haq, Sami ul-Haq, Zia ul-Haq, Gulbuddin Hekmatjar, Mushahid Hussain, James Jones, Franz Josef Jung, Babrak Karmal, Ahmad Wali Karzai, Hamid Karzai, Khurshid M. Kasuri,

Abdul Ghaffar Khan, Ismail Khan, Tom Koenigs, Sibghatullah Mujaddedi, Sheba Musharraf, Pervez Musharraf, Zaren Musharraf, Nadschibullah, Haji Abdul Qadir, Yunus Qanuni, Burhanuddin Rabbani, Ahmed Rashid, Anahita Ratebzad, Mullah Abdul Salam Saif, Amrullah Saleh, Abdurrab Rassul Sayyaf, Mohammed Zahir Khan Schah, Rangin Dadfar Spanta, Shahnawaz Tanai, Abdul Rahim Wardak

Zeittafel

2000–1500 v. Chr.
Indo-europäische Nomaden fallen aus Zentralasien im Norden Afghanistans ein.

Um 600 v. Chr.
Der aus Balch stammende Prophet Zarathustra verkündet seine Lehre vom Lichtgott Ahuramazda, symbolisch als reines Feuer verehrt.

330–327 v. Chr.
Das Heer Alexanders des Großen dringt nach der Eroberung Persiens über den Hindukusch bis ins nordafghanische Baktrien vor.

305 v. Chr.
Nach Alexanders Tod brechen unter seinen Nachfolgern Machtkämpfe aus. Seleukos festigt die griechische Herrschaft in Baktrien. Das Gebiet zwischen Kabul und Kandahar wird gegen 500 Kampfelefanten an den indischen Maurya-Herrscher Ashoka abgetreten.

250–128 v. Chr.
Unabhängiges griechisch-baktrisches Königreich.

Etwa 50–250 n. Chr.
Die Kuschan, ursprünglich ein Nomadenvolk, errichten unter Kanischka dem Großen ein glanzvolles Reich von Baktrien bis zum Gangestal.

450–475
Einfälle der »weißen Hunnen« (Hephthaliten).

652–664

Erste arabische Eroberung und Islamisierung in West- und Südafghanistan.

977

Gründung der islamischen Ghaznaviden-Dynastie mit Machmud dem Großen als wichtigstem Herrscher. Mehrere Indienfeldzüge verschaffen ihm ungeheuren Reichtum.

1221

Der Mongolenherrscher Dschingis Khan erobert und verwüstet mit seinen Heeren den Westen Afghanistans, darunter Herat.

1370

Timur Lenk (Tamerlan), zunächst ein turkmenischer Räuberhauptmann, lässt sich in Balch krönen und sorgt mit seinen Beutezügen für katastrophale Zerstörungen. Erst unter seinen Nachfahren, den Timuriden, erholt sich das Land, wird Herat zur blühenden Stadt.

1525

Babur erobert von Kabul aus Nordindien und wird zum Begründer der Mogul-Dynastie.

1709–1730

Der Untergang des Mogul-Reichs und die Schwächung der persischen Safawiden ermöglicht es dem Paschtunen-Führer Mir Wais Hotaki, um Kandahar ein kleines Königreich zu schaffen.

1747–1773

Ahmed Schah Durrani begründet das unabhängige Königreich Afghanistan mit der Hauptstadt Kandahar. Sein Reich umfasst auch Teile Ostpersiens, Indiens und Kaschmir.

1838–1842

Erster Anglo-Afghanischer Krieg. Emir Dost Mohammed verliert vorübergehend den Thron. Unruhen vertreiben die siegreichen Briten aus Kabul, von 16 000 Soldaten, Offizieren und deren Familien erreichen nur knapp hundert Jalalabad. Englische Strafexpedition zerstört Kabul.

1863

Dost Mohammed erobert Herat.

1878–1879

Zweiter Anglo-Afghanischer Krieg. Vertrag von Gandamak gibt England das Recht auf ständige Mission in Kabul.

1880–1901

Herrschaft von Emir Abdur Rahman, der jedoch nicht verhindern kann, dass die Engländer einen Pufferstaat aus Afghanistan machen.

1901–1919

Emir Habibullah Khan bleibt von den Engländern abhängig.

1915/16

Deutsche Kriegsexpedition unter Werner Otto von Hentig und Oskar Niedermayer trifft in Kabul ein.

1919

Im dritten Anglo-Afghanischen Krieg erkämpft der junge König Amanullah die Unabhängigkeit Afghanistans.

1929

Ein Aufstand gegen seine Reformen kostet Amanullah den Thron, er geht ins Exil nach Italien. Sein Nachfolger Mohammed Nadir Schah wird 1933 ermordet.

1933

Mohammed Zahir Schah regiert vierzig Jahre mit behutsamem Neutralitätskurs in Afghanistans »goldenem Zeitalter«.

1955

Besuch der Kreml-Führer Bulganin und Chruschtschow.

1955–1963

Konflikte mit Pakistan wegen der Paschtunistan-Frage.

1964

Eröffnung des Salang-Tunnels mit sowjetischer Hilfe.

1973

Zahir Schah wird am 17. Juli durch den Militärputsch seines Schwagers Mohammed Daud gestürzt. Afghanistan wird Republik, Daud Präsident und Premier.

1978

Daud fällt am 27. April einem Militärputsch zum Opfer. Er wird ermordet, die prosowjetische »Demokratische Volkspartei« unter Nur Mohammed Taraki übernimmt die Macht.

1979

Taraki wird im September umgebracht. Sein Stellvertreter Hafizullah Amin ersetzt ihn und versucht, auf Distanz zu Moskau zu gehen. Die Niederschlagung jeglicher Opposition führt zum Bürgerkrieg.

1979

Das Politbüro in Moskau beschließt im Dezember, Truppen zu entsenden. Zu Weihnachten beginnt die sowjetische Invasion, Amin wird liquidiert. Als Staatspräsident wird Babrak Karmal installiert.

1983

Die muslimischen Widerstandskämpfer, die Mudschahidin, haben 80 Prozent des Landes unter Kontrolle. Massenexodus von Afghanen nach Iran und Pakistan.

1988

Afghanistan, die Sowjetunion, die USA und Pakistan signieren den Friedensvertrag von Genf, aber die Kämpfe zwischen Kommunisten und Mudschahidin gehen weiter.

1989

Der letzte sowjetische Soldat verlässt im Februar Afghanistan.

1992

Rücktritt von Präsident Nadschibullah. Der Bürgerkrieg der Mudschahidin-Gruppen beginnt. Der Tadschike Burhanuddin Rabbani wird Präsident in Kabul.

1993

Zehn Guerillagruppen schließen den Frieden von Islamabad. Der Fundamentalist Gulbuddin Hekmatjar wird Ministerpräsident, tritt sein Amt indes nicht an. Erbitterte Gefechte um Kabul mit Tausenden Toten.

1994

Als neue politische Kraft treten die Taliban auf. Ihre Milizen erobern Kandahar.

1996

Der al-Qaida-Chef Osama Bin Laden verlegt sein Hauptquartier nach Afghanistan. Die Taliban marschieren Ende September in Kabul ein und richten Nadschibullah hin. Rabbani flieht und schließt sich der Nordallianz an.

1998

Taliban erobern im Sommer Masar-i-Scharif, ermorden elf iranische Diplomaten und metzeln Tausende Hazara nieder. Die Nordallianz wird militärisch allein von General Ahmed Massud geführt.

1999

Uno verhängt Sanktionen gegen das Taliban-Regime.

2001

Massud wird von einem Selbstmordkommando getötet – zwei Tage vor den Terroranschlägen in New York. Die Amerikaner bombardieren Kabul, das von der Nordallianz eingenommen wird. Die Taliban-Führung flieht in den Südosten des Landes, wo sich auch Bin Laden verbirgt. Anfang Dezember werden bei der Petersberg-Konferenz die Weichen für einen politischen Neuanfang in Afghanistan gestellt, am 22. wird Hamid Karzai als Interimspräsident vereidigt. Eine internationale Schutztruppe (Isaf) aus siebenunddreißig Staaten soll die Regierung bei der Herstellung der Sicherheit und Bekämpfung militanter Gegner unterstützen.

2002–2007

Karzai wird als Präsident in einer Volkswahl bestätigt. Afghanistan erhält eine neue Verfassung und ein Parlament, doch das Land kommt nicht zur Ruhe. Die militante Opposition der Islamisten erstarkt vor allem in den Südostprovinzen. Selbstmordanschläge häufen sich, die Isaf-Truppen müssen aufgestockt werden. Zahir Schah, der aus dem Exil zurückgekehrte frühere Monarch und »Vater der Nation«, stirbt am 23. Juli 2007 in Kabul im Alter von zweiundneunzig Jahren.

2008

Von Saudi-Arabien vermittelte erste Sondierungsgespräche zwischen Vertretern der Taliban und Karzais in Mekka.

2009

Über 70 000 fremde Soldaten stehen im Land, aber die Sicherheitslage verschlechtert sich weiter. Um einen »hart erkämpften Frieden« schließen zu können, schickt der neue US-Präsident Barack Obama noch mehr Truppen nach Afghanistan.

Danksagung

Die Autoren danken all denen, die zum Zustandekommen dieses Buches mit Informationen und Rat, Ermunterung oder Kritik beigetragen haben: Politiker und Diplomaten, Generäle und Guerillaführer, Lehrer und Rekruten, Kommunisten, Gottesstreiter und Islamisten. Einige Namen hier zu nennen, würde bedeuten, andere zurückzusetzen. Der Dank gilt zudem unzähligen Helfern, Dolmetschern und Fahrern, die zum Teil ein hohes persönliches Risiko auf sich nahmen bei der Mitwirkung an heiklen Reportermissionen. Für die Überprüfung von Fakten und Namen sind wir Günter Knabe sowie den Dokumentaren Rainer Szimm, Eckart Teichert und Anne-Sophie Fröhlich verbunden, für die Bildauswahl Catrin Hammy. Ohne die umsichtige Betreuung durch die Lektorin Regina Carstensen wäre das Manuskript schwerlich zustande gekommen. Das Nachrichtenmagazin *Der Spiegel* finanzierte generös unzählige Reisen an den Hindukusch.

Darüber hinaus möchte Susanne Koelbl denjenigen danken, die ihr in Afghanistan, aber auch in Pakistan Wege gewiesen und Türen geöffnet haben, vor allem Amin Farhang, ehemals Minister für Handel und Industrie, Zalmai Rassoul, Sicherheitsberater von Präsident Hamid Karzai, außerdem Außenminister Rangin Dadfar Spanta. Ishaq Sayed Gailani und Haji Agha Lalay haben Reisen in schwierige Gebiete ermöglicht, was hoch geschätzt wird. Brigadier General Shaukat Iqbal hat in Pakistan viele wichtige Arrangements getroffen, ihm ist besonders zu danken. Die engagierte und freundschaftliche Unterstützung von Gregor Enste, dem Leiter des Regionalbüros der Heinrich-Böll-Stiftung in Pakistan, war wesentlich. Nasruddin Fakhry ist seit vielen Jahren ein treuer Mitarbeiter bei zahllosen Reisen wie auch der Fotograf Knut Müller, dessen sicheres Gespür für Situationen unerlässlich war. Einige, die hier ausdrücklich nicht namentlich genannt werden wollen, haben mit vertraulichen Informationen zum Zustandekommen unseres Buches beigetragen, vielen Dank dafür. Vor allem Leon. Dr. Christian Wagner von der Stiftung Wissenschaft und Politik hat in zahllosen Gesprächen und Kommentaren großzügig sein Wissen geteilt, danke auch dem Pakistankenner Dr. Hein Kiessling für seine Inspiration und Hinweise. Najib Roshan hat nicht nur viele wichtige Kapitel durchgesehen, sondern auch eigens für dieses Buch eine bezaubernde Übersetzung des Gedichts »Anklage« von Nadya Andjoman (Seite 252) angefertigt. Dank dem ehemaligen Uno-Sonderbotschafter in Afghanistan Tom Koenigs für die Gastfreundschaft im Palace Nr. 7. Die Leiter des Auslandsressorts des *Spiegel*, Dr. Gerhard Spörl, Hans Hoyng und Dr. Christian Neef, ermöglichten trotz angespannter Nachrichtenlage eine Auszeit von der aktuellen Arbeit, um dieses Buch zu schreiben, danke dafür. Rupp Doinet stand mit kollegialem Rat zur Seite, die warmherzige Unterstützung meiner Mutter Herlinde Koelbl war wichtig und eine Freude.

Eine besondere Dankadresse von Olaf Ihlau geht an die *Süddeutsche Zeitung*, als deren Südasienkorrespondent er schon die Zeit der Sowjetbesetzung Afghanistans miterlebte. Carlheinz Lange, Leiter der Amani-Schule, und sein Lehrerteam halfen damals, erste prägende Begegnungen in Kabul zu vermitteln. Seine Frau Anna-Maria Ihlau war journalistische Begleiterin bei abenteuerlichen Reisen durch ein aufgewühltes Land. Ihr Mut wie ihre Besonnenheit waren unentbehrlich.

Personenregister

Die *kursiv* gesetzten Angaben beziehen sich auf Bildlegenden.

Bildnachweis

Agentur Focus (Fotos Tina Hager) 84, 87

Lt Ken Allan 139

AP 96 (Foto Zaheeruddin Abdullah), 202 (Foto Darko Bandić)

Atkinson 223

dpa 296 (Foto Emmanuel Dunand/AFP)

Das Fotoarchiv 15

Thomas Grabka 215

Olaf Ihlau (Privatbesitz) 116, 177, 273

Ulla Kimmig 245, 251

Knut Müller 31, 50, 63, 64, 131, 140, 228, 236 (Hans Deleré, Privatbesitz), 237, 241, 261, 264, 279

P. Kumar Das 2005 221

Panos Pictures (Foto Piers Benatar) 159

RIA Novosti 21

Reuters 125 (Foto Al Jazeera), 191

SV-Bilderdienst 166

BILDTEIL

Action press (Foto ZUMA press) VI (oben)

Agentur Focus (Foto Guy Calaf/WPN) IV (oben)

Knut Müller I, II (unten), IV (unten), V, VI (unten), VII, VIII

Picture Alliance/dpa III (unten)

Reuters II (oben), III (oben), IV (Mitte) (Foto Ahmad Massod)